CHEZ LES MÊMES ÉDITEURS

Ouvrages de M. ÉLIE BERTHET

Les petits écoliers dans les cinq parties du monde. *Deuxième édition.* Un magnifique volume grand in-8, imprimé avec luxe sur papier vélin superfin et illustré de grandes compositions hors texte, par Émile BAYARD, ainsi que de quatre-vingts vignettes placées dans le texte. Prix : broché, 7 fr. — Cartonné en toile rouge, avec plaques or et noir, tranches dorées, 10 fr. Relié en demi-chagrin, 10 fr. 75.

Les petites écolières dans les cinq parties du monde (Ouvrage couronné par l'Académie française). Un superbe volume in-8 raisin, illustré de cent quatre vignettes sur bois, dessinées par Ferdinandus, Gosselin, Scott, Zier, et gravées par les meilleurs artistes. Prix : broché, 7 fr. — Cartonné en toile rouge, avec plaques or et noir, tranches dorées, 10 fr. — Relié en demi-chagrin, 10 fr. 75.

CORBEIL. — Typ. et stér. CRÉTÉ.

PARIS
AVANT L'HISTOIRE

RÊVE (l'homme tertiaire).

PARIS
AVANT L'HISTOIRE

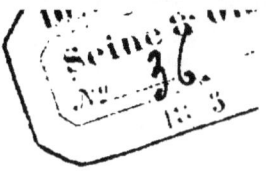

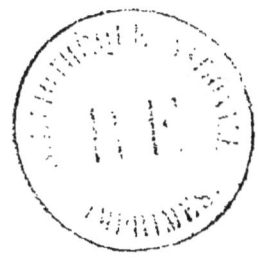

PAR

ÉLIE BERTHET

UN RÊVE — LES PARISIENS A L'AGE DE LA PIERRE

LA CITÉ LACUSTRE — LA FONDATION DE PARIS

DESSINS DE F. BOURDIN

Gravures de C. Bellenger, E. Chevallier, E. Dargent, Farlet, A. Léveillé et Puyplat.

PARIS

LIBRAIRIE FURNE

JOUVET ET Cie, ÉDITEURS

5, RUE PALATINE, 5

M DCCC LXXXV

A

MONSIEUR GABRIEL DE MORTILLET

PROFESSEUR D'ANTHROPOLOGIE PRÉHISTORIQUE

Cher et illustre maitre,

C'est en écoutant vos leçons, c'est en étudiant ces savants ouvrages où vous résumez d'une manière si supérieure toutes les découvertes de la science préhistorique, que j'ai pu composer ce petit livre de vulgarisation. J'ose donc le placer sous votre éminent patronage, et je vous prie d'en agréer la dédicace.

ÉLIE BERTHET.

Paris, Novembre 1884.

PRÉFACE

Il est une époque, dans la vie de l'humanité, qui, ainsi que l'indique son nom, ne saurait avoir d'histoire; c'est cette longue période de siècles qui s'est écoulée entre le moment où l'homme apparut sur la terre pour la première fois, et le moment où la tradition orale, puis l'écriture, commencèrent à fixer les actes de son existence.

Cette époque inconnue semblait donc être uniquement du domaine de la poésie et du roman; mais, si la poésie vit de fictions brillantes, le roman qui, comme on l'a dit des chefs-d'œuvre de Walter Scott, est souvent « plus vrai que l'histoire », a besoin pour intéresser de s'appuyer sur les données de la réalité. Or, le roman des âges qui ont précédé les temps historiques a été longtemps impossible. Tous les éléments manquaient à la fois. L'immortel Cuvier, l'inventeur de la paléontologie, ne voulait même pas admettre que l'homme eût existé à cette antiquité prodigieuse. Les savants de l'Europe refusaient de croire que les silex, trouvés dans les terrains quaternaires par l'illustre Boucher de Perthes, fussent des produits de l'industrie humaine. C'est seulement depuis quelques années que des découvertes nouvelles, incontestables, éclatantes, ont dégagé cette période des nuages mystérieux qui la voilaient.

Aujourd'hui la science a obtenu les résultats les plus précis, les plus certains. Elle sait que non seulement l'homme existait des myriades d'années avant les temps historiques, mais encore elle détermine à quelle race il appartenait, dans quel milieu il vivait, et elle en déduit son caractère, ses mœurs et ses habitudes. Elle a retrouvé ses armes, ses ornements barbares, les ustensiles de sa rustique demeure et jusqu'aux débris de sa grossière nourriture. De jour en jour, les découvertes se multiplient sur tous les points du globe, et dès à présent on peut, par l'analogie, se faire une idée parfaitement exacte de « l'homme préhistorique ».

Aussi le roman de ces époques reculées est-il devenu possible, et nous avons osé l'entreprendre, en suivant scrupuleusement et pas à pas les indications de la science.

Nous nous sommes efforcé de résumer dans quatre nouvelles les découvertes des savants de tous pays, parmi lesquels Cuvier, Boucher de Perthes, Le Hon, l'abbé Bourgeois, Lartet, Lyell et G. de Mortillet, sont les plus éminents. La première de ces nouvelles : Un Rêve, l'*homme tertiaire*, l'*homme sylvain*, résume tout ce que l'on sait actuellement et tout ce qu'on en déduit d'après les lois scientifiques, sur l'état de l'homme à sa première apparition dans le monde. Les Parisiens a l'age de la pierre est une étude sur les habitants du sol parisien, contemporains du Mammouth et du Grand-Ours. Ces habitants, qui semblent avoir appartenu à la race mongoloïde, sont considérés comme ayant vécu par familles et dans des cavernes, livrés aux passions les plus féroces, aux instincts les plus brutaux. Dans la Cité Lacustre, dont l'action se déroule quelques milliers d'années plus tard, l'homme, qui appartient à cette race appelée *peuple à dolmens*, vit par tribus dans des agglomérations d'habitations terrestres ou lacustres ; c'est l'âge intermédiaire de la pierre polie et le commencement de l'âge du bronze. Enfin, dans la quatrième nouvelle : la Fondation de Paris, nous avons étudié l'âge des métaux et la manière d'être des nations gauloises, plusieurs siècles avant l'arrivée de César dans les Gaules. Là, quoique nous touchions aux traditions historiques les plus anciennes, nous nous sommes appuyé particulièrement sur les monuments que l'archéologie a mis en lumière depuis peu.

On comprend combien ce travail, d'un genre absolument neuf, présentait de difficultés. Il nous a fallu encadrer dans une fable, que nous avons tâché de rendre intéressante, des détails nombreux dont tout l'intérêt consiste dans l'exactitude. Nous avons cherché à reconstituer, à faire revivre ce monde inconnu, et, si nous n'avions craint de fatiguer le lecteur, nous aurions pu à chaque phrase, presque à chaque ligne, citer un savant comme autorité. Mais, dans une œuvre de vulgarisation, nous avons cru devoir nous borner aux citations les plus indispensables.

Le lecteur décidera si nous avons atteint notre but. Demain, peut-être, d'autres découvertes viendront modifier les connaissances acquises, ouvrir un champ plus vaste à l'imagination ; mais, quel que soit le sort de cet ouvrage, nous serons heureux d'avoir été le pionnier littéraire qui pénètre le premier dans ces régions si longtemps ignorées, et nous applaudirons à quiconque voudra tenter l'œuvre de nouveau.

Élie BERTHET.

PARIS AVANT L'HISTOIRE

I

UN RÊVE

L'HOMME TERTIAIRE. — L'HOMME SYLVAIN [1].

Après avoir passé de longues heures à méditer sur les origines de l'homme, je m'étais endormi, épuisé de fatigue et d'effort inutile.

Alors, j'eus un rêve.

Une femme, grande et forte, belle de hardiesse et de fierté, drapée dans ses nobles vêtements comme une déesse de Phidias, apparut tout à coup devant moi, et me dit d'une voix grave :

— Je sais ce que tu cherches et je peux te satisfaire; veux-tu me suivre ?

[1]. L'*Anthropopithèque* de M. Gabriel de MORTILLET.

— Qui êtes-vous? Une fée, une voyante?

— Je suis LA SCIENCE HUMAINE.

— Vous avez souvent trompé ceux qui mettaient leur confiance en vous!

— J'ai pu errer quelquefois; j'ai pu m'égarer dans les défilés et dans les jungles; mais j'ai toujours su retrouver le droit chemin, et maintenant mon pas devient, d'heure en heure, plus ferme et plus sûr.

— Je m'abandonne à vous; conduisez-moi. Où allons-nous?

— Nous remonterons dans l'immense nuit des âges passés. Oublie la chronologie qu'on t'a enseignée pendant ton enfance; la pensée du temps que nous allons parcourir épouvantera ton imagination. Durant cette longue série de siècles, la terre s'est transformée plusieurs fois. Des créations complètes, mers et terrains, faunes et flores, ont succédé à des créations disparues. Suivant une expression de la Bible elle-même : « La nature a changé ses vêtements, quand ils étaient vieillis [1]. » Et rien, dans ce monde d'autrefois, ne peut rappeler le monde présent.

— Combien, demandai-je, se sont écoulés de siècles entre l'époque où nous sommes et celle que vous allez me faire connaître?

— *Deux cent trente à deux cent quarante mille ans* [2].

Je tressaillis en entendant ce chiffre; mais je n'eus le temps ni d'exprimer un doute, ni de faire une question; la SCIENCE posa sur moi sa main, dure et froide comme le marbre, et me dit : « Viens! »

Je me sentis emporté, avec une rapidité vertigineuse, à travers d'incalculables espaces. Toutes sortes de formes terribles

---

1. *Omnes ut vestimentum veterascent; velut amictum mutabis eos et mutabuntur.*

2. *Le Préhistorique*, par Gabriel de MORTILLET. Ce livre, savant résumé des connaissances modernes sur les temps préhistoriques, est celui auquel nous avons fait les plus nombreux emprunts. — E. B.

ou riantes, des paysages prestigieux, des colorations merveilleuses, se combinaient en tableaux grandioses, qui se succédaient sans fin sur mon passage. L'ère historique tout entière se déroula devant moi avec ses migrations colossales, ses guerres sanglantes, ses rares idylles, ses cataclysmes où s'engloutissaient des nations. Puis, je traversai les âges préhistoriques, je vis l'homme quaternaire avec ses traits farouches, avec ses vêtements de peau et ses haches de pierre, s'abritant sous des roches ou dans des cavernes. La nature me présentait des aspects majestueux, imprévus. Où l'on trouve aujourd'hui des cités populeuses et florissantes, s'étendait un océan sans bornes. Les montagnes s'élevaient en bondissant du fond des abîmes, *montes exultaverunt sicut arietes*. Les volcans de l'Auvergne et du Velay lançaient des flammes et des laves, avec des fracas de foudre et d'horribles tremblements de terre, tandis que les glaciers de l'Époque Glaciaire portaient d'immenses blocs erratiques jusqu'à deux cent quatre-vingts kilomètres du point où ils les avaient arrachés.

À mesure que j'avançais, la lumière devenait moins vive ; souvent même, il fallait traverser des espaces tout à fait ténébreux ; mais je ne cessais de marcher, sous la conduite de mon guide, et tout à coup, comme au sortir d'un nuage sombre, je sentis la main de marbre me retenir immobile.

— A présent, regarde ! me dit-on.

Je promenai les yeux autour de moi, et voici ce que je vis :

J'étais sur le bord d'un lac d'eau douce, dont les eaux azurées s'étendaient jusqu'aux dernières limites de l'horizon. Ces eaux reflétaient paisiblement le ciel et étaient couvertes par places d'une magnifique espèce de nénuphar, dont les feuilles rondes et les larges roses parfumées se balançaient au moindre mouvement des flots. Près du rivage, il y avait un fouillis de plantes marécageuses où, parmi les massettes et les joncs qui appartiennent à notre flore, on remarquait les bambous et les papyrus de la flore tropicale.

De même, sur la rive, qui était basse et peu accidentée, je voyais bien des arbres communs sous nos climats, chênes, peupliers, hêtres, frênes, érables; mais, chose étonnante, au milieu de ces végétaux de l'Europe tempérée, il y avait de hauts et superbes palmiers, qui étalaient leurs éventails de verdure sur le bleu du ciel; des fougères arborescentes comme celles de Madagascar; des myrtes, des lauriers et des séquoias toujours verts; des camphriers, dont la brise portait au loin les odeurs aromatiques; tout un monde d'arbres précieux, qui vivent ou prospèrent aujourd'hui en Asie ou en Afrique. L'atmosphère autour de moi était chaude, en même temps que pure et limpide; le soleil avait des ardeurs qu'il n'a pas sous notre ciel.

Je contemplai avec autant de surprise que d'admiration cette splendide campagne, et je cherchai à découvrir quelques-uns de ses habitants. Ils étaient nombreux, et tous étaient nouveaux pour moi. Si la végétation, dans certaines espèces, semblait presque identique à la nôtre, les animaux, qui parcouraient ces plaines herbeuses, n'offraient que des types singuliers, dont il est impossible de trouver les analogues dans la période de la vie terrestre que nous traversons.

D'abord, de larges points noirs, qui se montraient à la surface du lac et grossissaient rapidement, finirent par prendre les proportions d'énormes crocodiles. Plusieurs de ces redoutables sauriens se glissèrent à travers les roseaux, qu'ils faisaient onduler, et tentèrent de saisir quelque proie vivante sur le rivage. Sans doute, ils n'étaient pas de la même espèce que les crocodiles du Nil, que les caïmans de l'Amérique ou les gavials de Sumatra; ils n'en inspiraient pas moins de terreur aux oiseaux aquatiques, aux petits mammifères du marais, qui s'enfuyaient ou s'envolaient en poussant des cris inconnus.

Certains animaux terrestres me parurent fort remarquables

encore. C'étaient des rhinocéros sans corne sur le nez [1] ; plus grêles et plus allongés que nos rhinocéros africains, ils en avaient les instincts brutaux. Après s'être souillés dans le marécage, ils se poursuivaient et, couverts de fange, se battaient à grand bruit. Je vis aussi sortir des fourrés un tapir, assez différent du nôtre, mais ayant cette demi-trompe qui caractérise le genre ; puis une espèce de sanglier [2], aux membres trapus, et dont les formes tenaient de celles de l'hippopotame. Ils donnaient la chasse à de petits porcs sauvages, qui se trouvaient par hasard sur leur chemin, et ils poussaient des grognements, qui troublaient le calme de ces pittoresques solitudes.

Çà et là paissaient dans la prairie toutes sortes d'êtres bizarres, qui ont également disparu de la surface du globe. D'abord, une espèce de cheval [3], de haute taille, dont les membres lourds et ramassés ne rappelaient en rien les membres gracieux de nos chevaux de course. Des antilopes, de différente grandeur, mais pour la plupart dépourvues de cornes, traversaient parfois la plaine avec vélocité et, parmi elles, je distinguai une sorte de chevrotain [4], dont les mouvements souples et aisés, les formes sveltes et bien prises, faisaient un des êtres les plus charmants de cette faune miocène. Tous, comme on le voit, étaient des herbivores ; aucun des grands carnassiers, qui, plus tard, dans les périodes quaternaires, devaient ravager le monde animal, n'existait à cette époque.

J'observais avec stupéfaction ces détails merveilleux ; et, sous ce brûlant soleil, en présence de ces palmiers, de ces camphriers, de ces fougères arborescentes, en suivant du regard les évolutions des crocodiles dans le lac, des rhinocéros à quatre doigts sur le rivage, je me dis tout haut :

1. Acérothérium.
2. Anthrocothérium.
3. L'Anchiterium, qui est le précurseur de l'Hipparion, précurseur lui-même du cheval actuel.
4. *Amphitragulus elegans.*

— Je suis sans doute en Égypte, et ce lac est un de ceux que forme le Nil dans son cours de mille lieues. Peut-être aussi ai-je été transporté dans l'Inde, sur les bords du Gange...

— Tu es, dit une voix austère derrière moi, à l'endroit où s'élèvera, dans plusieurs milliers de siècles, le village de Thénay, département de Loir-et-Cher. Ce lac recouvre ce qui sera un jour les plaines de la Beauce, aux luxuriantes moissons. Je t'ai conduit sur l'emplacement d'une des plus anciennes stations de l'homme préhistorique.

— L'homme! m'écriai-je; l'homme, où est-il? Je ne le vois pas.

— Cherche bien. Il te semblera sans doute fort différent de ce que tu imagines; mais souviens-toi que je t'ai introduit dans ce monde primordial d'où descendent, après des modifications successives, les espèces vivant actuellement sur la terre. Tous les animaux qui sont devant toi disparaîtront pour faire place à ceux dont ils sont les « précurseurs ». L'homme ne saurait être soustrait à cette loi fatale des êtres animés.

Je n'écoutais plus; l'assurance que l'homme ou, comme disait la Science, son « précurseur » était près de là, m'absorbait uniquement. Je me mis de nouveau à regarder avec avidité.

Une circonstance, inaperçue jusqu'à ce moment, me frappa. A quelques centaines de pas, derrière un massif de mimosas et de conifères, du pied d'une roche calcaire hérissée d'arbres épineux, un mince filet de fumée montait vers le ciel. On eût dit d'une de ces traînées bleuâtres qui s'échappent des toits aux approches du soir.

— Du feu! m'écriai-je; la découverte du feu a dû être la première manifestation de l'intelligence humaine. L'homme seul est capable de faire usage du feu... L'homme est donc là.

Et, poursuivi par le rire un peu moqueur de mon guide, je m'élançai vers l'endroit d'où partait la fumée.

J'atteignis la lisière d'une forêt, où les arbres de haute

futaie alternaient avec quelques roches couvertes de fougères.
Cette forêt semblait avoir une certaine étendue. D'épaisses
broussailles formaient des sous-bois, et, au milieu d'elles, serpentaient de légers sentiers, pareils à ceux que tracent, dans
les contrées giboyeuses, les herbivores allant au pâturage. A
mesure que j'approchais, j'entendais un bruit confus, et je
finis par démêler des voix d'un caractère nouveau. Bientôt
je fus en présence d'un grand nombre d'êtres énigmatiques,
dont rien n'eût pu me donner idée.

Si ces êtres appartenaient vraiment à la race humaine, ils
étaient d'une taille très inférieure à la nôtre; les plus grands
ne me semblaient guère avoir qu'un mètre de haut. Ils
marchaient sur deux pieds, en appuyant la plante entière
sur le sol; mais leur orteil était largement séparé des autres
doigts et « opposable », c'est-à-dire mobile comme nos
pouces, ce qui devait donner de la facilité pour grimper aux
arbres, comme à certains nègres de nos jours. Aussi, la plupart se tenaient-ils sur des arbres, dont ils secouaient le feuillage et dont ils cassaient les branches dans leurs jeux ou dans
leurs colères.

Quelques-uns passèrent auprès de moi. Ils marchaient un
peu voûtés, et, malgré leur vivacité apparente, plusieurs
s'appuyaient sur de grossiers bâtons. Ils ne portaient aucune
espèce de vêtements et étaient, de la tête aux pieds, couverts
de poils, dont la nuance semblait plus ou moins foncée, suivant le sexe ou l'âge. Ils avaient de longs bras, des jambes
grêles. Leur tête était de forme longue, la partie inférieure
de leur face très proéminente, leur nez très court. Ils avaient
les arcades sourcilières extrêmement saillantes, les oreilles
très en arrière, le front très bas, en un mot tous les signes
de l'animalité [1]. Cependant l'œil, comme il convient à un

---

[1]. *Notre Ancêtre*, par Abel HOVELACQUE.

frugivore, ne manquait pas de douceur, et son expression paraissait plus sauvage que cruelle.

Je fus pris d'une sorte de colère, mêlée d'effroi.

— Mais ce ne sont pas là des hommes, m'écriai-je; ce sont des singes !

— Aucune espèce de singe, dit la voix derrière moi, même parmi les primates, n'a jamais présenté les caractères anatomiques du « précurseur, » et vainement on cherchera, chez les anthropomorphes présents ou disparus, le lien qui les rattachait à l'homme actuel... Regarde encore.

Un de ces bimanes velus se détacha de la bande et marcha vers le lac; c'était une mère qui portait son petit sur la poitrine. Le petit se cramponnait à elle, ainsi que fait l'orang en bas âge, et elle avait à peine besoin de le soutenir avec une de ses mains, tandis que de l'autre elle s'appuyait sur un bâton. Le jeune geignait, sans que je pusse voir s'il versait des larmes, suivant l'habitude des enfants souffrants ou irrités, et la mère lui répondait par des sons gutturaux, monotones, ayant selon toute apparence pour but de l'apaiser.

Une anse du lac semblait avoir été intentionnellement débarrassée de ses roseaux; le bord en était piétiné, comme si elle eût d'ordinaire servi d'abreuvoir. L'eau, à cette place, était limpide, transparente, et laissait voir le sable blanc qui en composait le fond.

Néanmoins, la mère ne s'en approcha qu'avec défiance et promena longuement les yeux sur cette onde perfide, dont la profondeur pouvait cacher un crocodile en embuscade. Pour plus de sûreté, elle la battit à grand bruit avec son bâton. Ces précautions prises, elle emplit d'eau le creux de sa main et la présenta au petit qui but avidement.

C'était là sans doute ce qu'il désirait, car, après avoir vidé plusieurs fois cette tasse naturelle, il cessa de gémir et témoigna quelque velléité de jouer. La mère n'en tint compte, et, s'étant désaltérée à son tour par le même moyen, plongea son bébé dans l'eau pour le débarbouiller. Les gémissements recommencèrent. Elle poursuivait philosophiquement sa besogne, quand je la vis se redresser et s'enfuir avec précipitation. Certains remous dans les eaux, certains froissements dans les nymphéas trahissaient l'approche des crocodiles.

La mère et l'enfant avaient regagné le couvert de la forêt. La peuplade, établie autour du feu, se composait d'une centaine d'individus. Ils allaient et venaient sur les arbres ou marchaient à terre, sans que je pusse comprendre de quoi ils s'occupaient. Des mères, semblables à celle que j'avais vue, étaient assises sur le gazon, allaitant leurs enfants ou cherchant à les divertir. Grands et petits, du reste, manifestaient beaucoup de turbulence et une expansive gaieté; toujours en mouvement, ils semblaient avoir de l'horreur pour l'inaction. Quoique la chaleur accablante imposât le repos, une bande d'étourdis couraient les uns après les autres, se poussaient, se culbutaient, se terrassaient avec une souplesse incroyable. Leurs ébats étaient accompagnés de clameurs assourdissantes, au milieu desquelles je ne distinguais rien qui ressemblât à un langage articulé. Ces clameurs avaient des intonations diverses et pouvaient exprimer la joie, la frayeur ou la colère, mais il était impossible d'y reconnaître des mots, et, si le langage existait chez cette race d'une antiquité prodigieuse, il devait se borner à un petit nombre de sons d'une extrême simplicité.

Je me demandais si ces hommes sylvains n'avaient pas d'autres habitations que les touffes de bambous ou de fougères, sous lesquelles certains individus, plus faibles ou plus âgés, étaient couchés en ce moment. Comme je levais les yeux vers les arbres de la forêt, chênes, érables, hêtres, je remarquai des espèces de grands *nids*, posés entre les branches au plus épais du feuillage. Ils se composaient, comme les aires des aigles, de perches entrelacées, de manière à constituer des plates-formes, que recouvraient des mousses et des feuilles sèches. Plusieurs de ces « nids » ne semblaient pas travaillés avec le même soin que les autres ; on s'était contenté de tresser les branches flexibles, selon l'habitude des gorilles et des orangs, et d'en faire une sorte d'abri grossier. Toujours est-il qu'à cette heure de la sieste, certains « nids » étaient occupés. La troupe turbulente des jeunes s'en étant trop approchée, des grognements d'impatience sortirent de l'un d'eux. Un vieux, dérangé dans sa méridienne, souleva la tête et étendit son poing vers les tapageurs, d'un air de menace. Aussitôt la bande se dispersa, courant, sautant, dégringolant le long des troncs, comme pourraient faire de nos jours des espiègles dont un maître sévère menacerait de réprimer les incartades.

Mais ces épisodes quasi-burlesques de la vie des bois ne m'intéressèrent pas longtemps, et mon attention revint à ce feu, allumé au pied de la roche. A quoi pouvait-il servir par cette chaleur tropicale? Les Sylvains, étant frugivores, ne faisaient certainement pas cuire leurs aliments. Il brûlait à l'écart, sans qu'on semblât y prendre garde. Seulement, par intervalles, un passant y jetait avec distraction une branche sèche, dont on voyait un amas près de là, puis continuait ses jeux vagabonds.

Je remarquai alors que la roche, à laquelle s'adossait le foyer, était profondément calcinée, comme si le feu existait depuis longtemps, depuis des années peut-être, à cette place. Comment et par qui avait-il été allumé? Sans doute par ces êtres mystérieux, qui savaient l'entretenir, ce que ne savent pas les grands singes de l'Afrique et des îles de la Sonde, qui, trouvant dans leurs déserts un feu abandonné par les voyageurs, s'y chauffent volontiers, mais n'ont pas l'esprit d'y jeter du bois.

Il devait brûler nuit et jour, et probablement on s'arrangeait pour qu'il ne s'éteignît pas pendant les heures consacrées au sommeil. Je pouvais supposer aussi que, quand cette race active et nomade changeait de campement, un des émigrants portait à la main un tison embrasé, pour allumer un nouveau feu à la halte suivante, selon l'habitude des noirs d'Australie en semblable circonstance.

Ces précautions donnaient à penser que les Sylvains, tout en possédant les moyens de faire du feu, n'en avaient que de lents, de précaires et d'une exécution difficile. Peut-être même ces procédés étaient-ils le secret de quelques sages de la tribu, auxquels le hasard ou la tradition les avait révélés. Dans tous les cas, le feu devait leur être nécessaire, bien que je ne visse pas nettement à quoi il leur servait.

Pendant que je me livrais à ces réflexions, des cris partirent du fond de la forêt, et une bande nouvelle, composée de douze ou quinze individus, s'avança vers la station. Les arrivants étaient de la plus haute taille, alertes et robustes. Ils devaient revenir d'une excursion ayant pour but de se procurer des vivres, car leurs mains, leurs bras et jusqu'à leurs pieds aux pouces opposables, étaient chargés de racines comestibles, de fruits et de pignons de séquoias.

On se précipita au-devant d'eux. En première ligne accourait la marmaille querelleuse, qui prit comme d'assaut les survenants. Quelques effrontés s'emparèrent des provisions à leur convenance. D'autres, trop avides ou malavisés, ne remportèrent que des taloches, qui leur arrachèrent des plaintes aiguës. Les vieux, qui faisaient la sieste dans leurs « nids » de branchages, éveillés par ce vacarme, se redressèrent et, voyant de quoi il s'agissait, se décidèrent à descendre pesamment de leur demeure aérienne. Les mères elles-mêmes, leurs petits serrés contre la poitrine, s'avancèrent pour avoir part à la fête.

La peuplade se trouva réunie sur la lisière du bois et on se mit en devoir de consommer les vivres frais. La distribution ne se fit pas d'une manière paisible. Il y eut encore des luttes, des poursuites, des coups échangés. Enfin, le calme se rétablit un peu. Les uns s'assirent sur les basses branches des arbres, les autres sur le gazon. Sauf quelques disputes, éclatant par intervalles au sujet d'un morceau choisi que le plus fort voulait dérober au plus faible, on n'entendait que le bruit de vigoureuses mâchoires brisant des coques dures ou broyant des fruits ligneux, tandis que certains sournois grignotaient à l'écart ce qu'ils s'étaient approprié contre le droit et la justice.

Si robustes que fussent les mâchoires en question, il leur fallut pourtant se reconnaître impuissantes contre certains approvisionnements que l'on venait d'apporter. C'était d'abord les cônes ou pignons de séquoias (arbres de la nature du pin) qui recèlent des graines agréables au goût ; mais la dureté et la contexture serrée des écailles font que souvent ces graines sont difficiles à extraire. Puis, des noix de palmier qui, comme nos noix de coco, renferment à l'état frais une sorte de lait délicieux. L'assistance s'était escrimée contre ces cônes de fer, contre ces noix indestructibles, sans pouvoir les entamer. On les avait donc rejetés avec irritation, et l'on semblait les avoir oubliés.

Un Sylvain, qui était de haute taille, bien que cette taille, comme nous l'avons dit, n'excédât guère trois pieds, et qui, par son âge et sa gravité, avait l'apparence du Nestor de la tribu, se détacha du groupe principal, ramassa les cônes de séquoias et tenta de les ouvrir à son tour. Mais vainement ses petits doigts, aux ongles crochus, essayèrent-ils de désagréger les écailles. Jugeant ses efforts inutiles, il se tourna vers le feu et y lança les pignons.

Je crus qu'il avait cédé à un moment de dépit et que les fruits de l'arbre résineux allaient être anéantis par la flamme ; il n'en était rien. Le Nestor, après leur avoir laissé le temps de s'échauffer, les retira prestement au moyen de deux branches de bois vert qui lui servaient de pinces. La chaleur avait fait ouvrir les écailles si bien closes, et les graines s'en détachaient toutes seules.

L'assistance, dès qu'elle s'en aperçut, se précipita sur les cônes encore brûlants et s'en disputa les semences savoureuses, qui furent croquées en un clin d'œil. Le Sylvain les laissa faire, soit qu'il n'aimât pas les graines de conifères, soit que l'honneur du succès lui suffit. Il examinait maintenant les noix de palmier et semblait chercher un moyen de s'emparer du lait appétissant qu'elles devaient contenir. Mais ses doigts et ses

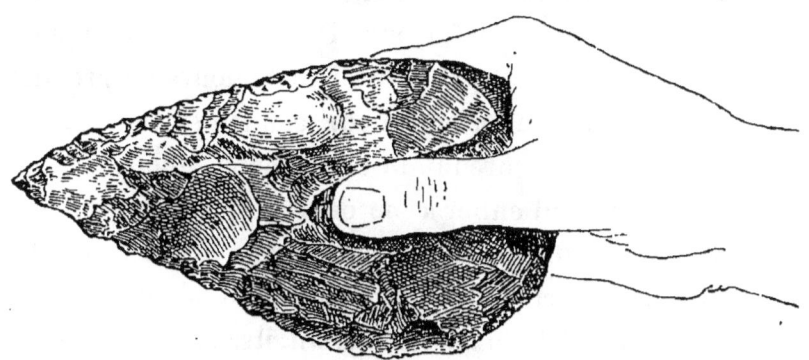

Coup-de-poing ou instrument chelléen tenu à la main (1/3 de grandeur naturelle).

dents furent encore incapables de briser une coque aussi dure que du granit, et, d'autre part, il ne fallait pas songer à employer le feu pour cette besogne.

Alors, je fus témoin de l'acte qui prouvait le mieux l'intelligence des hommes de la forêt.

A quelque distance était un amas de ces « rognons » de silex qu'on trouve dans la craie. Sans doute ils avaient été rassemblés là pour un usage déterminé, et notre Nestor alla en choisir plusieurs, qu'il apporta auprès du feu. Après les avoir retournés attentivement, il chargea de branches sèches le foyer, et, quand la flamme fut très active, il jeta les silex au milieu des braises.

Au bout de quelques minutes, on entendit des crépitations.

Les silex neufs, qui contenaient encore ce qu'on appelle leur « eau de carrière », se fendillaient par l'effet d'une brusque chaleur, se craquelaient à la surface. Plusieurs même firent explosion, comme des marrons dans le feu, et des éclats brûlants furent projetés au loin.

Ces diverses opérations excitaient l'intérêt des assistants. C'était décidément une race pleine de curiosité, dont tout fixait l'attention. Les uns avaient interrompu leur repas et, un gland ou un noyau à la main, regardaient du côté du feu. D'autres s'étaient approchés cauteleusement et, à chaque explosion, faisaient des grimaces de frayeur. Les espiègles, dont nous avons raconté les exploits, se pressaient toujours au premier rang; mais ils demeuraient silencieux, comme si l'acte auquel on procédait leur eût inspiré autant d'étonnement que de respect.

Le travailleur, tout entier à son ouvrage, ne paraissait pas s'inquiéter de ce qui se passait derrière lui. Il s'était penché vers les éclats de pierre et les étudiait avec un soin minutieux. Ne les trouvant pas tels qu'il les souhaitait, il se disposa à retirer, avec ses pinces de bois vert, les blocs siliceux restés dans le brasier, et fit un signe aux enfants en leur montrant le lac.

Les petits drôles avaient assisté déjà sans doute à des besognes de ce genre et savaient de quoi il s'agissait; aussi, partirent-ils à l'envi l'un de l'autre. Ils atteignirent le bord de l'eau; sans crainte des crocodiles, ils emplirent leurs mains jointes de sable et de gravier mouillés, et revinrent, toujours courant, vers le foyer.

Pendant leur absence, le maître de l'œuvre avait déposé sur le sol les silex rougis. A un nouveau signe, les enfants laissèrent tomber le sable humide sur les pierres brûlantes. Il s'en dégagea des bouffées de vapeur, on entendit un grésillement, puis des silex se brisèrent encore avec explosion, ce qui mit en fuite les jeunes apprentis.

Au bout d'un instant, le Nestor, toujours imperturbable,

ramassa les nouveaux éclats, en examina les cassures. Plus satisfait, il mit à part les divers fragments qu'il venait d'obtenir.

Néanmoins, le résultat sans doute ne répondait pas encore complètement à son attente. Après avoir laissé aux pierres le temps de se refroidir, il en prit une de la main gauche. Puis, armant la droite d'un gros morceau de silex vierge, destiné à servir de « percuteur », il frappa l'éclat doucement et avec précaution, afin d'aiguiser le tranchant de la cassure.

Il exécuta le même travail sur les autres morceaux mis à part, et fut en possession de trois ou quatre de ces cailloux coupants, que plus tard on a appelés des « haches » de pierre. Ceux-ci, toutefois, ne pouvaient être emmanchés ; il fallait les tenir à la main quand on en voulait faire usage ; aussi avaient-ils de petites dimensions, comme la main qui devait les tenir.

Fier de sa réussite, l'ouvrier poussa une exclamation de joie. Sans perdre de temps, il saisit un des outils récemment fabriqués et en frappa une des noix de palmier qui avaient résisté aux efforts communs.

Dès le second coup, une profonde entaille dans l'enveloppe fibreuse laissa jaillir une gouttelette de ce lait tant convoité. Il redoubla ses attaques, maniant le couteau de pierre avec dextérité, et la coque solide finit par se fendre dans sa longueur. La liqueur blanche et sucrée en découla de toutes parts. L'homme sylvain s'empressa de porter la noix à sa bouche et but avec une satisfaction évidente. Ceux qui l'entouraient voulurent lui arracher cette coupe improvisée, encore à moitié pleine ; mais il sut la mettre hors de leurs atteintes et alla l'offrir à une mère allaitant un enfant au pied d'un arbre voisin, sans doute sa femme et son petit.

Les autres s'étaient rués sur les noix qui restaient et, grâce aux outils de silex, n'avaient pas tardé à les ouvrir. Malheureusement, au milieu des querelles et des bousculades qu'occasionna le partage, la précieuse liqueur fut répandue sans profit pour personne.

Le Nestor des Sylvains ne s'inquiétait pas de ce pillage. Il ne parut même attacher aucune importance à la possession des outils qu'il venait de fabriquer ; peut-être le sentiment de la propriété individuelle n'existait-il pas chez cette race. Aussitôt que les silex travaillés ne lui avaient plus servi, il les avait abandonnés par terre et était allé rejoindre sa famille. Les enfants finirent par les ramasser pour les examiner à leur tour ; mais, après s'en être amusés un moment et avoir fait quelques entailles aux branches environnantes, ils les délaissèrent comme des jouets démodés. Nul n'avait l'air de comprendre qu'il y aurait avantage à les conserver pour le cas prochain où ils deviendraient de nouveau nécessaires. La prévoyance manquait aux Sylvains, comme elle manque encore de nos jours aux sauvages, qui gaspillent en quelques heures les produits de leurs chasses et de leurs cultures.

Sur ces entrefaites, le soleil se coucha dans des nuages embrasés à l'horizon. La nuit ne pouvait tarder à tomber, et les habitants de la forêt prirent leurs dispositions pour se livrer au repos. Les uns allaient boire à l'anse du lac ; les autres achevaient leurs provisions ; d'autres enfin regagnaient leurs « nids » dans les arbres et semblaient, ainsi que les orangs en pareil cas, brasser les mousses et les feuilles sèches de leur couche, afin de la rendre plus moelleuse.

Une brise fraîche vint rider la surface du lac et pénétra dans le bois, dont elle secoua les branchages avec une certaine force. Cette brise du soir, en écartant les hautes herbes, me fit apercevoir à peu de distance, sous une touffe d'arbustes, un sylvain couché et immobile. Je crus d'abord qu'il était seulement endormi ; je ne tardai pas à acquérir la certitude qu'il était mort.

Les autres ne pouvaient ignorer que ce cadavre se trouvait

Un déjeuner en famille. — Époque tertiaire.

près d'eux ; plusieurs devaient le voir en ce moment, du haut de leurs habitations verdoyantes ; mais la plus complète indifférence accueillit la lugubre indiscrétion de la brise, et la présence de ce corps n'éveilla en eux ni le sentiment ni la mémoire. Peut-être, lorsque leur semblable venait d'expirer, des proches et des amis avaient-ils donné des signes de douleur ; mais ils s'en étaient éloignés ensuite et n'y songeaient plus. Évidemment, ils n'avaient pas de respect pour la mort ; ils ignoraient l'usage des sépultures, ce qui rend si difficile aujourd'hui de retrouver leurs ossements avec les restes de leur rudimentaire industrie ; et peut-être comptaient-ils sur les crocodiles, qui sortaient du lac la nuit, pour les débarrasser des cadavres.

Toutefois, les crocodiles ne semblaient pas être les seules bêtes redoutables de cette période. Comme le crépuscule commençait à s'assombrir, des rugissements lointains se firent entendre et se rapprochèrent rapidement. Sans doute, de grands animaux venaient, selon l'habitude, se désaltérer dans le lac à la chute du jour.

Il y eut une alerte parmi les sylvains. Ceux qui étaient sur les arbres s'agitèrent avec inquiétude ; les autres, encore à terre, s'élancèrent agilement et se suspendirent par les mains aux basses branches. En une minute, tous furent en sûreté.

L'alarme continua pourtant le long du rivage. Des hardes de fauves, qui paissaient tranquillement, s'enfuirent de toute leur vitesse ; tapirs et sangliers regagnèrent les fourrés. Des rhinocéros à quatre doigts, qui bondissaient dans le marécage, s'émurent eux-mêmes et, relevant leur tête farouche, à l'œil torve, se tournèrent vers l'endroit d'où partaient les rugissements.

Alors, à une centaine de pas plus loin, apparurent, dans les brumes crépusculaires, les terribles bêtes qui rugissaient ainsi. Elles tenaient à la fois du loup et de l'ours, avec les instincts cruels de tous les deux. Elles avaient presque la grosseur de l'ours actuel et étaient couvertes de longs poils comme lui. En revanche, elles avaient les mouvements souples et nerveux, la forte dentition des carnassiers. C'étaient des amphycions, les ancêtres de plusieurs formidables espèces des temps quaternaires

Quand les amphycions approchèrent du lac, on leur avait cédé la place et la rive était déserte. Après avoir bu, ils ne se livrèrent pas à de joyeux ébats, comme les herbivores qui les

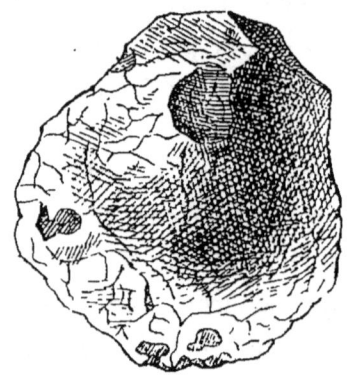

Grattoir en silex craquelé par l'action du feu, de l'époque tertiaire.
Grandeur naturelle (Musée de Saint-Germain).

avaient précédés ; ils se dispersèrent çà et là dans l'ombre, cherchant une proie.

Déjà les sylvains, avec leur légèreté ordinaire d'impressions, ne semblaient plus s'occuper d'eux. La nuit se faisait, chacun s'arrangeait pour dormir. Un des féroces rôdeurs, guidé par son odorat, s'avança vers le village dans les arbres, et tout à coup il s'arrêta, en poussant un rugissement particulier. Il venait de rencontrer le corps mort, couché sur le gazon, à l'entrée du bois.

Les autres amphycions accoururent à cette espèce d'appel. Il y eut, dans l'obscurité, un bruit de combat, des grondements furieux. Puis, j'entendis des craquements d'os, des chocs de puissantes mâchoires. Je compris que les crocodiles n'étaient pas seuls chargés de faire disparaître les morts de la peuplade.

Quant aux frères de celui qu'on déchirait en bas, ils s'endormaient insouciamment dans leurs habitations aériennes.

. . . .
. . . .
. . . .

— N'ai-je pas tenu parole? me demanda la voix grave de la Science; tu viens de voir l'homme tertiaire.

— J'ai vu, dans un milieu étrange, un être sauvage de nature incertaine.

— Il a été pourtant le « précurseur » des races humaines qui, à travers les transformations des temps quaternaires, sont devenues ce que nous les voyons... Et, si ce fait trouble tes idées sur la Genèse, tu es libre de réveiller les discussions de la théologie au sujet des *pré-Adamites*.

— En définitive, vous n'avez pas retrouvé les ossements de l'homme tertiaire, et il n'est jusqu'ici qu'un être de théorie. N'est-ce pas trop s'avancer que de conclure, d'après quelques silex éclatés, ou plutôt, comme vous dites, « étonnés » par le feu, silex déterrés dans un petit coin de la France, que l'homme existait à cette antiquité effrayante?

— Des silex, non seulement éclatés mais encore travaillés, ont été découverts en Auvergne par M. Rames et en Portugal par M. Ribeiro, outre ceux de Thénay, découverts par M. l'abbé Bourgeois. Ils proviennent, il est vrai, d'étages tertiaires supérieurs à celui de Thénay, mais ils appartiennent, sans aucun doute, à la même période géologique.

— Enfin, en vertu du principe *quidquid vivum ex ovo*, principe confirmé récemment par l'illustre M. Pasteur, que l'homme ait été créé tout d'une pièce ou qu'il ait eu un « précurseur », il faut admettre pour lui, comme pour toute la création, une cause première, un créateur.. et ce créateur est Dieu.

Je ne reçus pas de réponse... et je m'éveillai.

II

LES PARISIENS

A L'AGE DE LA PIERRE

I

LE PAYSAGE

Remontons les âges; dépassons de plusieurs milliers d'années les quarante siècles environ que la tradition vulgaire assigne pour date à la création du monde avant la naissance de Jésus-Christ.

Nous sommes à cette époque géologique que les savants appellent « quaternaire ». L'humanité barbare est encore bien près de ses origines. Elle traverse la période qui a précédé l'âge des métaux et à laquelle on donne le nom d'*âge de la pierre taillée*. Cette période, qui naguère s'enveloppait pour nous d'une obscurité mystérieuse, s'est révélée, depuis quelques années, par des monuments si nombreux, si authentiques, si incontestables, qu'il est possible de se la représenter avec exactitude, comme Cuvier se représentait les monstres antédiluviens d'après les ossements retrouvés dans les couches terrestres.

A la place où, tant de siècles plus tard, devait être construit Paris, s'étendait une étrange et sauvage solitude. Si nous gravissons une des montagnes qui la dominent, celle que les temps historiques devaient appeler butte Montmartre, par exemple, voici quel tableau s'offrait aux regards :

A perte de vue, il n'y avait que des arbres, de la verdure et des eaux. Sur toutes les hauteurs, nommées aujourd'hui Ménilmontant, buttes Chaumont, montagne Sainte-Geneviève, mont Valérien, se dressaient des chênes, des sapins, des hêtres séculaires, immense massif de feuillage qui s'étendait jusqu'aux limites de l'horizon, peut-être jusqu'aux limites des Gaules futures. Des marais, aux teintes pâles, apparaissaient pourtant çà et là. L'un, formé par un ruisseau qui venait de Ménilmontant, couvrait l'espace où devait se trouver un jour la ferme de la Grange-Batelière, puis les deux Opéras, et se prolongeait jusqu'à l'emplacement de l'Hôtel de Ville. Un second, situé à la base du mont Lucotitius, marquait l'embouchure de la Bièvre. Mais, où les marécages prenaient surtout des proportions considérables, c'était sur les deux bords de la Seine, qui n'avait pas encore creusé complètement la vallée dont elle occupe le centre.

La Seine, en effet, ne ressemblait pas alors à ce fleuve paisible, civilisé, comme endormi, qui, resserré par des quais majestueux, coule maintenant sous de magnifiques ponts. Elle était errante et vagabonde entre les falaises qui, en beaucoup d'endroits, bordent son cours, et son lit se déplaçait fréquemment. Elle avait l'ampleur, la fougue et l'impétuosité des grands fleuves de l'Amérique. Ses eaux jaunes, boueuses, au rapide courant, charriaient, comme l'Orénoque et l'Amazone, des arbres entiers. A la surface de cette nappe fauve, on voyait les trois ou quatre îlots qui devaient contenir la

Lutèce des Gaulois; mais ces îlots étaient nus et sablonneux. Le principal, destiné à devenir plus tard la « Cité » de Paris, se couvrait seul de quelques broussailles, dont les branches supérieures conservaient des touffes de limon et de mousse desséchée, comme si la vieille *Sequana*, dans ses fréquentes inondations, avait l'habitude de les submerger.

Tout ce vaste bassin n'offrait aux yeux ni constructions de bois et de pierre, ni bateaux, ni chemins, ni rien qui trahît le travail de l'homme. Partout de hautes herbes, des arbres enchevêtrés de lianes, des eaux stagnantes ou agitées, enfin

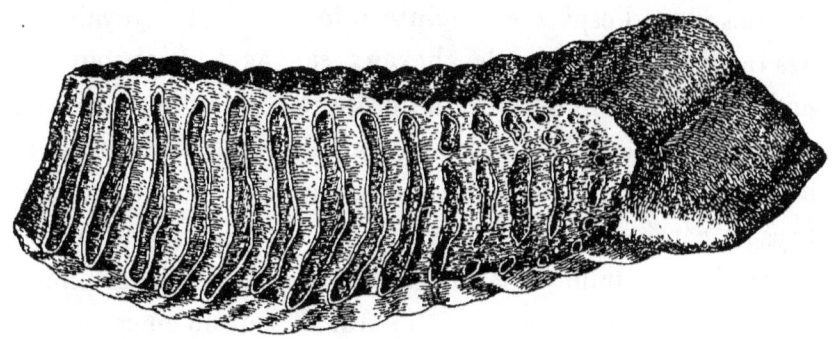

Dent molaire de Mammouth (2/5 de grandeur naturelle).

un désert sauvage où pullulaient néanmoins des créatures vivantes.

Au-dessus du fleuve, apparaissaient de hideuses têtes d'hippopotames émergeant de ses profondeurs. Ces monstres, dont les congénères n'existent plus que dans les rivières et les grands lacs de l'Afrique, venaient, les jours de soleil, dormir par troupes sur l'îlot où s'élèvent actuellement Notre-Dame et le Palais de Justice. Parfois aussi on entendait un grand bruit dans les marais; les roseaux, les joncs étaient refoulés violemment; l'eau et la vase jaillissaient en l'air. Ce tourbillon de boue avait pour cause des rhinocéros à narines cloisonnées qui prenaient leurs ébats; et ces formidables animaux, aux membres massifs, à la double corne posée sur le nez, ne tardaient pas à regagner le rivage, en secouant leur épaisse fourrure souillée de fange et en poussant des rugissements.

Dans les clairières de la forêt, dans les pâturages, se multipliaient des animaux de tailles diverses, appartenant pour la plupart à la classe des herbivores. C'étaient des troupeaux de ces bœufs sauvages, appelés aurochs et urus, qui étaient si nombreux encore dans les Gaules lors de l'invasion des Francs; puis des hardes de rennes[1] et de cerfs ordinaires, paissant côte à côte avec ce cerf mégaceros, aux bois gigantesques, dont l'espèce est éteinte aujourd'hui. On voyait aussi des troupes pétulantes de chevaux sauvages, beaucoup plus petits que nos chevaux domestiques, quoique pleins de vigueur et de feu. Le roi de cette population d'herbivores était le mammouth, cet éléphant prodigieux, aux défenses recourbées en cercle, au corps couvert de poils, à la longue crinière noire, dont la taille dépassait deux fois celle de nos éléphants. Habituellement le mammouth pâturait seul ou en compagnie d'un petit nombre d'animaux de son espèce, et alors rennes, chevaux et aurochs ne s'alarmaient guère du voisinage de ces colosses. Mais quand une cause quelconque, une migration, une alarme, réunissait les mammouths en troupe immense et les lançait à travers les bois, quel spectacle grandiose ils devaient donner! Le sol tremblait sous leurs pas pesants; les

---

1. On lit dans le *Constitutionnel* du 23 novembre 1881 (Compte rendu de l'Académie des sciences, par le docteur Hector GEORGES) :

M. Albert GAUDRY, professeur de paléontologie au Muséum, donne lecture d'un travail ayant pour titre : *Découverte d'un gisement de rennes à Montreuil, près de Paris*.

Au mois de février dernier, on avait trouvé sur les hauteurs de Montreuil, dans l'ouverture d'une tranchée, un grand nombre d'ossements dont on ignorait la nature exacte. M. Gaudry y reconnut facilement des ossements de rennes et il chargea son préparateur, M. Moulet, de surveiller les fouilles et de recueillir tous les fossiles découverts par la continuation des travaux.

C'est ainsi que furent recueillis des ossements d'éléphants, de rhinocéros à narines cloisonnées, de chevaux, de bisons, et *cinq cents* débris de rennes de tout âge, dont *cinquante* bois ; le tout, sans compter les coquillages et de menus fragments. Montreuil possède donc un véritable *cimetière de rennes*.

herbes et les ronces étaient piétinées, broyées en un instant comme par le passage de mille chariots; et les plus vieux arbres, arrachés ou brisés, laissaient dans la forêt parisienne de larges avenues, comme celles qu'ouvrent les trombes dans les forêts tropicales.

Cependant, nous le répétons, le mammouth n'était pas d'ordinaire un voisin redouté pour les inoffensifs ruminants, et, sauf quelques querelles entre espèces différentes, leurs journées étaient assez paisibles; mais, aussitôt que le soleil se couchait, la scène changeait tout à coup.

Alors s'élevaient les glapissements des hyènes, les hurlements d'innombrables loups, auxquels se mêlaient parfois les grondements du Grand Ours des cavernes. A ce signal lugubre, les herbivores, qui cherchaient déjà un gîte pour la nuit, se serraient tout tremblants les uns contre les autres. Les troupes d'aurochs et de rennes prenaient leurs dispositions pour présenter à leurs lâches ennemis une rangée de cornes menaçantes, comme font les bisons et les cerfs d'Amérique en cas pareil; les chevaux se préparaient à se défendre par leurs ruades impétueuses. Habituellement ces démonstrations suffisaient pour tenir à distance les loups et les hyènes qui, malgré leur nombre, n'osaient s'attaquer qu'à des bêtes isolées. Mais souvent, au milieu des ténèbres, avait lieu un tumulte épouvantable; dans le bois et dans la plaine, des milliers d'animaux, affolés par la terreur, s'enfuyaient en tous sens, tandis qu'un rugissement dominateur retentissait au loin dans la profondeur des déserts. Le Chat Gigantesque des cavernes, ce redoutable félin, qui tenait à la fois du tigre et du lion, qui, d'après les ossements trouvés dans le sol parisien, avait jusqu'à quatorze pieds de longueur et dépassait la taille de nos plus forts taureaux, était cause de cette alarme et venait de faire une victime. Contre un pareil ennemi aucune résistance n'était possible; toutes les créatures de ce monde antédiluvien étaient frappées de terreur ; les mammouths eux-mêmes, saisis de l'épouvante commune, s'enfuyaient de toute leur vitesse, comme les cerfs et les rennes.

Tels étaient les habitants quadrupèdes des rives de la Seine, à l'époque quaternaire. Parmi ces innombrables animaux, puissants ou désarmés, rusés ou cruels, que de luttes, de combats, de scènes de carnage se produisaient sans relâche ! Le plus faible était la proie du plus fort ; le grand dévorait le petit, selon la loi primordiale de la nature. A toute heure, des cris de douleur et de mort. Partout le sang coulait à flots, et il se trouvait toujours des bouches féroces pour le boire avec avidité. Les vastes amas d'ossements, que l'on découvre dans le sol, attestent combien la vie était exubérante à cette époque et combien l'extermination devait être pratiquée sur une large échelle pour en corriger l'excès.

Mais l'homme, dira-t-on, l'homme jeté faible et nu au milieu de ces carnassiers, au milieu de ces mammouths gigantesques, de ces hyènes, de ces ours, de ces lions à taille de taureau, où était-il donc et comment vivait-il ?

L'homme !... nous allons voir.

II

LA CAVERNE

Le soleil se couchait à la fin d'une journée brumeuse. Quoique l'on fût au mois d'août, l'air était froid ; le feuillage de la forêt avait ces teintes rouilleuses qui n'apparaissent actuellement que vers la fin de l'automne. Le climat parisien ressemblait alors à celui de la Suède et de la Norwège, car on était très proche de cette période géologique, appelée *période glaciaire*, pendant laquelle le sort de la race humaine devint si énigmatique. A cette époque, en effet, la terre se refroidit sans cause connue ; l'Europe se couvrit d'immenses glaciers auxquels on doit le transport de ces roches isolées, que l'on nomme aujourd'hui « blocs erratiques ». On retrouve dans les couches du terrain quaternaire, sous la latitude de Paris, des mousses[1] qui ne croissent plus, de nos jours, que dans le Groënland ; et nous avons vu que, parmi les animaux vivant sur le sol parisien, étaient le renne, puis le rhinocéros à narines cloisonnées et le mammouth. Or, le renne habite encore la Laponie, et les deux autres espèces ont occupé en dernier lieu, avant leur disparition de la surface du globe, les déserts neigeux voisins du pôle nord.

Au moment où nous sommes, il y avait à mi-côte de cette butte Montmartre, qui tout à l'heure nous a servi d'observa-

---

1. *Hypnum Groenlandicum* et *Hypnum Sarmentosum*, musée de Saint-Germain.

toire, une grotte assez profonde ; l'entrée en était protégée par d'énormes pierres formant une construction cyclopéenne et ne laissant qu'un étroit passage. Les alentours ne présentaient aucune trace de culture. La montagne, comme la plaine, était couverte par la forêt vierge. A peine quelques sentiers, tracés par les bêtes fauves, permettaient-ils de se glisser dans le fourré presque impénétrable.

Les abords de cette grotte étaient encombrés d'ossements brisés de toute dimension. Cependant, si elle avait été creusée en premier lieu par quelque grand animal fouisseur, elle ne pouvait être habitée par lui à cette heure, la construction qui en protégeait l'entrée étant évidemment, malgré sa grossièreté, une œuvre humaine ; et d'ailleurs, à travers les roches superposées, filtrait de la fumée, signe indubitable de la présence de l'homme.

En effet, si nous pénétrons dans la caverne, nous nous trouverons en face d'une famille parisienne à cette époque reculée.

Il n'arrivait plus qu'une lueur crépusculaire par l'ouverture de la grotte, et le feu du foyer ne donnait aucune flamme. Toutefois, on pouvait encore s'assurer que la famille se composait de cinq personnes, le père, la mère, une fille aînée de dix-sept ou dix-huit ans, et deux jeunes garçons, l'un de douze ans, l'autre de dix à peu près.

Ces gens, grands et petits, ne reproduisaient pas le type élégant de la race caucasienne qui, de nos jours, domine en Europe ; ils appartenaient, au contraire, à un type voisin de celui des Esquimaux et des Lapons. Ils étaient de petite taille, d'apparence robuste. On aurait eu quelque peine à reconnaître la teinte exacte de leur peau hâlée et malpropre ; mais leurs crânes avaient cette forme allongée, que les naturalistes appellent dolichocéphale [1] et qui annonce une intelli-

---

1. Voir les crânes de Néanderthal, d'Éguisheim, d'Engis, etc., au musée de Saint-Germain.

gence peu développée. Leur chevelure, longue et roide, descendait très bas sur le front. Leurs yeux étaient petits, d'une expression farouche, avec des arcades sourcilières fort proéminentes. Ils avaient aussi les mâchoires très saillantes, le nez écrasé, et, sous leurs informes vêtements en peau de renne ou d'ours encore garnie de poil, ils présentaient l'aspect de véritables sauvages.

Le père, âgé de cinquante-cinq ou soixante ans, était assis près de l'entrée de la caverne; il paraissait malade, et son bras gauche était serré contre le corps par une bande de cuir non tanné. Dans une de ses chasses, peu de jours auparavant, il avait eu ce bras déchiré par les griffes d'une bête féroce, et sans doute cette blessure douloureuse nuisait à son activité ordinaire.

Ses membres, comme ceux des personnes de sa famille, étaient maigres et grêles, tandis que les mains et les pieds avaient des proportions énormes. Sa barbe grise, rare et mal plantée, se mêlait aux longs cheveux, de même nuance et tout pleins d'immondices, qui flottaient sur ses épaules. Il était vêtu d'une espèce de tunique, en peau d'aurochs, qui laissait les bras et les jambes nus. Bien qu'aucun danger ne le menaçât en ce moment, une de ces haches en silex taillé, emmanchées en bois de cerf, dont on a retrouvé une quantité si prodigieuse dans les terrains de cette période, restait à sa portée. Afin d'utiliser ses loisirs, il avait armé sa main valide d'un « percuteur », sorte de marteau formé d'un caillou percé au milieu, et il s'en servait pour aiguiser la pointe d'une flèche de pierre. Mais peut-être sa blessure lui donnait-elle une maladresse inaccoutumée; par intervalles, il grinçait des dents et faisait entendre un grondement de fureur contre lui-même.

La mère et la fille étaient assises par terre à quelques pas, et tandis que la vieille éraflait, avec un racloir en silex, une peau encore fraîche, la jeune cousait, au moyen d'une aiguille en os et du nerf d'un animal, un solide vêtement destiné à l'un de ses frères. Leurs vêtements à elles-mêmes ne différaient guère pour la forme de ceux du mari et des jeunes garçons ; c'étaient toujours des tuniques de peaux, et la mère, avec ses cheveux épars sur son visage ridé, avec ses yeux rougis par la fumée, avec son cou flasque comme un goître, avec sa robe en cuir d'aurochs toute souillée de graisse et de sang desséché, formait le plus repoussant échantillon du sexe féminin dans ces temps antiques.

En revanche, la fille, grâce à sa jeunesse, avait une sorte de beauté... relative. Sans doute, ses traits conservaient les signes indélébiles de sa race, les mâchoires saillantes, les grosses lèvres, le nez écrasé, les yeux petits et le front bas ; mais elle ne manquait pas de fraîcheur, et l'on distinguait dans sa personne les premières traces de cette coquetterie, qui devait se développer si prodigieusement plus tard chez ses arrière-descendantes, les Parisiennes. Ainsi, ses cheveux, noirs et fort longs, réunis par une attache de cuir, formaient une queue à la mode chinoise. Elle n'avait pas eu le génie de les tordre en tresses ou de les relever en couronne sur sa tête ; néanmoins, cette longue natte, ondulant tantôt sur l'épaule droite, tantôt sur l'épaule gauche, n'offrait rien de disgracieux. De plus, la coquette des cavernes portait deux colliers faits, l'un avec des dents de loup polies par le frottement, l'autre avec des coquillages. Autour de ses bras s'enroulaient plusieurs bracelets en coquillages, et même en fruits rouges, cueillis nouvellement dans les halliers des environs. Mais ce qui pouvait plaire surtout dans cette figure bizarre, c'était l'air de gaieté railleuse qui la caractérisait, et la tendance de ses lèvres lippues à sourire pour montrer de superbes dents d'ivoire.

Achevons de peindre cette famille sauvage. Les deux

jeunes garçons, accroupis auprès du feu, étaient chargés de surveiller la cuisson d'une douzaine de petits animaux qui grillaient sur des charbons ardents pour le souper. A demi nus dans leurs vêtements trop courts, ils montraient une pétulance, une agilité remarquables. Mal peignés, encore plus mal mouchés, leur besogne ne les absorbait pas tellement

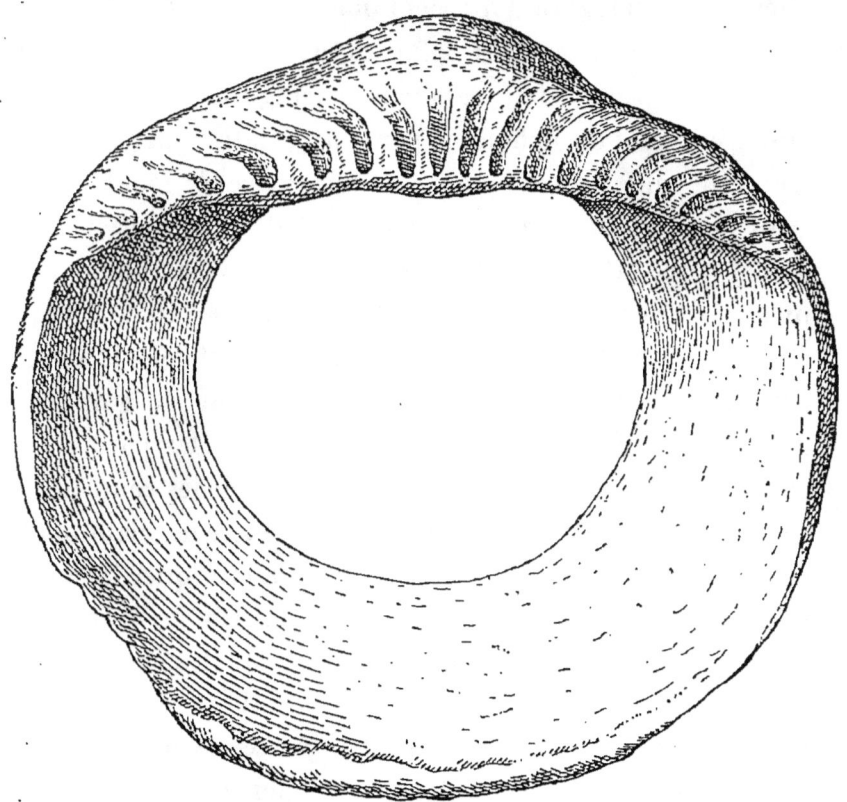

Bracelet fait avec une valve de coquillage, 3/4 de grandeur naturelle (Musée de Saint-Germain).

qu'ils ne se livrassent par intervalles à de turbulents ébats. Ils se ruaient l'un sur l'autre, moitié criant, moitié riant, ou se roulaient par terre comme de véritables singes. Le plus jeune avait un sifflet, formé d'un os percé[1], et en tirait parfois des sons aigus du plus crispant caractère; alors, les parents

1. Voir un sifflet de ce genre, en os de renne, au musée de Saint-Germain.

intervenaient pour rétablir le bon ordre. Le père et la mère faisaient entendre un grognement sourd, la jeune fille elle-même levait un bras de loin, comme pour frapper; et quoique les deux petits satyres ne parussent pas très effrayés de ces démonstrations menaçantes, ils se tenaient un moment immobiles et silencieux, sauf à recommencer plus tard.

Le logis paraissait tout à fait digne de ses grossiers habitants. La grotte était raboteuse, irrégulière, et la faible lumière venant du dehors ne pouvait l'éclairer jusqu'au fond. Du reste, elle ne contenait aucune espèce de meubles. Il y avait pour lit un amas de mousse et de feuilles sèches, sur lequel père, mère et enfants dormaient tout habillés et pêle-mêle. Les sièges étaient des blocs de pierre. On ne voyait encore aucune vaisselle, aucune poterie. Toutefois, la famille paraissait jouir d'une véritable richesse pour ce temps-là. A des chevilles de bois et d'os, fichées dans les parois de la caverne, étaient suspendus des haches et des couteaux en silex, un arc et des flèches; puis des défenses de mammouth, des bois de cerfs et de rennes, destinés à fabriquer les ustensiles indispensables dans le ménage [1]. On pouvait croire aussi que de nombreux ossements, épars sur le sol de la grotte, et qui roulaient à chaque instant sous les pas, avaient la même destination. Toujours est-il que ces os exhalaient une odeur infecte qui, avec celle des viandes grillant sur le brasier, avec la fumée âcre répandue dans l'habitation souterraine, formait une atmosphère repoussante, insupportable pour quiconque n'y eût pas été habitué de longue date.

La conversation ne semblait pas très active. La langue, à cette époque, devait, comme celle de certaines tribus indiennes de nos jours, se composer seulement de quelques centaines de mots, car on avait des idées fort peu complexes à exprimer. La plupart du temps, on ne se parlait que par mo-

1. Musée de Saint-Germain.

nosyllabes ou même par signes, et néanmoins on s'entendait d'une manière suffisante pour les actes très simples qu'il s'agissait d'exécuter en commun.

Au moment où, le soleil étant couché, l'obscurité commença

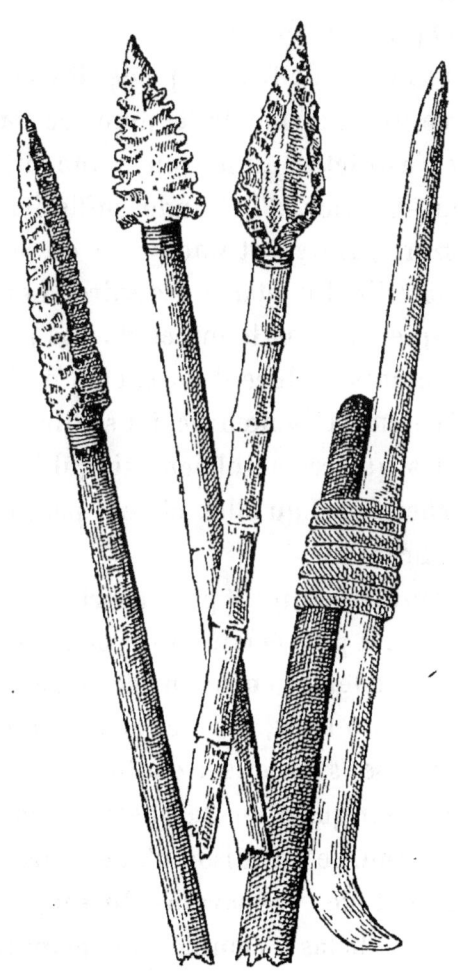

Temps quaternaires. — Trois flèches avec pointes en silex, une flèche avec pointe en os (2/3 grandeur naturelle).

de s'épaissir dans la grotte, le père, qui s'appelait Loup-Cervier (soit qu'il se fût donné ce nom, soit qu'il lui eût été donné par ses proches, vu que les noms de famille n'existaient pas encore), se leva de sa place et poussa une exclamation brève. C'était le signal pour procéder à la fermeture de la caverne ; aussi bien des hurlements commençaient à s'élever dans les bois, selon l'ordinaire, et l'on avait à redouter l'invasion de quelque bête féroce.

Aussitôt tout le monde fut sur pieds. Il s'agissait de pousser devant l'entrée une énorme dalle, appuyée contre la paroi du rocher, et de l'assujettir au moyen d'une pièce de bois non équarrie. Loup-Cervier, d'habitude, suffisait à cette besogne ; mais, sa blessure paralysant une partie de ses forces, le concours de la famille lui était nécessaire. Les deux femmes, plus robustes que certains hommes de nos jours, lui vinrent en aide. Les enfants voulurent aussi être de la partie ; mais, comme ils gênaient la manœuvre, ils s'attirèrent des taloches antédiluviennes qui ressemblaient singulièrement à des taloches modernes, sauf qu'elles étaient peut-être plus vigoureuses et plus brutales.

Quelques minutes suffirent pour barricader la grotte. L'intérieur ne se trouva plus éclairé que par le feu, sur lequel les enfants jetaient de temps en temps des morceaux de bois sec. Toutefois, la fille du logis, qui s'appelait Daine à cause de sa légèreté à la course, s'empressa d'allumer une branche résineuse de mélèze en guise de flambeau, tandis que la vieille mère, nommée Sourde en raison d'une infirmité native, s'occupait activement des préparatifs du souper. Ce souper ne s'annonçait pas, hélas ! comme un plantureux festin. Il n'existait encore aucune espèce d'agriculture ; on vivait à peu près uniquement des produits de la chasse. Aussi, quand un chef de famille se trouvait, comme dans la circonstance présente, incapable de chasser, la chère était-elle assez maigre. Ce jour-là donc le souper se composait des petits animaux qui cuisaient sur les braises, et qui étaient des rats d'eau. Les rats semblent avoir joué un rôle important dans l'alimentation

La caverne de Montmartre.

de l'homme primitif[1] ; ceux-ci étaient dus à l'industrie particulière de l'aîné des enfants que, pour son habileté en ce genre, on appelait le Preneur-de-Rats, tandis que le plus jeune, le garçon au sifflet, avait été nommé le Siffleur. De son côté, Sourde alla chercher dans un coin plusieurs poignées de glands et de châtaignes, ramassés sous les arbres, et les joignit au repas.

On s'assit par terre autour du feu, et le maître du logis avançait déjà sa grosse main, aux ongles crochus, pour saisir un rat grillé, quand s'éleva du dehors un cri rauque, guttural, qui semblait être un appel. Ce cri pouvait être poussé par un animal des forêts, tant il avait des intonations dures ; cependant les habitants de la caverne se redressèrent brusquement ; ils avaient reconnu une voix humaine. Le cri s'étant renouvelé, Loup-Cervier répondit par une exclamation pareille. Alors on entendit quelqu'un qui disait :

— Je suis Roux, qui demeure sur la montagne Verte, de l'autre côté de la rivière.... Les loups et les hyènes rôdent déjà, et le chat-géant commence à rugir.... Laissez-moi entrer ; j'ai tué un renne et nous le mangerons.

Le nom du chasseur qui demandait l'hospitalité n'était peut-être pas une recommandation pour le maître du logis, défiant par caractère et par nécessité ; mais laisser un homme dehors pendant la nuit, c'était le vouer à une mort presque inévitable. D'ailleurs, la famille affamée avait entendu la proposition du chasseur, et, entre les roches superposées qui défendaient l'accès de la caverne, on avait vu qu'en effet Roux portait sur ses épaules un bel animal, de la plus appétissante tournure.

— Un renne ! s'écrièrent joyeusement Daine et les enfants.
— Un renne ! répéta Sourde.

1. Louis Figuier, l'*Homme primitif.*

Loup-Cervier, à son tour, parut comprendre qu'un repas de venaison était préférable, pour lui et pour les siens, aux chétifs rats d'eau et aux glands qui formaient, ce soir-là, le menu du souper. Cette considération l'emporta sur les motifs de prudence qui l'avaient fait hésiter d'abord à recevoir un étranger. Aussi se décida-t-il à écarter, avec l'aide de son monde, la dalle qui servait de porte ; et quand le chasseur eut passé, on barricada de nouveau l'entrée de la caverne.

III

L'HOTE

Roux, le nouveau venu, avait un aspect encore plus brutal et plus féroce que le maître du logis. Il était robuste et dans la force de l'âge. Ce qui le distinguait particulièrement, c'était une ample chevelure rousse flottant sur ses épaules, et une barbe de même nuance qui lui cachait complètement la bouche ; de là venait son nom. Sa robe en peau d'ours laissait nus, selon l'usage, ses bras et ses jambes, couverts de poils roux comme ceux de l'Esaü de la Bible. Il avait aussi des bracelets, des colliers en coquilles et en dents de bêtes sauvages. Son équipement était remarquable : outre le couteau, la hache en silex et les flèches à pointe de pierre, passés dans son ceinturon, il portait d'une main un arc dont la corde était en boyau. L'autre main soutenait une espèce de casse-tête, fait de la mâchoire inférieure d'un grand animal, avec sa canine aiguë et tranchante. Un os allongé servait de manche à cette arme qui était fort lourde et devait être formidable [1].

Roux, en entrant dans la caverne, ne donna aucun signe de politesse ; la politesse était inconnue de ces êtres farouches,

---

[1]. Cette espèce de casse-tête, formé d'une mâchoire d'ours, semble avoir été employé fréquemment au premier âge de la pierre. D'après un journal allemand de date récente, on vient de découvrir dans la grotte de Hohlenfels, en Wurtemberg, une nouvelle arme de ce genre. Du reste, tout ce que nous disons ici de l'homme des cavernes, sur le sol parisien, se trouve exactement confirmé par les découvertes faites dans la grotte de Hohlenfels (V. la *Gazette de Cologne*, novembre 1871).

qui ne vivaient même pas en tribu, mais en famille. Il se contenta de jeter par terre le renne, sur lequel les femmes et les enfants se ruèrent aussitôt, comme à la curée. Sans leur accorder la moindre attention, le chasseur s'assit d'un air fatigué sur une roche, et sembla ne s'occuper que du maître du logis. Il tenait toujours à la main son terrible casse-tête, pour s'en servir à la première alerte.

Loup-Cervier, de sa part, n'avait accueilli son hôte par aucun témoignage de cordialité et avait saisi sa hache. Tous les deux se regardèrent avec fixité, sans échanger une parole.

Ils ne se voyaient pas cependant pour la première fois. Roux, comme il l'avait dit lui-même, habitait avec sa famille une caverne sur le flanc de la montagne Sainte-Geneviève, appelée plus tard par les Romains mont Lucotitius, de l'autre côté de la Seine. Or, comme il n'existait ni ponts ni bateaux pour franchir la rivière ; comme la rivière, avec son cours impétueux, avec ses vastes marécages, avec ses hippopotames et ses rhinocéros, n'était pas facile à traverser soit à gué, soit sur un tronc d'arbre que l'on dirigeait au moyen d'une perche, les rapports n'étaient point des plus fréquents entre les rares habitants de Montmartre et ceux du quartier Latin. C'était seulement quand un chasseur de l'une ou de l'autre rive se trouvait en tournée, qu'il existait entre eux, comme dans le cas actuel, des relations passagères.

Casse-tête en micachiste, manche en bois (1/6 de grandeur naturelle, d'après un moulage du musée de Saint-Germain).

Loup-Cervier et Roux n'étaient pas ensemble dans les meilleurs termes et continuaient de s'observer avec des yeux étincelants. Pourtant le chasseur finit par comprendre qu'il devait quelque marque d'intérêt au maître du logis où il recevait l'hospitalité, et désignant le bras de Loup-Cervier, emmailloté dans une peau fétide :

— Blessé ? demanda-t-il de sa voix gutturale.

— Oui... hyène... Lâche et méchante hyène ! répliqua Loup-Cervier en grinçant des dents.

Le souvenir de sa mésaventure parut réveiller sa colère et changer le cours de ses pensées. Il s'approcha d'une tête décharnée d'animal, qui était dans un coin de la caverne, déchargea sur elle un coup de sa hache et la fit voler en éclats. C'était le crâne de la bête qui l'avait blessé et qui avait été mangée par la famille les jours précédents. Cette puérile vengeance accomplie, il revint prendre place auprès de son hôte, qui ne songeait plus qu'à surveiller les nouveaux apprêts du souper, car il mourait de faim.

La famille ne demeurait pas inactive. Avec la dextérité que donne l'habitude, les deux femmes, aidées des enfants, s'étaient mises en devoir de dépouiller le renne et de le dépecer. La peau ayant été lestement détachée, d'amples grillades de venaison remplacèrent sur les braises les misérables rats d'eau qui furent mis dédaigneusement de côté, au grand désespoir de Preneur-de-Rats. D'ailleurs, l'assistance, en attendant la partie sérieuse du repas, avait à se régaler d'une autre sorte de friandise.

Le goût dominant de cette race semble avoir été la moelle des os de bêtes. Ainsi s'explique la prodigieuse quantité d'os fendus en long que l'on rencontre dans la couche géologique quaternaire. On n'avait donc eu garde d'oublier cet entremets exquis ; les gros os du renne avaient été brisés avec des pierres, et, pour donner aux grillades le temps de cuire à point, l'hôte, le père, la mère et les enfants se mirent à sucer la moelle, toute crue et encore tiède, du ruminant.

Roux n'était pourtant pas absorbé complètement par la sensualité. Son œil fauve suivait avec attention tous les gestes de Daine, qui aidait sa mère à préparer la venaison. Elle mettait à cette besogne, passablement rebutante, une grâce lourde, un enjouement naïf qui semblait ravir le grossier chasseur. Ainsi, tandis que les habits, les mains et même le visage de Sourde étaient tout souillés de sang, la fille avait trouvé moyen d'éviter ces hideuses éclaboussures et de conserver son élégance. Armée de son couteau en silex, merveille d'art pour l'époque, car le manche en bois de chevreuil était orné de ciselures, elle détachait avec délicatesse les nerfs et les tendons qui, desséchés, devaient servir à plusieurs usages domestiques. En s'acquittant de sa tâche, elle adressait parfois un mot joyeux à ses jeunes frères qui sautillaient autour d'elle, ou bien elle faisait entendre un rire aigu, un peu niais peut-être dans ses intonations, mais d'une franche gaieté.

Roux éprouvait une sorte d'extase et oubliait de sucer la moelle d'un os énorme dont il s'était emparé. Cependant, quand le souper fut prêt, il ne songea plus qu'à y faire honneur, car la satisfaction de l'appétit, dans ces épaisses natures, était le premier et le plus impérieux des besoins.

On reprit place autour du foyer et chacun saisit comme il put une grillade sur les braises. Il y avait pourtant une sorte de hiérarchie parmi les convives. Les hommes se servaient d'abord, puis c'était le tour des femmes, puis celui des jeunes garçons. Tous déchiraient leur part à belles dents. Aucune parole n'était échangée ; en revanche les mâchoires faisaient un bruit formidable.

Ce bruit, du reste, résultait de la conformation particulière de la bouche chez les individus de cette race primitive. Au lieu d'avoir, comme nous, la mâchoire supérieure dépassant largement l'inférieure, leurs mâchoires s'appliquaient exactement l'une sur l'autre, d'où résultait un claquement particulier quand ils prenaient leur nourriture. Aussi Loup-Cervier et Sourde, qui étaient avancés en âge, avaient-ils les dents à

Daine.

moitié usées, et cette disposition des mâchoires donnait à la prononciation de tous, quand ils parlaient, un caractère de lourdeur et d'embarras [1].

[1]. Cette particularité est surtout remarquable dans l'*Homme fossile*, qui provient d'une grotte de Menton, et qui se trouve au muséum du Jardin des plantes. Quoi-

On aura aisément idée de l'aspect que présentait la grotte en ce moment. Elle était envahie par une fumée compacte, nauséabonde, suffocante; on y voyait à peine. Le feu ne produisait plus de flamme; la torche de résine apparaissait comme une tache rouge dans ce brouillard ardent, et la sueur coulait sur tous les fronts.

Néanmoins, rien ne décourageait les convives; la voracité de certaines tribus de peaux-rouges pourrait seule aujourd'hui fournir un exemple de la leur. Le premier service de grillades ayant disparu, on en prépara un second, puis un troisième, jusqu'à ce que le renne fût complètement dévoré. Alors les assistants, bien repus, ne semblèrent songer qu'au sommeil. Les enfants, les premiers, gagnèrent l'enfoncement de la caverne où se trouvait un tas de mousse, se couchèrent et s'endormirent sans plus de cérémonie. Sourde ne tarda pas à les suivre, et il ne resta en présence que Loup-Cervier, sa fille et le chasseur.

Les souffrances de sa blessure, ou peut-être quelque préoccupation secrète, avaient empêché le chef de la famille de pousser sa gloutonnerie jusqu'à la dernière limite, et Daine, de son côté, s'était montrée assez sobre, bien qu'elle eût joué un rôle brillant dans le festin. Mais Roux avait dévoré pour sa part ce qui suffirait actuellement à rassasier six hommes robustes. Alourdi par cet excès de nourriture, il avait à peine la force de se soulever. Il s'était remis pourtant à examiner la jeune fille qui, le repas achevé, paraissait disposée à se divertir par un peu de coquetterie. Elle riait de temps en temps en faisant cliqueter ses colliers.

Aussi, quoique Loup-Cervier eût désigné du doigt à son hôte un enfoncement où il devait coucher loin de sa famille, Roux ne parut-il pas s'en apercevoir. Ses yeux ne se détournaient

que ce squelette soit celui d'un individu jeune et vigoureux, les dents, tant d'en haut que d'en bas, sont usées jusqu'à la moitié.

pas de Daine, et tout à coup il dit de sa voix rauque :

— Loup-Cervier, je prendrai ta fille et je tuerai un aurochs que je te donnerai en échange.

En entendant cette proposition si pleine de délicatesse, Daine partit d'un éclat de rire qui ne manquait pas de moquerie. Le père, de son côté, s'arma de sa hache et répliqua :

— Je ne veux pas... Tu as déjà une femme et des enfants là-bas, à la montagne Verte.

Roux fit une grimace hideuse.

— La femme est trop vieille, répliqua-t-il, les enfants sont grands... Écoute : il y a près d'ici un grand ours ; je le tuerai et j'emmènerai Daine pour habiter sa grotte avec moi... Je suis un bon chasseur ; Daine ne manquera jamais de viande de renne ou de cheval.

Cette séduisante perspective ne fit encore qu'exciter la gaieté de la coquette.

— Je suis promise à Blond, dit-elle d'un air mutin.

Sans doute le personnage qu'on appelait Blond était connu de Roux, car les traits repoussants de l'habitant du Lucotitius prirent une expression de mépris.

— Blond, mauvais chasseur, répliqua-t-il ; Daine mourra de faim avec lui ; il ne saura pas la défendre contre les bêtes féroces.

— Il a pourtant déjà tué un mammouth, s'écria la jeune fille avec orgueil, et il a donné les défenses à mon père... Regarde.

En même temps, elle désigna deux colossales défenses suspendues à la paroi de la grotte.

— Avec cet ivoire, poursuivit-elle, Blond fera de belles choses, tiens, comme celles-ci.

Elle mit sous les yeux de Roux son couteau de silex, dont le manche, on s'en souvient, était soigneusement ciselé, puis plusieurs petits ustensiles en os portant des dessins d'animaux, objets qui, malgré la grossièreté du travail, témoignaient que leur créateur devait être un artiste de premier ordre pour ce temps-là.

Roux ne regardait pas ; il grondait de jalousie et de colère, tandis que Loup-Cervier, dont l'esprit était fort obtus, semblait fier de l'éloquence et de la présence d'esprit de sa fille. Daine, voyant le rude amoureux déconcerté, ajouta de son ton railleur :

— Blond me veut, moi je ne veux que lui. Il aime à rire et nous rions ensemble. Demain, il viendra me prendre, et mon père doit me laisser aller... Que Roux continue de chasser le loup et l'hyène.

Puis, toujours riant, elle s'enfuit au fond de la grotte, où elle se coucha entre sa mère et ses petits frères.

Roux poussa une exclamation de fureur et se leva pour la suivre ; le père, sa hache à la main, lui barra le passage. Il parut alors vouloir tourner sa colère contre Loup-Cervier ; mais dès qu'il fut debout, l'effet de l'énorme quantité de viande qu'il venait d'absorber se fit sentir ; il chancela sur ses jambes, bâilla d'une manière effroyable et s'affaissa lourdement sur lui-même. Il s'agita encore pendant quelques minutes ; mais bientôt, comme Polyphème en pareille circonstance, il demeura immobile et s'endormit d'un sommeil irrésistible sur le sol raboteux.

Loup-Cervier savait par expérience que ce sommeil ne serait pas interrompu jusqu'au lendemain. Il alla donc s'étendre sur la couche de mousse, où il ne tarda pas à s'endormir à son tour.

IV

LE RAPT

La nuit se passa bien pour les habitants de la grotte Montmartre, et rien ne troubla leur repos. Aux approches du matin, l'infernal concert des bêtes féroces cessa peu à peu dans les bois, et enfin un rayon lumineux, filtrant à travers les fentes des roches, pénétra dans la souterraine habitation.

Aussitôt tout le monde fut sur pieds. Les apprêts de toilette n'étaient pas longs; on n'avait qu'à quitter le lit de feuilles et à se secouer les oreilles. Daine se trouva debout la première, non pas qu'elle eût à vaquer aux soins du ménage, car le ménage ne réclamait aucun soin; elle obéissait seulement à sa nature remuante, et peut-être aussi la pensée de son fiancé, qui allait arriver, occupait-elle son esprit.

Quoi qu'il en fût, au moment où elle s'élançait vers l'entrée de la caverne, elle entendit un bâillement sonore et entrevit l'hôte de son père, qui, développant sa taille massive, s'étirait les membres pour achever de s'éveiller. La jeune fille voulait passer outre, quand elle se sentit retenue par une main de fer, et Roux lui dit :

— Daine viendra-t-elle avec moi ? Je lui donnerai des peaux d'ours pour se vêtir; elle aura tous les os à moelle de mon gibier.

Daine se dégagea par un mouvement subit et répondit avec son sourire éternel :

— Je ne veux pas. Blond arrive ce matin... Il va m'apporter encore des bracelets et des colliers.

— Je tuerai Blond! gronda le chasseur en serrant les poings.

Il allait tenter peut-être de ressaisir la jeune sauvage; mais, comme nous le savons, la famille troglodyte venait de se lever; Loup-Cervier, avec le secours de sa femme et des enfants, avait enlevé les barres de bois, écarté la dalle qui servait de porte. Au moment où un flot de lumière envahit la caverne, le maître du logis dit à l'étranger, d'un ton qui n'avait rien de courtois :

— Il est jour... Les bêtes féroces sont rentrées dans leurs tanières... Les urus et les aurochs paissent dans la plaine... Il est temps pour le chasseur de partir.

C'était un congé en forme, et Roux n'avait pas sujet d'en être offensé, car l'hospitalité ne se pratiquait pas alors d'une manière fort chevaleresque. Il ramassa donc son arc et ses flèches qu'il glissa dans sa ceinture; puis, saisissant la mâchoire qui lui servait de casse-tête, il sembla vouloir se retirer sans résistance.

Toutefois, avant de sortir, il adressa un dernier regard à Daine. Celle-ci poussa un éclat de rire, plus provocateur que tous les autres, comme pour insulter au désappointement de son adorateur malencontreux.

Les yeux de Roux étincelèrent; une espèce de rugissement s'échappa de sa gorge. Il s'élança avec impétuosité, saisit la coquette par la taille, l'enleva de terre, et se mit en devoir de l'emporter.

La famille entière, excitée par les cris de Daine qui se débattait, courut sus au ravisseur. Sourde se cramponna à sa fille avec énergie; les jeunes garçons se jetèrent dans les jambes de l'hôte perfide pour le renverser. Quant au père, il se plaça devant Roux, et lui asséna sur la tête un coup de hache, qui semblait capable d'assommer un aurochs.

Ce coup fut amorti, sans doute, par l'épaisse chevelure du chasseur, ou bien Loup-Cervier, affaibli par sa blessure, n'avait pas sa vigueur ordinaire, car Roux demeura ferme sur ses jambes. Sans lâcher sa proie, il brandit, de la main qui lui restait libre, son arme redoutable, et en déchargea un coup, à son tour, sur la tête de Loup-Cervier qui tomba, le crâne fendu, raide mort.

Sourde, le voyant par terre, redoubla ses hurlements, enfonça ses ongles dans la chair du chasseur. Celui-ci ne parut pas s'en apercevoir; levant de nouveau son casse-tête, il l'abattit sur le front de la malheureuse femme, qui roula sanglante et inanimée à côté de son mari.

Restaient les deux enfants, qui s'efforçaient en vain de faire perdre l'équilibre au meurtrier; mais c'étaient là des adversaires bien peu redoutables pour cette espèce d'Hercule. D'un simple mouvement de bras, il lança l'un contre la paroi droite, l'autre contre la paroi gauche de la caverne; et ils y restèrent, sinon assommés, du moins étourdis par la violence du choc.

Tout cela s'était accompli en quelques secondes, et, la lutte ayant cessé, Roux ne songea plus qu'à fuir avec sa proie. Il quitta la grotte, sans même regarder derrière lui, et se dirigea vers la forêt en emportant Daine, comme le loup emporte une brebis.

La jeune fille cependant ne restait pas impassible. Elle se tordait convulsivement sous le bras solide qui la contenait; elle égratignait, mordait, en poussant des clameurs surhumaines. Le ravisseur continua son chemin, sans crainte comme sans remords. Un instant encore on entendit les appels désespérés de la pauvre enfant, puis tout retomba dans le silence majestueux des solitudes parisiennes.

Quelques heures s'écoulèrent. Un soleil pâle et terne éclairait la campagne.

De la grotte, dont l'ouverture demeurait béante, partaient des gémissements. Ils étaient poussés par Sourde, qui survivait à son affreuse blessure. Les deux jeunes garçons, quoique cruellement meurtris, s'étaient relevés; ils demeuraient comme hébétés, frappés de stupeur. Ils allèrent pourtant regarder leur père mort et leur mère mourante; mais ils étaient trop stupides pour porter le moindre secours à la blessée qui gisait à leurs pieds, ou pour prendre un parti. Serrés l'un contre l'autre, ils n'osaient bouger, attendant un événement dont ils n'auraient su préciser la nature.

Cette terreur avait, du reste, une autre cause encore. Une de ces grandes hyènes, qui faisaient la nuit de si terribles concerts, avait été avertie par son instinct particulier de la présence d'un cadavre, et, quoique cet animal ne sorte habituellement que pendant l'obscurité, elle s'était glissée à travers les halliers jusqu'à l'entrée de la grotte, où elle allait et venait sans relâche. Son odorat lui disait, en effet, qu'à côté de l'homme mort se trouvaient des hommes vivants, et sa lâcheté l'empêchait d'avancer davantage. Pressée par la faim, elle ne voulait pas non plus s'éloigner, et c'est ainsi qu'elle passait et repassait incessamment devant la caverne.

Tout à coup l'ignoble bête s'arrêta, comme si elle venait de percevoir un bruit extérieur qui n'arrivait pas jusqu'aux jeunes assiégés; puis elle regagna les broussailles, où elle disparut. Siffleur et Preneur-de-Rats commençaient à respirer, quand un froissement de feuilles sèches, le roulement des cailloux sous les pas d'un promeneur se firent entendre au dehors; une forme humaine se montra à quelque distance.

Les enfants s'imaginèrent que Roux, après avoir tué leur père, leur mère et peut-être leur sœur, revenait pour les massacrer aussi. Ils se jetèrent, tout éperdus, dans les profondeurs de l'habitation souterraine, où ils se blottirent en silence.

Ils se trompaient pourtant; ce n'était pas Roux qui s'avançait vers la grotte ; c'était un grand gaillard d'une vingtaine d'années, vêtu de fourrures, la tête et les pieds nus. Nous ne

Blond.

dirons pas qu'il était beau, selon notre type spécial de beauté ; mais il eût fourni la preuve de ce fait, reconnu par les savants modernes [1], que, dans ces temps reculés, deux races d'hommes différentes habitaient simultanément les rives de

1. Faune quaternaire de Paris, d'après les travaux les plus récents de MM. Lartet, d'Archiac, Gaudry, de Mortillet, etc.

la Seine. Blond, car on a deviné le fiancé de Daine, était loin de présenter les caractères physiques de la race qui domine aujourd'hui en Europe; ainsi, sa tête était encore de forme un peu allongée, quoique brachycéphale (pardon du mot!) et son nez passablement épaté; ses arcades sourcilières paraissaient plus saillantes, ses lèvres plus lippues que dans l'espèce actuelle. En revanche, il avait l'œil vif et clair; une expression de ruse et de gaieté, sinon d'intelligence, était répandue sur son visage irrégulier. La chevelure blonde, à laquelle il devait son nom, était longue, soyeuse; et son teint, quoique très hâlé, était blanc comme celui des Celtes, dont nous sommes descendus.

Son équipement consistait en un sac de peau de cerf, suspendu sur la hanche par une lanière. Sa hache de silex était passée dans le ceinturon, et sa main tenait une sorte d'épieu à pointe en bois de renne.

Peut-être cet armement était-il insuffisant, à une époque où l'homme ne pouvait faire quelques pas hors de sa retraite sans être exposé à de périlleuses rencontres; mais Blond avait la témérité d'un amoureux. D'ailleurs, il ne venait pas de loin, sa famille habitant une caverne semblable à celle de Loup-Cervier, de l'autre côté de la butte Montmartre. Cette famille se composait, outre le père et la mère, de six robustes frères et sœurs, dont plusieurs étaient mariés déjà. Blond avait vu Daine en faisant ses tournées dans le voisinage, s'en était épris, et s'était fiancé à elle, avec le consentement des parents. Il comptait l'emmener dès qu'il se serait procuré une grotte pour servir de demeure à un nouveau ménage, car celle de sa famille ne pouvait recevoir un surcroît d'habitants. En attendant, il visitait souvent sa fiancée, et apportait chaque fois en cadeaux quelques-unes de ces sculptures d'os et d'ivoire, dans l'exécution desquelles il excellait et qui lui donnaient une réputation d'artiste de premier ordre parmi les groupes humains disséminés dans la vallée de la Seine.

Ce jour-là encore, il venait offrir à la coquette jeune fille des produits de son art, et marchait d'un pas allègre, le sourire sur les lèvres. Quand il atteignit l'entrée de la caverne, il s'arrêta et plongea un regard avide dans l'intérieur ; mais ses yeux, éblouis par la grande clarté du dehors, ne distinguaient rien. Sourde, soit épuisement, soit qu'elle fût tout à fait morte, avait cessé de gémir ; la grotte paraissait abandonnée.

— Daine ! appela le jeune homme.

Personne ne répondit ; cependant Blond entendait une sorte de frémissement dans les feuilles sèches composant le lit ; il en conclut que le logis n'était pas désert, comme il avait pu d'abord le croire. Toujours souriant, il s'avança un peu et sentit sous ses pieds nus quelque chose de froid et d'humide. Il se baissa et reconnut qu'il venait de marcher dans une mare de sang.

Mais cette circonstance n'avait rien de trop alarmant dans l'habitation d'un chasseur ; il reprit tout haut de son ton jovial :

— Daine se cache ! Daine veut se rire de moi !... Aussi n'aura-t-elle pas les jolies choses que j'apporte.

Il tira de son sac des bracelets de dents, des plaques d'ivoire et de corne sur lesquelles il avait dessiné, à sa manière, des figures d'hommes et d'animaux ; puis il les éleva en l'air, pour exciter la convoitise de sa fiancée qu'il supposait embusquée dans les ténèbres.

On lui répondit cette fois. Outre que la pauvre vieille blessée s'était remise à gémir, des voix d'enfants crièrent du fond de la grotte :

— C'est Blond !... C'est Blond !

Au même instant, Siffleur et Preneur-de-Rats accoururent tout effarés vers l'ami de la famille.

Blond ne s'occupa pas d'eux d'abord. Il s'habituait à l'obscurité et commençait à distinguer certains détails. Se penchant vers Sourde, il vit l'effroyable blessure que la pauvre femme avait au crâne, en même temps qu'il remarquait le cadavre de Loup-Cervier gisant à quelques pas.

Cette scène de carnage n'émut pas Blond comme elle eût fait d'un homme de nos jours. La génération grossière de ce temps-là, habituée à vivre au milieu des périls de toute sorte, livrée à des instincts farouches, était familiarisée avec de pareilles scènes. Toutefois, la physionomie du jeune sauvage exprima la stupeur. Ayant examiné encore le mort et la blessée, il demanda aux enfants :

— Qui a fait cela ?
— C'est Roux, répliqua l'aîné.
— Roux, de la montagne Verte ?
— Oui.

Blond essaya de tirer quelques renseignements des petits garçons, qui, trop effrayés ou trop stupides pour répondre nettement, se contentaient de répéter à satiété : — C'est Roux de la montagne Verte.

— Et Daine ? demanda-t-il tout à coup.
— Roux l'a emportée.
— L'avait-il tuée aussi ?
— Non, elle se défendait... et elle ne voulait pas.

Blond poussa une exclamation furieuse prouvant que, s'il n'était pas un ami bien tendre pour les parents de sa fiancée, il était du moins un amoureux passionné et jaloux. Du reste, il n'avait pas besoin maintenant de grands efforts d'imagination pour comprendre le drame horrible qui venait de s'accomplir. Roux, dont on connaissait dans tous les environs la cruauté bestiale, avait voulu s'emparer de la jeune fille ; et, comme le père et la mère s'opposaient à cet enlèvement, il avait massacré le père et la mère.

Ayant acquis cette certitude, Blond ne songea plus qu'à courir après le ravisseur. Il marchait déjà vers l'entrée de la caverne, quand les deux enfants se cramponnèrent à lui :

— Emmène-moi, dit l'aîné.

— Et moi aussi, s'écria l'autre.

Si étranger que fût le jeune chasseur aux raffinements d'humanité, il sentait combien la situation des orphelins était terrible. La grotte demeurant ouverte, les bêtes féroces ne pouvaient manquer de l'envahir, même en plein jour, attirées par l'odeur du cadavre et du sang. D'ailleurs, Sourde vivait encore, et des secours lui étaient nécessaires. Aussi le fiancé de Daine, malgré la hâte qu'il avait de partir, prit-il quelques dispositions dans l'intérêt de cette malheureuse famille.

Son premier soin fut de traîner dans un coin le corps de Loup-Cervier et de le recouvrir de feuilles, en attendant qu'on pût l'inhumer, selon les formes alors en usage. Puis, il souleva dans ses bras Sourde, qui redoublait de gémissements, et la transporta sur la couche commune. Pour pansement, il prit une poignée de mousse très fine, la trempa dans de l'eau et posa cet appareil sur la plaie. C'était tout ce que ses connaissances chirurgicales lui permettaient de faire, et réellement la malade parut soulagée, car ses plaintes devinrent moins bruyantes.

Restait à s'occuper des deux enfants, qui devaient demeurer seuls pendant un temps dont il était impossible de préciser la durée. Blond remplit à une mare voisine une outre de peau et des cornes d'urus, destinées à contenir la provision d'eau. De plus, il s'assura que la caverne renfermait encore une petite provision de châtaignes, de faînes et de glands pour la nourriture des enfants et au besoin pour celle de la mère. Le feu s'était éteint et c'eût été une trop longue besogne de le rallumer par le frottement de deux morceaux de bois sec, selon la méthode pratiquée, encore de nos jours, chez certaines peuplades sauvages. Blond n'y pensa donc pas; mais il importait d'interdire l'accès de la grotte aux bêtes féroces.

Le jeune homme, avec son ingéniosité naturelle, imagina sur-le-champ un système de clôture capable de satisfaire aux nécessités du moment. Le bloc de rocher, qui servait habituellement de porte, fut mis en travers de l'entrée. Et comme il y avait alors un espace vide entre le bloc et la voûte, Blond montra aux enfants la manière de placer, quand il serait sorti lui-même, les traverses de bois destinées à compléter la clôture. Grâce à cette disposition, l'air et la lumière devaient pénétrer suffisamment dans la caverne, mais l'écartement entre les barres n'était pas assez large pour livrer passage à un animal carnassier d'une certaine taille.

Ces arrangements étant arrêtés, il dit aux enfants :

— Je vais chercher Daine; si je rencontre Roux, je le tuerai. Vous, ne bougez pas jusqu'à demain. Si vous sortez, les bêtes vous mangeront. Je reviendrai avec Daine ou je mourrai.

Il leur expliqua qu'ils auraient à imbiber d'eau fraîche de temps en temps la mousse qui recouvrait la blessure de leur mère, et fit ses préparatifs de départ.

Comme sa lance pouvait l'embarrasser pendant l'excursion qu'il méditait, il la laissa dans la caverne. En revanche, il s'empara de l'arc et des flèches de défunt Loup-Cervier; et, après s'être assuré que la corde en boyau de l'arc était en bon état, que les pointes des flèches étaient suffisamment aiguës, il enjamba la roche de l'entrée.

Sur ses indications et avec son aide, Preneur-de-Rats et Siffleur posèrent adroitement de l'intérieur les traverses en bois. Alors Blond, convaincu qu'il avait fait pour le bien-être et la sûreté de ses amis tout ce que commandaient les circonstances, s'éloigna avec rapidité.

Le sort des malheureux enfants qu'il abandonnait pour un temps indéterminé dans cette caverne fétide et obscure, à côté du cadavre de leur père, auprès de leur mère mourante, eût pu pourtant lui laisser des inquiétudes; mais la pensée de sa chère Daine l'absorbait tout entier. D'ailleurs, les petits sauvages eux-mêmes ne semblèrent pas prendre trop au tragique leur situation actuelle. Ils restèrent bien, un moment, mornes et muets, à la suite des événements insolites qui venaient de s'accomplir; mais ils retournèrent bientôt à leur turbulence habituelle, sans s'inquiéter des gémissements que Sourde poussait par intervalles. Le plus jeune se mit à grignoter des châtaignes crues et à tirer des sons de son sifflet d'os, tandis que l'aîné, ne craignant plus aucun contrôle, jouait avec les épieux de son père.

V

LA VENGEANCE

Blond, en quittant la grotte de Loup-Cervier, allait fort vite, mais il ne tarda pas à ralentir sa course, afin de s'orienter et de diriger ses recherches d'une manière efficace.

Les arbres, très nombreux et très hauts, bornaient la vue de toutes parts. Ces arbres étaient, comme de nos jours, des chênes, des hêtres, des bouleaux, des ormes, quoique peut-être on eût trouvé au milieu d'eux plusieurs essences aujourd'hui disparues. De temps en temps, on rencontrait des clairières où paissaient les troupeaux d'herbivores, rennes, cerfs, chevaux, aurochs, qui pullulaient partout ; mais il n'y avait d'autres moyens de communication que les chemins, ou plutôt les sentiers, que ces bêtes fauves traçaient sous bois, quand elles allaient s'abreuver ou quand elles changeaient de pâturages, la nature étant vierge encore du travail de l'homme.

Or, à peine Blond eut-il quitté le voisinage de la montagne Montmartre, qu'il trouva, dans la forêt séculaire, une avenue large et droite, quoique encombrée çà et là de troncs renversés. Le sol en était battu, piétiné, comme si des chariots et des cavaliers y eussent passé journellement.

C'était par là que les mammouths se rendaient, soir et matin, à la rivière ; dans leurs promenades continuelles, ils avaient frayé ce grand chemin, dont profitaient les autres animaux des environs. Bien que ces colosses ne fussent pas dangereux pour l'homme, il pouvait ne pas être prudent de se trouver sur leur passage ; mais, à pareille heure, Blond risquait seulement d'en rencontrer quelques-uns isolés, et sans doute ceux-là ne songeraient pas à l'inquiéter, s'il ne se mêlait pas de leurs affaires. Aussi s'engagea-t-il résolument dans l'avenue, et voici quels motifs le déterminèrent à prendre cette direction :

— Roux, pensait-il, doit avoir hâte de gagner la rivière, et il a choisi sans doute la route des mammouths, qui est la plus directe et la plus commode. D'ailleurs, il porte dans ses bras la pauvre Daine, qui ne le suivrait pas volontairement ; il n'a pu se risquer avec un pareil fardeau dans les halliers et les fondrières. Roux ignore, selon toute apparence, que, la nuit dernière, la Seine a démesurément grossi, et qu'il n'y a plus moyen de la franchir soit à gué, soit sur un tronc d'arbre, comme d'habitude. Il sera donc forcé de rester sur cette rive, et je ne peux manquer de le rencontrer bientôt, malgré son avance sur moi.

Nous n'osons assurer que ces réflexions se présentèrent avec autant de netteté à l'esprit du jeune homme ; toujours est-il que ce furent à peu près là ses impressions et que, plein d'espoir dans le succès, il continua son chemin.

A chaque instant on entendait dans la forêt des hennissements, des bramements, des mugissements, des cris étranges, poussés par des bêtes qui demeuraient la plupart du temps invisibles. Parfois on entrevoyait, çà et là, des hardes de fauves qui ruminaient au milieu des hautes herbes ; mais elles ne manifestaient pas beaucoup d'effroi à la vue d'un passant, car l'humanité était trop peu nombreuse, trop peu redoutable, pour que les animaux eussent encore reconnu sa puissance. Il eût donc était facile à Blond d'envoyer une flèche à quelque chevreuil ou à quelque faon de renne ; mais il n'y pensait pas et se contentait de picorer des baies sauvages, tout en continuant d'avancer, l'œil au guet et les armes prêtes.

Il atteignit ainsi un endroit où un ruisseau traversait la route et, suivant l'habitude des chasseurs, il examina attentivement les traces imprimées dans le sol humide. C'étaient surtout des traces rondes et profondes de mammouths, au milieu desquelles apparaissaient quelques vestiges humains. Il venait de reconnaître le pied large et plat du terrible Roux, quand tout à coup il laissa échapper une exclamation de rage. A côté des premières, il distinguait des empreintes plus petites et plus légères, bien qu'elles ne dussent rappeler en rien celles d'Atalante; c'étaient celles de Daine, sa bien-aimée.

— Elle marche donc? murmura-t-il ; elle le suit de son plein gré? Je les tuerai tous deux!

Cette découverte prouvait que Blond était bien sur la piste des fugitifs. Aussi, après avoir fait certaines observations qui devaient lui servir plus tard, reprit-il sa course, et il se trouva bientôt à l'extrémité de l'avenue, sur le bord de la Seine.

Nous avons déjà donné une idée du tableau que présentait la rivière; en ce moment surtout, elle avait l'aspect majestueux et imposant d'un véritable bras de mer. Grossie par quelque orage, elle se répandait sur ses deux rives, envahissant les îlots où Paris devait naître un jour, et inondant ses vastes marécages. Il eût été impossible de la traverser, quand même les barques auraient existé. Ses flots bourbeux montaient à une extrême hauteur; son courant semblait irrésistible; les arbres qu'elle emportait, avec leurs racines et leur feuillage, eussent broyé quiconque aurait tenté de la franchir en nageant.

Il était donc bien certain que Roux n'avait pas gagné l'autre bord avec sa prisonnière, et Blond promena ses yeux avec attention sur l'immense paysage qui s'étendait devant lui.

Cette espèce de brume, ordinaire au climat parisien, couvrait la campagne, tandis que des nuages blancs passaient par intervalles sur le soleil. Dans les plaines noyées qui bordaient la Seine, quelques grands mammifères prenaient leurs ébats. C'étaient, d'abord, trois ou quatre mammouths attardés, qui venaient d'entrer dans l'eau jusqu'à mi-jambes pour boire ou pour se baigner. Ils s'élevaient comme des montagnes vivantes au-dessus du niveau du fleuve, dont chacun de leurs mouvements troublait le cours impétueux. Le mâle avait des défenses formidables, recourbées en demi-cercle; et, tandis que les jeunes s'amusaient à lancer avec leur trompe de puissants jets d'eau, il élevait la sienne en l'air et faisait entendre des sons éclatants.

De leur côté, les rhinocéros à narines cloisonnées se livraient à leurs jeux habituels, au milieu des roseaux. Ces rhinocéros, dont on a trouvé de nombreux ossements en creusant le canal de l'Ourcq, étaient, comme nous l'avons dit, couverts de poils ainsi que le mammouth; mais leur peau ne formait pas de plis comme celle du rhinocéros africain. Farouches et stupides, ils se battaient entre eux, en faisant voler au loin des tourbillons de boue, et ne paraissaient pas beaucoup s'inquiéter du voisinage des éléphants, non plus que de celui des hippopotames qui venaient parfois folâtrer à la surface de l'eau.

Et tout cela non loin de la place où se trouve aujourd'hui le Pont-Neuf!

Ces scènes de la nature antédiluvienne n'avaient aucun intérêt pour Blond; c'était sa chère Daine et le chasseur qu'il désirait apercevoir. Mais des créatures humaines devaient être comme écrasées par l'immensité de l'étendue, et ne former que des points imperceptibles sur ce théâtre peuplé de colosses.

A force de fouiller avec sa vue perçante chaque anfractuosité du rivage, il finit par distinguer, dans la direction où devait s'élever plus tard l'hôtel-de-ville de Paris, deux personnes qui semblaient remonter le cours de la rivière. Il crut reconnaître celles qu'il poursuivait, et, afin de s'en assurer, il se mit à courir avec une agilité dont peu d'hommes de nos jours seraient capables, mais qui était une des nécessités de la vie sauvage. Les promeneurs n'ayant pas de motifs pour aller le même train, il gagna rapidement sur eux et bientôt il reconnut d'une manière positive Daine et son ravisseur.

Roux paraissait déconcerté par l'inondation sur laquelle il n'avait pas compté, et on devinait à ses allures une indécision extrême. Il marchait d'un pas incertain, ne sachant évidemment quel parti prendre.

Daine, qui marchait à son côté, retournait fréquemment la tête. Bien que la pauvre fille ne manquât pas de vigueur, elle semblait fatiguée de sa longue promenade à travers bois et marécages. Ses pieds et le bas de sa tunique de peau étaient souillés de fange; toute sa personne trahissait un abattement profond. Blond s'étonnait toujours qu'elle n'essayât pas d'échapper à son ravisseur, quand il eut l'explication de cette docilité.

Roux, désespérant de trouver un moyen de traverser la Seine, sembla enfin prendre une détermination nouvelle, et désigna la forêt à Daine par un geste impérieux.

La fille de Loup-Cervier, soit qu'elle comptât être aperçue et secourue au milieu de ces plaines découvertes, soit qu'elle redoutât de rentrer dans les bois en pareille compagnie, manifesta quelques velléités de résistance; aussitôt Roux, s'élançant sur elle, la frappa avec une brutalité inouïe du manche de son casse-tête.

Or, ce n'était pas la première fois que l'amoureux employait ce procédé pour se faire suivre de l'objet de sa tendresse, et l'on eût pu voir déjà, sur les bras et sur les épaules de la malheureuse Daine, plus d'une contusion sanglante.

Le respect pour la femme n'existait pas encore à cette époque, et la domination du sexe fort sur le sexe faible s'exerçait sans mesure. Néanmoins Blond, en voyant maltraiter ainsi celle qu'il aimait, ne réussit pas à se contenir et laissa échapper un cri de colère.

A peine cette clameur, si différente des sons qui s'élevaient habituellement dans ces solitudes, eut-elle retenti, que Blond comprit son imprudence. Il ne pouvait réussir dans sa poursuite, qu'à la condition de surprendre son adversaire, car Roux, bien armé, d'une force herculéenne, d'une légèreté extraordinaire, d'un courage de brute, ne se laisserait sans doute pas arracher sa proie tant qu'il lui resterait un souffle de vie. C'était donc uniquement par surprise qu'il devenait possible de le vaincre, et il y avait folie à le mettre sur ses gardes.

Blond s'en souvint à temps. Dès que cette protestation chevaleresque lui eut échappé, il se jeta à plat ventre dans les hautes herbes et demeura sans mouvement.

Il avait été entendu. Roux cessa de frapper la pauvre femme et regarda autour de lui. Daine elle-même parut oublier sa souffrance ; elle s'était retournée de nouveau en tressaillant. Peut-être avait-elle reconnu la voix de son fiancé ; peut-être l'espoir d'une délivrance

Casse-tête en bois d'if (1/6 de grandeur naturelle, d'après un moulage du musée de Saint-Germain).

prochaine venait-il de se réveiller dans son esprit. Quoi qu'il en fût, Blond, se défiant de la vue perçante du sauvage, et sachant que le moindre indice, le moindre mouvement était capable de le trahir, demeurait blotti dans les roseaux sans se risquer à redresser la tête.

Ce fut seulement après un temps assez long qu'il se souleva avec précaution. Comme le cri ne s'était pas renouvelé, Roux et Daine avaient sans doute fini par croire qu'il n'était pas parti d'une bouche humaine, et avaient continué leur marche vers la forêt, où ils ne tardèrent pas à s'enfoncer.

Blond quitta alors sa cachette et reprit sa course rapide, en se courbant au milieu des broussailles.

Il atteignit ainsi la partie des bois où Daine et Roux venaient de s'engager; mais là il rencontra de nouveaux embarras. Le fourré était sillonné en tous sens par ces petits sentiers que traçaient les bêtes fauves en allant à la rivière. Lequel de ces sentiers le chasseur et sa compagne avaient-ils choisi? Le sol, ou trop sec ou trop mou, ne gardait aucune empreinte. D'ailleurs, le temps manquait pour étudier patiemment une piste. Si Blond avait su jurer, il eût fait retentir le bois de ses blasphèmes; il se mit à errer en grondant et en se meurtrissant la poitrine avec rage.

Nous le laisserons à sa colère et à son anxiété pour rejoindre Daine et le ravisseur.

La fille de Loup-Cervier, comme nous l'avons dit, n'avait pas cédé sans résistance aux injonctions de l'assassin de ses parents; mais, domptée par la violence, elle avait paru se résigner à son sort. Pendant le trajet, la conversation n'avait pas été bien animée, comme on peut croire; l'action remplaçait à cette époque les mots et les pensées. La pauvre créature avait donc marché en silence à côté de Roux, qui l'observait sournoisement avec une expression de colère et de haine autant que d'amour.

Daine ne pouvait s'attendre à être secourue, sauf le cas où son fiancé jugerait à propos d'intervenir en sa faveur. Il n'existait aucune autorité protectrice. Un petit nombre de familles vivaient isolément sur de vastes espaces, et chacune d'elles ne relevait que du père. Rien ne défendait l'opprimé contre les entreprises de l'oppresseur ; quoiqu'il dût y avoir déjà certaines notions de justice, de religion et de morale, elles étaient si vagues qu'elles ne pouvaient être un frein sérieux aux grossiers instincts, aux passions féroces de cette race ignorante.

Daine comprenait donc que, si le hasard lui faisait rencontrer dans les bois quelque autre chasseur du voisinage, ce chasseur n'oserait tenter de la délivrer. Nous savons quelle espérance elle avait éprouvée en croyant reconnaître, dans le cri parti derrière elle, la voix de son ami. Par malheur, cette espérance n'avait été qu'un éclair, et lorsque la pauvre fille était rentrée dans la forêt, de grosses larmes mouillaient ses yeux.

Son persécuteur ne s'en inquiéta guère, peut-être même ne s'en aperçut-il pas. Cependant, à mesure que l'on s'enfonçait sous les arbres, son attitude changeait à l'égard de la prisonnière, et son regard s'adoucissait d'une manière visible. Bientôt quelque chose d'assez semblable à un sourire s'épanouit sur sa figure hideuse, et, une fois, il posa sa large main sur l'épaule de Daine, en faisant entendre une espèce de grognement joyeux qui eût rappelé celui d'un ours.

Daine parut plus effrayée de sa gaieté que de la colère qu'il avait montrée jusque-là.

— J'ai faim, dit-elle brusquement ; Roux est-il si mauvais chasseur qu'il ne puisse me donner à manger ?

La jeune fille était bien inspirée, et Roux devait être touché d'un semblable reproche. D'ailleurs, peut-être cette observation lui rappela-t-elle que lui-même n'avait rien pris depuis la veille, qu'on était vers le milieu du jour, et que sa faim d'ogre lui rongeait la poitrine. Il se redressa et dit de sa voix gutturale :

— Daine mangera.

En ce moment, on entrait dans une clairière dont les troupeaux de fauves avaient tondu le gazon. Sur ce sol ras et largement piétiné, on ne voyait plus qu'un jeune cheval, de petite taille et à tête énorme, dont l'espèce était alors très répandue. L'homme primitif ne songeait pas encore à devenir cavalier, mais le cheval était pour lui un gibier excellent et il en faisait sa principale nourriture [1]. Le jeune animal dont nous parlons, quoiqu'il fût à moins de vingt pas des promeneurs, ne s'alarmait pas de leur présence, et, tout en broutant le feuillage d'un arbuste, les regardait de son œil doux et curieux à la fois. Roux saisit son arc, et, avec une prestesse singulière, décocha une flèche qui lui traversa la gorge. La pauvre bête hennit de douleur et voulut s'enfuir ; la force lui manquant, elle tomba sur ses genoux. Rapide comme la pensée, Roux s'élança et termina ses souffrances en lui brisant le crâne.

Alors le chasseur se tourna d'un air triomphant vers sa compagne, qui jugea à propos de le récompenser de son adresse par un signe de tête.

La venaison était obtenue, il ne s'agissait plus que de la préparer. Or, on se souvient que le feu s'allumait par un procédé lent et difficile, en frottant l'un contre l'autre deux morceaux de bois sec ; et quoique les Parisiens de l'ancien monde mangeassent habituellement la viande grillée, ils n'y mettaient pas tant de raffinements quand ils étaient en chasse, et s'accommodaient fort bien alors de viande crue. Aussi Roux ne songea-t-il pas le moins du monde à allumer du feu.

---

1. Lartet et Christy.

Il fit signe à Daine de s'asseoir et se hâta de dépecer le cheval, dont les chairs fumantes palpitaient encore.

Il détacha avec dextérité les os qui contenaient de la moelle, les fendit longitudinalement au moyen de sa hache et les offrit à Daine avec galanterie. Pour lui, il se tailla dans le filet de la bête un énorme morceau qu'il déchira des dents et des ongles, puis il le dévora avec sa gloutonnerie ordinaire, sans avoir l'air de regretter aucun assaisonnement.

Nous voudrions pouvoir dire que la fiancée de Blond témoigna quelque horreur ou quelque dégoût pour ce repas de cannibales; la vérité nous force d'avouer que l'habitude, d'une part, l'appétit, de l'autre, l'empêchèrent de manifester la moindre répugnance. Oubliant ses chagrins, ses fatigues, ses mortelles inquiétudes, elle s'était mise à sucer des os à moelle, avec toute la sensualité d'une belle gourmande de nos jours mangeant des gâteaux chez un pâtissier du boulevard Italien.

La clairière, assez vaste, était pratiquée dans une haute futaie, et tandis qu'une demi-obscurité régnait sous bois, les convives se trouvaient en pleine lumière, au centre de l'espace découvert. Roux avait choisi cette place pour éviter toute surprise; non pas qu'il conservât souvenir de l'alarme causée par le cri de Blond quelques moments auparavant, mais il importait de rester sur ses gardes, car on était continuellement entouré de périls.

Néanmoins, Daine, les premiers besoins apaisés, retomba dans ses préoccupations douloureuses. Elle cessa de manger, refusa même la cervelle du cheval que le chasseur lui désignait comme un mets digne d'elle. Quant à lui, tout en engloutissant des chairs sanglantes, il continuait d'épier sa compagne.

Ses yeux, sous leurs paupières rousses, pétillaient de plaisir, et l'on ne pouvait deviner si cette satisfaction avait pour cause la bonne chère présente ou la pensée de tenir en son pouvoir une créature qui lui semblait si belle.

Daine remarquait ces détails ; elle espérait pourtant que son persécuteur, à force de se gorger de viande, finirait par tomber dans l'état de torpeur et d'abrutissement qui accompagnait d'ordinaire sa digestion. Cet espoir ne tarda pas à s'évanouir : Roux cessa de s'acharner sur cette chair crue, et se contenta de grignoter, en guise de dessert, ce que la jeune fille avait dédaigné. Puis, il se leva et dit brusquement :

— Viens.

Daine se rejeta en arrière et dit avec horreur :

— Roux a tué Sourde et Loup-Cervier !

Ce reproche ne parut pas le moins du monde émouvoir le sauvage. Il crut, au contraire, y voir un éloge pour lui, car il répliqua en ricanant :

— Roux était le plus fort.

Que répondre à cette logique ? La pauvre Daine fit appel à ce qu'elle savait de religion et de morale pour essayer d'adoucir le chasseur.

— Quand les forts ont été méchants pendant leur vie, dit-elle, le Grand-Esprit les punit après leur mort.

Cette pensée était trop élevée pour l'intelligence de Roux. Il avait écouté néanmoins d'un air attentif et semblait essayer de comprendre. Au bout d'un moment, il partit d'un nouvel éclat de rire et répondit :

— Roux est vivant.

La malheureuse fille, à bout d'arguments, se taisait. Comme Roux avançait les deux mains pour la saisir, elle lui échappa par un mouvement subit, et s'enfuit vers le fourré avec la légèreté de l'animal dont elle portait le nom.

Mais, si elle était agile, le chasseur ne l'était pas moins. Il se leva à son tour, ramassa son casse-tête, et la poursuivit en grondant de fureur.

Grâce à ses bonds impétueux, il la rejoignit bientôt, et il brandissait son arme redoutable pour l'en frapper. Daine poussa un cri d'angoisse, auquel répondit dans la profondeur des bois cette clameur farouche qu'elle avait entendue déjà. En même temps, une flèche, lancée par une main invisible, effleura son visage et vint traverser la gorge de Roux, ainsi que la flèche de Roux avait traversé la gorge du jeune cheval peu d'instants auparavant.

Des flots de sang inondèrent la peau d'ours dont le ravisseur de Daine était revêtu. Mais telle était la vigueur de cette race, qu'il demeura debout, et quoiqu'il ne pût ni crier, ni marcher, il tenta d'arracher avec colère le trait qui l'avait blessé. N'y réussissant pas, il voulut du moins se venger et agita convulsivement son casse-tête. Daine, qui s'était arrêtée aussi pour regarder d'où lui venait ce secours inespéré, risquait d'être atteinte, quand une nouvelle flèche siffla et alla s'implanter dans la poitrine du chasseur.

Cette fois, les jambes de Roux fléchirent; il tourna sur lui-même, puis tomba sur le sol qu'il laboura de ses ongles et qu'il mordit, en poussant des sons inarticulés.

Au même instant, un homme sortit des broussailles et se montra sur la lisière de la forêt. Son arc à la main, il se tenait prêt à lancer une troisième flèche si besoin était. Cet homme, bien qu'il n'eût rien de l'Apollon Pythien, parut à Daine plus beau que le dieu « à l'arc d'argent ».

— Blond! s'écria-t-elle transportée.

Blond, car c'était lui, demeura d'abord immobile, les yeux attachés sur son ennemi. Comme on n'avait plus rien à craindre de ce côté, il abaissa son arc, s'élança vers sa fiancée, en criant avec ravissement :

— Daine!

Il n'y eut pas entre eux de longs discours; mais les yeux de la fille exprimaient la plus ardente reconnaissance, tandis que ceux du garçon reflétaient l'orgueil et la joie du succès.

Bientôt ils s'approchèrent du blessé, qui se tordait sur le gazon dans les convulsions de l'agonie. Blond désirait ravoir ses flèches et en même temps s'emparer des colliers et des armes du vaincu, car les moindres produits de l'industrie humaine avaient alors une valeur immense.

Il se pencha donc vers le mourant et retira les flèches, sans plus s'inquiéter de ses souffrances qu'un Peau-Rouge de nos jours ne s'inquiète des tortures de celui qu'il est en train de scalper. Quoique supérieur sous certains rapports à son ennemi, il ne sentait aucun scrupule de traiter Roux comme Roux l'eût traité lui-même en pareil cas.

Le malheureux chasseur ne pouvait parler ; mais, étendu sur le dos, les poings fermés, il conservait toute sa connaissance. Certains Russes, de race mongolique, survivant dans nos guerres à d'effroyables blessures dont un Européen fût mort sur-le-champ, pourraient seuls aujourd'hui fournir des exemples d'une semblable vitalité.

Daine eut pourtant le courage de regarder en face l'assassin de sa famille, et, cédant à un sentiment d'indignation, elle le frappa de son pied nu au visage. Roux essaya de la mordre, sans pouvoir y parvenir.

Blond, qui venait de s'emparer des dépouilles du blessé, semblait s'amuser de cette haine réciproque. Néanmoins il voulut entraîner Daine.

La rancunière jeune fille résista.

— Roux vit encore, dit-elle.

— Bah! répliqua Blond avec tranquillité, les loups l'achèveront.

Et il la conduisit doucement vers l'endroit où étaient restés les débris du cheval. Il se souvenait que, lui aussi, mourait de faim et qu'il avait tous les droits possibles sur la chasse du vaincu.

Ils s'assirent donc et le repas recommença. Combien il ressemblait peu au premier! Le ravissement des jeunes gens paraissait égal. Daine ne mangeait pas, mais elle avait plaisir à voir manger son compagnon qui, du reste, ne montrait pas la hideuse gloutonnerie de l'autre chasseur. Ils parlaient peu, selon l'habitude; en revanche, ils se regardaient sans cesse et riaient. Après le repas, Blond offrit à sa fiancée les colliers et les bracelets, les ouvrages de ciselure qu'il avait préparés pour elle, et la coquette se hâta de s'en parer. Tout au bonheur de se retrouver après de si dures épreuves, ils ne s'inquiétaient, ni l'un ni l'autre, du misérable Roux, qui râlait à quelques pas, et dont les yeux, déjà ternis par les approches de la mort, se fixaient sur eux avec une expression de jalousie et de fureur impuissante.

Blond et Daine ne songeaient pas que le temps passait. Le soleil allait se coucher; or, être surpris par la nuit dans ces bois, où pullulaient tant de formidables animaux, c'était, ils ne l'ignoraient pas, s'exposer à une mort terrible.

Blond finit par s'apercevoir du péril. Il se leva tout à coup

— Allons! dit-il.

Il prit ses armes, et chargea Daine de celles de Roux. La fille de Loup-Cervier, du reste, était fort capable de s'en servir au besoin. Comme on se disposait à partir, elle demanda :

— Où me conduira Blond?

Le jeune chasseur réfléchit.

— Loup-Cervier a été tué, dit-il enfin, et sa caverne n'a plus de maître... Je vais m'y rendre avec Daine. Je serai chef de la famille. Je porterai Loup-Cervier à la grotte des morts; puis, je nourrirai de ma chasse les femmes et les enfants.

— Bien, répliqua Daine.

Et on se mit en marche.

Quand on passa près de Roux afin de gagner la lisière du bois, le mourant fit des efforts visibles pour parler et agita les bras. Ses yeux démesurément agrandis semblaient supplier les jeunes gens de ne pas l'abandonner sans force et désarmé dans ce désert. Daine, cette fois, ne put se défendre d'un mouvement de compassion et voulut s'arrêter; Blond haussa les épaules et l'obligea de continuer son chemin.

Le blessé avait eu raison de redouter leur départ. A peine les deux fiancés avaient-ils quitté la clairière, qu'elle fut envahie par une prodigieuse quantité d'animaux gris, fauves, tachetés, qui, cachés dans les halliers voisins, n'attendaient que ce moment. Ils s'élancèrent, gueule béante, en poussant des hurlements de convoitise. Les uns coururent vers le cheval dont ils s'arrachèrent des lambeaux sanglants, tandis que les autres se précipitaient sur Roux qu'ils couvrirent tout entier.

Daine et son compagnon entendirent derrière eux des craquements d'os, des cris féroces, un bruit de lutte acharnée entre les ignobles animaux qui se disputaient leur proie; ils n'en prirent aucun souci et s'éloignèrent à grands pas. Puis, comme les impressions de ces sauvages étaient éminemment changeantes, ils rirent quelques minutes plus tard, avec la plus franche gaieté.

VI

SCÈNES DU MONDE PRIMITIF

Réellement Daine et Blond, tout au plaisir de se retrouver ensemble, s'étaient beaucoup trop attardés. Sous le couvert des arbres régnait une obscurité assez épaisse, et les sentiers tracés par les herbivores, sans direction fixe, pouvaient facilement égarer. Il semblait donc douteux que le jeune homme et la jeune fille réussissent à gagner avant la nuit close la caverne de Montmartre, s'ils essayaient de percer à travers la forêt. Les bêtes de proie, à peu près inoffensives quand le soleil était sur l'horizon, allaient se réunir, comme d'habitude, pendant la nuit, et se mettre en quête. Déjà, elles s'appelaient par de sinistres hurlements et le formidable concert devait durer jusqu'au lendemain. Cependant, entre la Seine et Montmartre, il n'y avait pas une habitation humaine, pas un refuge : partout la forêt vierge et les marécages.

Le jeune chasseur n'oubliait pas ces alarmantes réalités, et, après avoir erré pendant quelques minutes dans des sentiers perdus qui revenaient souvent sur eux-mêmes, il s'arrêta pour s'orienter. Enfin, étendant le bras vers le couchant, il dit tout à coup :

— Vite !... le chemin des mammouths.

Il prit d'un pas leste la direction indiquée et Daine le suivit, malgré les difficultés de la marche. Cependant elle répliqua timidement :

— Il est tard... Les mammouths sont sur pied, ils nous écraseront[1].

— Vite, vite, répliqua Blond.

On atteignit la longue avenue que les éléphants antédiluviens avaient pratiquée dans la forêt et qui, de la rivière, allait presque jusqu'à la montagne ; mais, ainsi que Daine l'avait prévu, elle n'était plus déserte comme le matin. Les mammouths se rendaient par groupes à l'abreuvoir et, tout en marchant, ils arrachaient çà et là avec leurs trompes une touffe d'herbe, ou ils cassaient distraitement une grosse branche. Grâce à la bande lumineuse que formait le ciel au-dessus de la double rangée d'arbres, on voyait ces monstrueux animaux se diriger avec nonchalance vers la Seine ; et parfois l'un d'eux, en belle humeur, faisait entendre ces sons éclatants qui retentissaient comme les notes d'un cor dans l'immensité des futaies.

Ainsi que nous l'avons dit, Blond et sa compagne n'avaient que cette voie pour retourner promptement à la grotte et ils

---

1. On lit dans le compte rendu de l'Académie des sciences (*Constitutionnel* du 28 juin 1881) :

M. Albert Gaudry communique à ses confrères une note sur la découverte d'un certain nombre d'ossements de grands animaux de l'époque quaternaire, trouvés au centre même de Paris, dans la reconstruction de l'*Hôtel des Postes*.

« Ces ossements comprennent une dent de cheval, un bois de cerf, un tibia d'éléphant très grand et une dent de mammouth ou *elephas primigenius*, très différente de celle de l'*elephas antiquus*.

« Au surplus ce n'est pas la première fois que l'on trouve des débris du mammouth sur le sol parisien. On a déjà rencontré ses restes sur plusieurs points de la grande ville, sans parler de la banlieue. C'est ainsi qu'on a recueilli des dents de mammouth dans les fouilles faites pour des constructions, à la Salpêtrière, à l'hôpital Necker, dans les sablières de la rue du Chevaleret, dans celle de Grenelle, où l'on a rencontré en même temps des débris de rhinocéros, d'hippopotames, de *bos primigenius*. Récemment encore, on a fait la même trouvaille rue Lafayette et rue Doudeauville, au coin du boulevard Ornano. »

Donc, comme le dit M. Gaudry, « le mammouth s'est promené rue Pagevin », mais à une époque où la rue Pagevin n'existait pas et où l'on ne songeait guère à l'invention de la poste.

Et pourtant l'homme vivait alors, sur le même sol, en compagnie de ces animaux disparus. On trouve, en effet, avec les ossements de ces animaux, des instruments de l'industrie humaine qui suffisent à eux seuls pour affirmer leur créateur.

avançaient en se glissant le long des bas-côtés de l'avenue. Du reste, ils pouvaient seulement craindre d'être foulés aux pieds par mégarde. Les paisibles colosses, enveloppés dans leur longue fourrure noire, confiants dans leur force irrésistible, ne semblaient pas remarquer ces êtres humains qui passaient à côté d'eux, ou s'ils les remarquaient de leur petit œil perçant, ils ne daignaient pas attaquer de chétifs pygmées qu'ils eussent anéantis d'un souffle.

L'audace des deux jeunes gens semblait donc devoir rester impunie, et ils avaient fait sans encombre une partie du trajet, quand ils furent témoins d'une de ces scènes grandioses, si fréquentes dans le monde primitif, mais dont rien de nos jours ne peut plus donner une idée.

Blond et sa compagne étaient alors à l'endroit où, tant de siècles plus tard, devait se trouver le boulevard Montmartre. A leur gauche s'étendaient les marais de la future Grange-Batelière. Comme ils traversaient ce vaste espace nu pour regagner l'avenue des éléphants, qui se prolongeait bien au delà, ils entendirent tout à coup en avant d'eux un vacarme épouvantable et qui allait toujours grossissant.

On eût dit d'une tempête subitement déchaînée. L'obscurité ne permettait pas de juger de quoi il s'agissait, mais la terre tremblait comme sous le galop de dix mille chevaux. La poussière, les feuilles formaient un nuage d'où sortaient des bruits étranges et puissants. Pas de créature vivante qui ne se sentît saisie d'effroi aux approches de cette espèce de trombe, dont la cause était encore inconnue.

Daine et Blond, bien que leurs nerfs ne fussent pas faciles à ébranler, avaient fait halte tout émus au bord de la route, et regardaient le point d'où pouvait venir le péril. Les mammouths, qui, tout à l'heure, flânaient si paisiblement, avaient fait volte-face et dressé leurs larges oreilles. Sans doute, ils n'ignoraient pas les causes de cette alarme, car ils répondirent par des sons aigus aux sons qui arrivaient jusqu'à eux, et qui devaient être un appel ; puis, retournant sur leurs pas, ils partirent, la trompe en l'air, de toute leur vitesse.

Daine et Blond cherchaient avec une vive anxiété d'où provenait cette terrible perturbation. Des mammouths, menacés par un danger subit, s'étaient réunis en un immense troupeau, et accouraient, en ralliant par leurs clameurs tous les animaux de leur espèce. Bientôt ils débouchèrent de l'avenue, bondissant les uns sur les autres dans leur course impétueuse, se culbutant, couverts de poussière, de fange et de branchages brisés, choquant avec fracas leurs longues défenses, mais avançant toujours avec la rapidité de l'ouragan.

L'ennemi, qui produisait cette panique des colosses, ne tarda pas à se révéler. Par-dessus le fracas que causaient les mammouths en fuyant, on entendit un rugissement horrible, que l'on pourrait comparer au roulement du tonnerre. Quand ces sons épouvantables retentirent, tout fit silence ; il semblait que le roi, ou plutôt le tyran de la création à cette époque reculée, venait d'élever sa voix souveraine.

Blond et Daine demeuraient frappés de stupeur. Le jeune homme saisit la main de sa compagne :

— Le Chat-Géant ! dit-il.

— Le Chat-Géant ! répéta Daine, éperdue.

Et tous les deux s'élancèrent vers le marais, afin de ne pas se trouver sur le passage des éléphants.

Le marais ne présentait aucun abri ; seulement, à quelque distance de l'avenue, on voyait une roche isolée, apportée là par un cataclysme, et qui dominait la plaine d'une dizaine de pieds. Les deux pauvres fuyards se dirigèrent de ce côté, et bien leur prit d'avoir à la course une vélocité merveilleuse, car la bourrasque vivante fondait déjà sur eux. Enfin ils atteignirent ce bloc de pierre, et tout haletants, tout en nage, tout frémissants, ils réussirent à se hisser sur le sommet.

Cet asile était-il sûr? Ils s'aperçurent bientôt qu'ils n'auraient pu choisir plus malheureusement leur lieu de refuge.

Les mammouths, en effet, au lieu de continuer leur course dans l'avenue qui descendait vers le fleuve, envahirent le marais avec impétuosité. Poursuivis par leur redoutable ennemi au milieu des bois, ils ne pouvaient se développer en liberté et se disposer pour une défense collective, comme font aujourd'hui leurs congénères les éléphants d'Afrique quand ils sont attaqués par un lion. Mais cet espace nu, qui se trouvait près du chemin, leur offrant une espèce de champ-clos, ils s'y précipitèrent à l'envi, afin d'accepter la bataille.

En un instant la plaine en fut couverte : broussailles et roseaux disparaissaient sous leurs larges pieds. Ils s'agitaient avec inquiétude, regardant fréquemment du même côté. Si nombreux qu'ils fussent, il en arrivait toujours de nouveaux, et les derniers, de plus en plus excités par les rugissements du Chat gigantesque, accouraient avec une légèreté dont on n'aurait pas cru capables de pareilles masses.

D'ailleurs cette confusion apparente ne fut pas de longue durée. Les mammouths, obéissant à un plan qui semblait concerté d'avance, se formèrent en troupe compacte et régulière. Au centre se tenaient les femelles et les jeunes ; au premier rang, se placèrent les vieux mâles, qui se disposaient à supporter le choc principal, et préparaient leurs énormes défenses. Bientôt tous, la crinière hérissée, la trompe au vent, l'œil et l'oreille au guet, ne bougèrent plus, et tel était leur ordre de bataille, que la dernière rangée se trouvait à vingt pas seulement de la roche où Daine et Blond s'étaient réfugiés.

Il se fit un nouveau silence. Les mammouths, rassurés sans doute par la forte position qu'ils venaient de prendre, et qui leur permettait de se prêter un mutuel appui, ne poussaient plus ces sons éclatants de trompette qui exprimaient leur colère ou leur effroi. Ils étaient prêts à la résistance, et attendaient l'ennemi.

Cet ennemi se montra enfin. Les deux fiancés le virent, à la faible clarté du crépuscule, s'élancer, par bonds impétueux, dans la clairière, et un seul regard suffisait pour faire comprendre l'immense terreur qu'il inspirait.

Le Chat-Géant ou lion des cavernes[1] était, nous l'avons dit, trois ou quatre fois plus grand que les plus grands lions d'Afrique. D'après les ossements qu'on trouve fréquemment dans le sol, il avait quatorze pieds environ de longueur, et réunissait les caractères du lion et du tigre. Sa robe était d'un gris roux, rayé de brun; sa longue queue, annelée de noir et de fauve. La gorge et le dessous du corps étaient d'un blanc éclatant[2].

Ce prodigieux animal, dont les dents avaient seize centimètres de longueur, et dont la patte était armée d'ongles rétractiles de vingt centimètres, s'arrêta un moment sur la lisière de la forêt pour examiner la position des mammouths; ses yeux ronds brillaient dans l'ombre comme des globes de feu. Immobile, la gueule béante, il faisait onduler sa queue nerveuse, prêt à bondir.

Le lion d'Afrique n'ose jamais attaquer une bande d'éléphants quand ils ont eu le temps de se mettre en garde, comme l'étaient à cette heure les mammouths parisiens. Toutefois, le Chat gigantesque ne semblait pas vouloir reculer, et il fit entendre de nouveau son rugissement formidable, en signe de défi.

Les mammouths, de leur côté, répondirent par ces sons puissants de trompette dont nous avons parlé, comme pour annoncer qu'ils acceptaient le combat; mais les intelligents animaux eurent soin de ne rien changer à leur ordre de

---

1. *Felis spelœa.*
2. Boitard.

Les mammouths et le lion des cavernes.

bataille, et continuèrent de former une masse solide, présentant de toutes parts des défenses et des trompes menaçantes.

Voyant que sa démonstration n'avait pas produit l'effet attendu, le Chat-Géant entra en fureur. Ses rugissements, les battements de sa queue ne cessaient pas; ses grands yeux fascinateurs continuaient de flamboyer. Enfin il se mit à ramper sur le ventre et à tourner autour des mammouths attentifs, comme pour chercher un point faible dans leur bataillon.

Or, tandis qu'il rôdait ainsi, rugissant, déchirant le sol avec ses griffes et faisant voler le gravier, Blond et sa compagne remarquèrent qu'il se rapprochait d'eux de plus en plus et qu'il touchait presque la roche basse où ils s'étaient postés.

Qu'on juge de leur terreur! A la vérité, le Chat-Géant, engagé dans une lutte grandiose contre des adversaires dignes de lui, ne daignerait pas sans doute s'apercevoir de la présence de deux pauvres créatures humaines; mais n'était-il pas à craindre qu'il sautât sur la roche, et alors que deviendraient les malheureux fiancés? Balayés par un simple mouvement de l'énorme patte, ils ne seraient, quelques instants plus tard, que des débris informes, jetés en pâture aux loups et aux hyènes de la forêt.

On put croire, en effet, que le sanguinaire animal avait le projet d'occuper la roche, car il tourna de ce côté ses prunelles ardentes. Si Daine eût été une femme de nos jours, elle n'eût pas manqué de s'évanouir et de compliquer la situation déjà si critique; elle se contenta de s'attacher convulsivement à son compagnon; et celui-ci, quoique habitué de longue date à toutes sortes de dangers, fut sur le point de se précipiter avec elle en bas de la roche, pour éviter la rencontre qui lui semblait imminente.

Heureusement ils n'eurent pas besoin de recourir à cette

extrémité. Le Chat-Géant cessa de regarder vers eux et se décida à l'attaque. Il poussa un nouveau rugissement, fit un bond de trente ou quarante pieds, et, franchissant un des grands mâles qui formaient le premier rang, alla tomber sur un jeune mammouth, dont la chair tendre et délicate lui semblait mériter sa préférence.

Ce fut alors que le tumulte devint effroyable. La ligne de combat se rompit et chacun des mammouths courut au secours du blessé. Cent trompes s'abattirent à la fois sur le Chat-Géant, qui se cramponnait au dos de sa victime et la dévorait vivante. Une lutte horrible s'était engagée. Tous ces colosses se ruaient les uns sur les autres, se culbutant, s'écrasant pour porter un coup à l'ennemi commun. Ce n'était plus qu'une montagne de chair, montagne mobile et changeante d'où sortaient des grondements saccadés, des bruits de défenses qui se heurtaient et se brisaient, des sons cuivrés qui donnaient idée des trompettes du Jugement dernier.

Il était difficile de prévoir quelle serait l'issue de ce conflit de monstres. De tous ces grands corps échauffés s'élevait une fumée épaisse; des pierres, des herbes sèches, des touffes de poil volaient dans les airs. On ne distinguait plus ni lion ni mammouths, mais, comme nous l'avons dit, une masse roulante, mugissante, dont chaque évolution faisait trembler le sol.

Daine éperdue se couvrait les yeux, en continuant de se serrer contre son ami ; seul, Blond jugeait avec sang-froid de la grandeur du péril. Le combat se livrait à quelques pas d'eux seulement ; ils pouvaient être anéantis par le moindre choc, sans même avoir le temps de pousser un cri. Une fois ils sentirent le rocher qui leur servait de refuge violemment ébranlé, et ils faillirent perdre l'équilibre : c'était un mammouth qui, en passant, l'avait effleuré de son pied massif. Cependant Blond comprenait qu'il y avait encore plus de chance de salut à demeurer en place qu'à risquer d'être écrasé dans la plaine, dès que ces formidables animaux viendraient à se séparer.

Quoique la bataille n'eût pas duré plus de deux ou trois minutes, les jeunes gens commençaient à trouver le temps très long, quand tout à coup quelque chose de semblable à l'oiseau Roc des *Mille et une Nuits* vola au-dessus de leur tête et alla retomber sans bruit derrière eux. Ils ne savaient ce que cela pouvait être; mais bientôt ils reconnurent le Chat-Géant qui, vaincu, renonçait au combat, et regagnait la forêt, en faisant des bonds immenses.

Le redoutable félin ne rugissait plus, comme s'il eût été honteux de sa défaite. En revanche, les mammouths célébrèrent leur victoire par des fanfares assourdissantes, et plusieurs grands mâles, soit par bravade, soit par rancune, partirent avec célérité afin de poursuivre le fuyard.

Les autres commencèrent à se disperser. L'attention de Daine et de Blond se porta particulièrement sur le jeune mammouth qui avait été attaqué par le Chat des cavernes. Malgré la promptitude qu'on avait mise à le secourir, le pauvre animal était cruellement déchiré; partout où il passait, la terre était inondée de sang. Il chancelait sur ses jambes, et plusieurs de ses protecteurs avaient l'air de le caresser avec leur trompe. On eût pu remarquer surtout la touchante sollicitude que manifestait pour le blessé une femelle, une tendre mère sans doute, quoiqu'elle fût haute comme un premier étage. Elle le soutenait, le dirigeait, et toute la famille marcha lentement vers l'avenue, où elle disparut bientôt.

VII

UNE NUIT DANS LES BOIS

La nuit était tout à fait tombée ; le marais qui avait servi de champ de bataille redevenait désert. A peine entrevoyait-on çà et là quelques mammouths qui erraient comme des masses sombres ; les sons de trompette, les rugissements avaient cessé. Mais dès que les grands animaux s'étaient tus, les petits avaient recommencé leur vacarme ; hyènes et loups, réunis par bandes, faisaient entendre leurs hurlements lamentables et s'avançaient vers les marais, dans l'espoir sans doute de dévorer quelque victime du combat.

Il semblait impossible maintenant, pour Daine et pour Blond, de regagner cette nuit la caverne de Montmartre. Il y avait plus d'un quart de lieue à faire dans les halliers, par une obscurité profonde, et toute la féroce population des bois sortait de ses repaires. Comme le danger n'était pas moindre de demeurer sur cette roche isolée, où l'on était exposé à des attaques de toute sorte, Blond avertit sa compagne qu'il fallait se remettre en route, et ils se dirigèrent vers la montagne.

Quand ils furent sous les arbres, ils ne marchèrent qu'avec des précautions extrêmes. Les hurlements redoublaient et paraissaient maintenant si rapprochés, que les hurleurs devaient être à quelques pas seulement. On voyait, en avant, en arrière, dans les buissons, dans les hautes herbes, flamboyer des yeux mobiles comme autant de feux follets. Parfois, certaines de ces bêtes nocturnes s'arrêtaient sur le chemin des deux fiancés et faisaient mine de leur disputer le passage; mais dès qu'on avançait, elles se jetaient vivement de côté et se mêlaient à la bande qui grossissait sans relâche.

Au bout de peu d'instants, cette bande était si nombreuse, si turbulente, que Daine, malgré son habitude de semblables rencontres, malgré la confiance que devait lui inspirer la présence de son ami, donna de nouveaux signes d'effroi. Tout en marchant, elle agitait sans relâche la hache de silex enlevée à Roux. Ces vaines démonstrations avaient pour unique résultat de rendre la meute plus ardente, plus acharnée à la poursuite.

Le chasseur ne faisait que rire des terreurs de sa compagne. Quand les hyènes et les loups les serraient de trop près, il se contentait de se retourner et de pousser un cri aigu, qui mettait en fuite les lâches animaux. Néanmoins il n'ignorait pas que certaines éventualités pouvaient changer brusquement la face des choses; aussi dit-il à Daine :

— Tant que nous resterons debout, rien à craindre... Mais il ne faut pas tomber.

La moindre chute, en effet, devait leur être fatale, et pourtant rien ne semblait plus facile qu'une chute. L'avenue des mammouths, défoncée, encombrée de branchages et de troncs d'arbres, en raison de la panique récente, allait toujours se rétrécissant et formait de nombreuses sinuosités. A chaque instant les deux fiancés étaient arrêtés par des obstacles qu'ils devaient tourner, malgré la vive opposition de la troupe turbulente.

Son audace devenait de plus en plus marquée, et les jeunes gens étaient cernés de toutes parts. Ils ne pouvaient distinguer les animaux qui les harcelaient, mais les yeux étincelants, les hurlements opiniâtres trahissaient le nombre considérable de leurs ennemis. On semblait les regarder comme une proie assurée ; évidemment on attendait pour attaquer une occasion favorable, qui ne pouvait manquer de se produire.

Aussi Blond, à son tour, se décida-t-il à faire quelques démonstrations, afin de rendre plus circonspectes les bêtes de proie. Un loup, l'ayant serré de trop près, reçut un vigoureux coup de casse-tête qui le renvoya presque assommé au milieu des siens ; puis, saisissant son arc, le chasseur lança une flèche au hasard dans une masse grouillante à quelques pas de lui. Sans doute cette flèche porta, car des cris plaintifs s'élevèrent aussitôt. Cette leçon pourtant ne produisit pas de résultat sérieux ; les deux fiancés ayant repris leur marche, la bande les suivit, non moins bruyante, non moins furieuse qu'auparavant.

Ils étaient donc toujours dans le plus grand danger, et Blond cherchait un stratagème pour échapper à ces maudits animaux, quand s'opéra un changement merveilleux.

Les hurlements cessèrent et les hurleurs se dispersèrent, saisis d'une crainte soudaine. On n'entendit plus, dans cette partie de la forêt, que le froissement des feuilles et des broussailles à travers lesquelles se précipitaient les fuyards. Les deux fiancés se trouvèrent brusquement dégagés, libres de leurs mouvements.

Daine se réjouissait déjà de cette circonstance inexplicable ; Blond, beaucoup moins rassuré, regarda autour de lui pour en connaître la cause. Alors une sorte de reniflement très fort, répété à intervalles égaux, vint frapper son oreille, et il aperçut dans l'ombre, à moins de trente pas de lui, deux yeux flamboyants qui, à en juger par leurs énormes dimensions, ne pouvaient être des yeux d'hyène ou de loup.

Le chasseur savait maintenant pourquoi les bêtes de proie avaient battu en retraite avec tant de précipitation.

Ours des cavernes.

— Le Grand-Ours des cavernes! dit-il bas à sa compagne.

Que faire devant ce nouvel ennemi contre lequel les armes de ce temps étaient à peu près impuissantes? Blond ne fut pas lent à prendre un parti. Voyant au-dessus de sa tête une grosse branche, qui semblait appartenir à un arbre séculaire, il éleva Daine dans ses bras, aussi haut que possible, et murmura :

— Vite, vite!

Daine qui, nous l'avons dit bien des fois, n'avait rien de la petite maîtresse, se hissa prestement sur la branche. A peine y était-elle que Blond s'élançait avec une incroyable agilité ; il saisit la branche à son tour, s'éleva par la force des poignets, et fut bientôt près de sa compagne, à huit ou dix pieds du sol.

Il était temps. L'ours des cavernes, qui s'était arrêté pour renifler et pour découvrir les rôdeurs dont le vent lui apportait les émanations, se remit en mouvement et s'avança en trottinant vers la place où se trouvaient tout à l'heure les deux fiancés. Parvenu là, il renifla de nouveau, puis, se dressant sur ses pattes de derrière, jeta un regard sournois vers les jeunes gens ; et, telle était sa haute stature, qu'il semblait presque pouvoir les atteindre.

En effet, le Grand-Ours des cavernes dépassait de beaucoup par la taille nos ours actuels, toute la création spéciale de cette époque étrange affectant des proportions colossales. Il avait le front bombé et était couvert d'une épaisse fourrure. Ses mœurs et sa férocité ne sauraient être comparées qu'à celles de son congénère, l'ours gris de l'Amérique du Nord, ce terrible « ours grizzly » dont les voyageurs content de si étonnantes prouesses. Sa vigueur égalait sa férocité et, après le Chat-Géant, il était le plus formidable destructeur du monde préhistorique.

Daine, en sentant la chaleur de cette haleine fétide, ne

put retenir un cri d'effroi. Blond se hâta de la rassurer. Bien que le museau du Grand-Ours ne fût pas à plus d'un pied de la branche, la bête était trop lourde pour pouvoir sauter; d'ailleurs, comme l'ours grizzly, elle ne grimpait pas aux arbres. On n'avait donc pas à craindre qu'elle essayât de débusquer les fiancés de leur asile temporaire, et Daine, avec cette mobilité d'esprit qui semble être le caractère de l'enfant et du sauvage, se résigna philosophiquement à la situation présente.

Le Grand-Ours, après avoir flairé en l'air un moment et s'être convaincu qu'il ne pouvait rien contre ces créatures humaines, était retombé sur ses pattes. Cependant, soit férocité naturelle, soit tout simplement effet de cette curiosité dont certains animaux donnent souvent des exemples, il ne bougeait pas de place.

Daine et Blond ne s'en inquiétaient plus; ils s'installèrent commodément à l'enfourchure de la branche pour y passer la nuit. Ils avaient reconnu l'impossibilité de gagner la grotte de Montmartre à cette heure avancée, et leur seul moyen de salut était de se réfugier sur un arbre jusqu'au retour du soleil. Autant valait celui-ci qu'un autre, et ils pouvaient attendre avec patience que le Grand-Ours, las de sa faction inutile, jugeât à propos de battre en retraite.

Toutefois, la fille de Loup-Cervier manifestait une certaine surexcitation. Elle riait d'un rire nerveux et peut-être n'était-elle pas aussi tranquille qu'elle voulait le paraître.

De son côté, l'ours, entendant remuer dans le feuillage au-dessus de sa tête, s'étonnait et demeurait attentif; tantôt sur deux pieds, tantôt sur quatre, reniflant et soufflant tour à tour, il ne quittait pas son poste.

Daine, agacée par cette obstination, conçut l'idée de s'en venger. Elle avait conservé l'arc de Roux et l'avait passé par-dessus son épaule, en même temps qu'elle portait à sa ceinture la hache et les flèches à pointes de silex. Par mutinerie plutôt que dans l'espoir de chasser l'importun assiégeant, elle posa une flèche sur l'arc et la lança.

Elle avait une certaine habitude des armes ; car, à cette époque où la vie humaine était constamment menacée, les femmes se trouvaient souvent dans l'obligation de secourir leurs proches ou de se défendre. D'autre part, l'ours était fort près ; même un enfant n'eût pu manquer cette masse rebondie, d'autant moins que deux yeux brillants indiquaient d'une manière précise où il fallait viser.

Daine atteignit donc le but, et un hurlement effroyable retentit tout à coup. L'ours blessé se roulait par terre, essayant d'arracher le trait qui l'avait atteint, se mordant de rage parce qu'il ne pouvait y réussir. Bientôt il se releva et tourna sa fureur contre l'arbre, qui servait de forteresse à ses adversaires. En un clin d'œil le vieux chêne fut dépouillé jusqu'à une grande hauteur de toute son écorce, par les robustes crocs et les griffes tranchantes de l'animal.

Au moment où la flèche était partie, Blond n'avait pu retenir une exclamation de mécontentement. La jeune fille, terrifiée de ce qu'elle venait de faire, lui jeta les bras autour du cou en demandant pardon. La colère du chasseur ne résista pas à ces caresses; il rendit à Daine son étreinte et se contenta de dire doucement :

— Imprudence... A présent, le Grand-Ours ne nous perdra pas de vue tant qu'il lui restera un souffle de vie.

Ces prévisions étaient justes. La bête, après avoir vainement usé ses ongles et ses dents contre le tronc de l'arbre, revint prendre sa faction sous la branche où les deux jeunes gens s'étaient cantonnés, et se remit à les surveiller de son œil oblique. Quand la douleur de sa blessure se faisait trop vivement sentir, elle recommençait ses grognements et allait de nouveau arracher de longs copeaux au chêne qui n'en pouvait mais; après quoi elle retournait à son poste, et rien ne semblait devoir vaincre son opiniâtreté.

Toutefois les fiancés étaient convaincus qu'ils n'avaient aucun péril à redouter, du moins pour le moment. Ignorant les raffinements de la vie civilisée, ils envisageaient sans trop d'inquiétude la nécessité de passer une nuit entière dans un arbre, assiégés par cette bête redoutable. Comme un froid piquant commençait à se faire sentir, et comme ils portaient des vêtements qui les défendaient d'une manière très insuffisante contre les intempéries de l'air, ils continuèrent de se tenir serrés l'un contre l'autre. Bientôt Daine, épuisée de fatigue, s'endormit, la tête posée sur l'épaule de son compagnon.

Lui, au contraire, n'avait garde de se livrer au sommeil. Il devait se tenir prêt à tout événement, prévenir une chute de la jeune fille, chute qui eût été inévitablement mortelle. Il demeurait donc les yeux ouverts et soutenait avec précaution son amie, pleine de confiance dans sa vigilance et dans sa force. Souvent elle était éveillée en sursaut par les grondements de l'ours, mais elle ne tardait pas à se rendormir en faisant entendre un murmure plaintif, semblable à celui de l'enfant dans les bras de sa mère.

Les choses se passèrent ainsi jusqu'à ce que les premières lueurs du matin vinssent colorer le ciel. Daine s'éveilla gaiement, rafraîchie par ces quelques heures de repos. En revanche, lorsqu'elle jeta les yeux au pied de l'arbre, elle aperçut le Grand-Ours, qui, le poil hérissé, couvert de sang, l'œil plus farouche que jamais, faisait encore sentinelle. On espéra d'abord que le jour en grandissant le mettrait en fuite comme les autres animaux nocturnes, dont les clameurs lointaines venaient enfin de s'éteindre. Il n'en fut rien. Le soleil apparut, lançant ses rayons d'or à travers la brume et le feuillage. L'ours ne levait pas le siège; ses mouvements désordonnés, ses hurlements, témoignaient que sa fureur n'était nullement diminuée.

Blond examina la bête féroce et dit à Daine tout à coup :

— Il faut tuer l'ours, ou nous resterons ici jusqu'à la nuit prochaine.

La jeune fille répliqua timidement :

— Les flèches n'entrent pas... Les haches de pierre glissent sur sa fourrure, ou s'émoussent et se brisent.

— Je le tuerai, dit Blond avec fermeté. Aujourd'hui nous porterons Loup-Cervier à la caverne des morts. J'amènerai ma famille et nous ferons le repas funéraire... Nous mangerons le Grand-Ours aux funérailles de Loup-Cervier.

Peut-être y avait-il beaucoup de fanfaronnade dans cette promesse. Il ne restait plus que cinq ou six flèches aux deux fiancés, et réellement des flèches, à moins d'un hasard extraordinaire, ne pouvaient blesser d'une manière bien grave un animal de cette taille. D'autre part, il ne fallait pas songer à l'attaquer corps à corps. Aucun homme, eût-il été un géant, n'aurait pu se mesurer contre l'Ours des cavernes, à la charpente de fer.

Cependant, Blond, après avoir indiqué à Daine son rôle dans le combat, disposa tout pour l'attaque. Bientôt les grondements devinrent retentissants, continuels ; tous les hôtes de la forêt étaient saisis de crainte au bruit de cette lutte.

VIII

LA FAMILLE

Revenons maintenant à la grotte de Loup-Cervier, où, depuis la veille au matin, les deux enfants et la mère étaient enfermés avec le cadavre du chef de la famille.

Pendant les premières heures, Siffleur et Preneur-de-Rats avaient supporté avec assez de philosophie leur solitude. A travers les madriers, si habilement disposés par Blond, filtraient quelques rayons lumineux, qui leur permettaient de jouer, tout en grignotant des glands et des châtaignes.

Avec l'ignorance de leur âge et la légèreté de leur nature inculte, ils n'avaient guère songé à leur père mort, à leur mère mourante, et ils avaient profité de la liberté absolue de mouvements qui leur était laissée. Toutefois, l'un et l'autre, obéissant machinalement à la consigne de Blond, n'avaient pas négligé de tremper par intervalles dans de l'eau fraîche la mousse posée en guise d'appareil sur la blessure de Sourde. Ce remède primitif, que le hasard sans doute avait révélé à cette antique génération, ne tarda pas à produire un effet merveilleux.

Vers la fin de la journée, Sourde, bien qu'elle eut au front une fracture qui aurait tué sur le coup une femme de notre race, avait repris peu à peu connaissance. Habituée à n'attendre de secours de personne, la malheureuse se traîna sur les genoux et sur les mains vers la corne qui contenait la provision d'eau, y plongea les lèvres et but à longs traits.

Preneur-de-Rats et Siffleur ne s'inquiétaient nullement d'elle. Ennuyés de cette réclusion, qui se prolongeait outre mesure, ils venaient de monter sur la dalle placée en travers de l'entrée et essayaient d'enlever les madriers pour courir s'ébattre au dehors. C'était une grande témérité, car la nuit approchait en ce moment, et l'hyène rayée, qui rôdait autour de la caverne depuis le matin (peut-être un ancien propriétaire du logis), était aux aguets dans les buissons environnants.

Ils allaient pourtant exécuter leur dangereux projet, quand un cri rauque, moitié douloureux, moitié menaçant, s'éleva derrière eux et leur fit tourner la tête.

A la vue de la mère, ils interrompirent leur besogne. Ils se souvenaient des corrections manuelles que Sourde leur administrait fréquemment, et n'étaient pas bien sûrs qu'elle ne pût en administrer de nouvelles.

Ils sautèrent donc à bas de la pierre, et, s'approchant de la malade, l'examinèrent avec plus de curiosité que de tendresse. Comme la mousse humide servant d'appareil à la blessure était tombée, l'aîné en prit une poignée nouvelle, la trempa dans l'eau et la plaça sur le front entr'ouvert de Sourde. La vieille femme, d'abord épuisée par ses pénibles efforts, se souleva de nouveau et demanda

— Loup-Cervier?

— Tué, répondit avec insouciance Preneur-de-Rats en désignant la place où était le cadavre.

Sourde poussa un gémissement; mais elle demanda encore :
— Daine?
— Roux l'a emportée.

Preneur-de-Rats ajouta presque aussitôt :
— J'ai faim.

— J'ai faim, répéta le frère qui, pour manifester son impatience, tira de son sifflet d'os les sons les plus agaçants.

Réellement ces petits sauvages, habitués à se gorger de viande demi-crue, se sentaient l'estomac vide. Sourde, malgré sa blessure, malgré le chagrin que lui causaient la mort de son mari et la disparition de sa fille, éprouvait aussi le besoin de manger, car cette race épaisse semblait avoir par tempérament une insatiable voracité. La mère ne songea pourtant pas à elle-même. En entendant ce cri de ses enfants : « J'ai faim », elle recouvra un peu de force, et rampa vers l'endroit où se trouvaient les glands et les faînes réservés pour les besoins de la famille. Hélas! les jeunes goinfres, dans leur désœuvrement, avaient tout dévoré; il ne restait plus rien dans la grotte qui pût servir de nourriture.

Cette circonstance porta au comble le désespoir de la misérable femme, qui se laissa retomber sur le sol. Les enfants, sans s'occuper d'elle davantage, se mirent à pleurer, à se pousser l'un l'autre, et finirent par se battre, malgré les faibles objurgations de Sourde.

La nuit vint sur ces entrefaites. Preneur-de-Rats et Siffleur, pour qui le besoin de sommeil était encore plus impérieux que la faim, s'étendirent sur les feuilles sèches, et s'endormirent. Quant à Sourde, épuisée d'efforts, abattue par d'atroces souffrances, elle resta à la place où elle se trouvait.

Ce fut une terrible nuit, et les êtres humains, à cette époque redoutable, devaient en avoir souvent du même genre. Le feu, on s'en souvient, était éteint depuis longtemps, et le froid ne tarda pas à saisir les habitants de la caverne. De plus, aussitôt que le jour avait disparu, les hurlements habituels s'étaient fait entendre au dehors, et cette fois ils retentissaient sans relâche devant la grotte même. L'hyène opiniâtre dont nous avons parlé, remarquant l'insuffisance apparente de la clôture, essayait de franchir cet obstacle et appelait ses compagnes par des glapissements. Une bande considérable était accourue, et, pendant toute la nuit, ces hideux animaux donnèrent l'assaut à la demeure de Loup-Cervier.

Les uns grattaient les pierres avec constance pour les disjoindre et se glisser dans l'intervalle. Les autres attaquaient les barres de bois avec leurs griffes et leurs dents. Quand l'un était fatigué, l'autre lui succédait dans cette besogne, et ils se disputaient la meilleure place. On pouvait craindre, à chaque instant, que les barres ne finissent par céder; souvent une hyène passait sa tête à travers les poutres et remplissait la grotte de ses clameurs.

Aussi, plusieurs fois, la pauvre Sourde crut-elle qu'en effet la clôture avait cédé, que les monstres avaient envahi sa demeure, et elle s'attendait à sentir de puissantes mâchoires lui étreindre la gorge. Les enfants eux-mêmes étaient réveillés par cet infernal vacarme; mais bientôt le sommeil l'emportait sur la frayeur.

La mère de famille, du reste, ne s'abandonnait pas. Dure au mal, façonnée à la souffrance, habituée au danger, elle n'était pas femme à rester inactive tant qu'elle conserverait un souffle de vie. Toujours en se traînant, elle alla prendre dans un coin un épieu à pointe de silex, et revint se coucher à l'entrée de la grotte. Quand une hyène était trop hardie ou trop bruyante, Sourde lançait un coup d'épieu au hasard à travers les barreaux; aussitôt la bête s'enfuyait en hurlant, tandis qu'une autre prenait sa place.

On voit que la nuit des habitants de la caverne était encore plus affreuse que celle de Daine et de Blond, assiégés dans un arbre par un Grand-Ours. Vers le matin, Sourde n'avait plus même la force de brandir son épieu. Elle demeurait anéantie à son poste, et si les bêtes acharnées étaient parvenues à forcer l'entrée de la grotte, elles auraient eu bon marché de cet unique défenseur. Heureusement, grâce aux sages précautions de Blond, les barres étaient bien assujetties, et les hyènes durent se retirer aux premières clartés du jour.

Pendant près d'une heure encore Sourde demeura sans mouvement; elle paraissait morte, elle n'était qu'endormie, vaincue par la fatigue et la douleur. Peut-être fût-elle restée encore longtemps dans cet état; mais on ne respecta pas un sommeil qui pouvait être si bienfaisant pour elle. Ses enfants se levèrent et recommencèrent à faire entendre leur cri habituel : « J'ai faim. »

Sourde rouvrit donc les yeux, et, reprenant conscience de ses misères, éprouva plus impérieusement que jamais, elle aussi, le besoin de manger. De plus, la provision d'eau était épuisée, la soif devenait pressante comme la faim. Il n'y avait pas à hésiter, il fallait sortir de la grotte.

La vieille femme céda enfin à la nécessité. Après s'être assurée, à travers les fentes, que tout était tranquille au dehors, elle aida à enlever les barres de clôture. Une bouffée d'air frais pénétra tout à coup dans cette caverne fétide, pleine d'ossements mal desséchés et d'immondices. Preneur-de-Rats et Siffleur grimpaient joyeusement sur la dalle pour s'élancer dans la campagne, quand la mère les retint de nouveau. Elle venait d'entrevoir quelqu'un se glissant dans l'espèce de sentier encombré d'arbustes qui conduisait à la caverne. Or, de tous les ennemis qui menaçaient l'homme à cette époque, les plus dangereux étaient encore les hommes.

— On marche! dit Sourde avec effroi.

Les enfants se blottirent derrière la roche. Sourde n'avait plus le temps de replacer les barres, mais elle reprit son épieu, se dressa sur le seuil de la demeure souterraine, et se tint prête à repousser un nouvel assaut.

Elle n'attendit pas longtemps : une forme humaine se dégagea du milieu des ronces.

— Daine! s'écria la vieille femme au comble de la joie.

— Daine! Daine! s'écrièrent les enfants à leur tour.

C'était Daine, en effet; d'une main elle tenait un arc, de

l'autre une hache de silex. Elle semblait brisée de fatigue. A la vue de sa mère vivante et debout, elle poussa une exclamation de plaisir et sauta lestement dans la grotte.

L'une et l'autre semblaient heureuses de se retrouver ; cependant elles ne recoururent à aucune de ces caresses, de ces embrassades par lesquelles une mère et une fille de nos jours se marqueraient mutuellement leur affection. Elles se bornaient à se regarder, en riant d'un rire hébété et en prononçant des paroles sans suite. Les enfants, lorsqu'ils revirent leur grande sœur, qui bien des fois avait été chargée de pourvoir à leurs besoins, n'imaginèrent rien autre chose que de répéter leur refrain fastidieux : « J'ai faim. »

Toutefois Sourde réclama quelques explications.

— Où est Roux ? demanda-t-elle.

— Roux ! mort, répliqua Daine.

— Bien, bien ! s'écria la vieille en battant des mains avec une satisfaction haineuse ; et Blond ? poursuivit-elle.

— Blond ! répliqua Daine, en se rengorgeant avec orgueil, il a percé Roux avec ses flèches et il sera mon mari. Il a tué un Grand-Ours. Il va venir avec sa famille, pour porter Loup-Cervier à la caverne des morts, et on mangera le Grand-Ours au festin des funérailles. Alors, Blond sera le maître ici.

— Bien ! répéta Sourde que le long récit de sa fille ravissait d'aise.

Les jeunes garçons comprenaient seulement qu'on allait faire un festin, et ils sautaient de joie, en disant :

— Un ours !... Je mangerai.

Quelques instants plus tard, les personnes annoncées par Daine arrivèrent à la grotte. Blond et plusieurs de ses parents, hommes et femmes, venaient chercher le corps de Loup-Cervier pour l'inhumer selon les rites en usage.

On devine ce qui s'était passé. L'ours, affaibli par de nombreuses blessures, par la perte de son sang, avait succombé sous les coups de Blond et de sa compagne; puis l'un et l'autre avaient hissé avec effort l'animal sur un arbre afin de le soustraire aux atteintes des hyènes et des loups, qui l'eussent dévoré en quelques minutes après le départ des vainqueurs. Cette précaution prise, Blond avait envoyé Daine seule à la grotte de Loup-Cervier, ce qu'il pouvait faire sans grand danger pour elle, la grotte étant à une courte distance. Lui-même s'était dirigé vers la demeure de sa famille, située sur l'autre revers de la montagne, pour préparer les funérailles de son beau-père.

Outre les personnes qui l'accompagnaient, plusieurs autres devaient assister à la cérémonie; mais elles étaient allées chercher l'ours dans le bois. L'ensemble ne s'élevait pas à plus d'une vingtaine, et c'était à peu près toute la population du voisinage, car, nous le répétons, la race humaine était alors peu nombreuse, disséminée par familles. Pour trouver d'autres habitants du sol parisien, il eût fallu pousser jusqu'aux buttes Chaumont sur la rive droite de la Seine, jusqu'au mont Lucotitius et à Grenelle, sur la rive gauche.

Du reste, les cérémonies funèbres étaient les seules occasions qu'eussent ces farouches chasseurs de se rapprocher; et l'habitude de réunir les invités dans un grossier festin avait peut-être contribué à l'établissement d'un semblable usage.

Les parents de Blond présentaient le même type que lui, bien qu'ils n'eussent pas sa physionomie ouverte et presque intelligente. La coupe de leurs vêtements de peau variait selon les convenances de chacun, la mode ne paraissant pas très tyrannique. Les femmes, comme les hommes, étaient armées d'arcs, de lances ou de casse-tête. Le père de Blond, encore vert et robuste, exerçait une certaine autorité sur tous les membres de la famille; il tenait à la main un de ces insignes bizarres, dont on a trouvé plusieurs spécimens dans les terrains quaternaires et que, par analogie avec ceux dont se décorent aujourd'hui encore des chefs sauvages, on a reconnus pour des « bâtons de commandement ». Celui-ci, ouvrage de Blond, était un fragment de bois de renne, percé de deux trous, et sur lequel le sculpteur avait taillé des figures d'animaux[1]. Toutefois, on peut douter que ces « bâtons de commandement » donnassent au chef de famille ou de tribu un pouvoir incontesté, dès que l'âge lui avait enlevé la vigueur nécessaire pour se faire respecter lui-même ; le respect des vieillards est une vertu des temps plus avancés.

Les nouveaux venus, en pénétrant dans la grotte de Loup-Cervier, n'adressèrent aucun signe de politesse, aucune parole de consolation à la famille affligée ou réputée telle. Deux hommes fabriquèrent avec des branches une sorte de civière ; les autres allèrent chercher le corps de l'ancien maître du logis. Tous examinèrent successivement l'effroyable blessure que le mort avait à la tête ; mais ils ne dirent rien et, s'ils eurent une pensée, c'était sans doute que celui qui avait frappé ce coup devait être un rude champion.

On plaça les restes de Loup-Cervier sur le brancard improvisé et l'on se mit en marche. Tout le monde suivit les porteurs, même la veuve qui, malgré sa faiblesse, voulut se joindre au convoi ; aussi bien on avait seulement à faire quelques centaines de pas pour atteindre le lieu de l'inhumation.

Aussitôt que le corps franchit le seuil de la caverne, Sourde d'abord, puis Daine, puis les autres femmes présentes, poussèrent des cris lamentables. Nous devons convenir que ces clameurs avaient plutôt l'air, comme aux enterrements irlandais, d'être prescrites par un cérémonial invariable que d'être le résultat d'une douleur réelle. Elles cessèrent quand

---

1. Musée de Saint-Germain.

on fut à une certaine distance de l'ancien logis du mort, mais elles recommencèrent dès qu'on aperçut l'endroit où le corps devait être inhumé.

A mi-côte de la butte, entre la caverne de Loup-Cervier et celle de la famille Blond, existait une grotte basse, fermée d'habitude par une dalle que l'on venait d'écarter avec effort. En avant de la grotte, d'où s'exhalait une odeur nauséabonde, s'étendait une espèce de terrasse, sur laquelle sept ou huit personnes étaient fort occupées en ce moment.

Un feu avait été allumé au centre de la plate-forme, et, tandis que l'un des assistants y jetait du bois sans relâche, les autres dépeçaient le Grand-Ours, qu'ils avaient eu beaucoup de peine à transporter jusque-là. Le monstrueux animal ayant été dépouillé de sa peau, on détachait les os longs avec les haches et les couteaux de silex, tandis que les larges grillades, placées sur les braises, projetaient déjà une fumée noire et épaisse.

Bâton de commandement en bois de renne, 1/3 de grandeur naturelle (Musée de Saint-Germain).

En apercevant le convoi, des femmes, qui étaient sur la terrasse, joignirent leurs hurlements à ceux que poussaient déjà Daine et sa mère ; mais ce n'était toujours qu'un vain cérémonial, et le silence se rétablit bientôt. Alors les porteurs déposèrent le corps à l'entrée de la grotte au fond de laquelle on entrevoyait plusieurs squelettes accroupis, et avant d'achever l'inhumation, on procéda au festin traditionnel.

L'humanité, on le voit, en était à cette époque primitive où elle enterrait ses morts dans des grottes, comme on en trouve tant de preuves, surtout en Suède et en Norwège. Plus tard seulement, elle devait construire ces tumuli, ces dolmens, ces allées couvertes, monuments grossiers, qui n'étaient eux-mêmes que des grottes factices. Plus tard encore, l'orgueil humain devait inventer les monuments mégalithiques et les sépultures triomphales, les menhirs et les pyramides.

Le repas commença et le spectacle de ce cadavre hideux, étendu sur le seuil de sa dernière demeure, ne semblait pas beaucoup préoccuper les convives. Ils s'étaient assis par terre autour du feu, et mangeaient avec leur goinfrerie habituelle. On commença par briser les os du Grand-Ours, opération qui présentait bien des difficultés, vu leur dureté métallique, et pour laquelle on employa de lourdes pierres. La précieuse moelle ayant été dévorée, on s'attaqua aux grillades et chacun se gorgea de viande, sans s'inquiéter de ses voisins.

On parlait peu, selon l'ordinaire. Cependant Blond, le roi du festin, dit quelques mots sur son combat contre le Grand-Ours des cavernes, et aussi sur la manière dont il s'était débarrassé de Roux, le ravisseur de sa chère Daine. Ces propos n'étaient pas spirituels, peut-être ; mais les convives, la bouche pleine, faisaient entendre un gros rire, qui, d'après nos idées, ne convenait guère à la circonstance.

Daine et sa mère prenaient part au festin; la pauvre veuve, avec son crâne ouvert, avec sa chevelure ensanglantée, ne se montrait pas la moins avide. Quant aux enfants, ils s'abandonnaient joyeusement à leur appétit, et sans doute ils oubliaient que ce succulent repas était donné à l'occasion des funérailles de leur père.

Enfin le bruit des mâchoires cessa ; les assistants, alourdis par la nourriture, semblèrent comprendre qu'il était temps d'achever la cérémonie. On se leva donc et tout le monde se dirigea vers la grotte.

Les cris des femmes reprirent et se continuèrent, pendant que Blond et un autre chasseur arrangeaient le corps de Loup-Cervier dans une posture accroupie, selon le mode traditionnel. Ces dispositions achevées, on plaça dans la grotte plusieurs morceaux de viande d'ours réservés pendant le festin, puis les armes du défunt, arc, casse-tête, épieu, que l'on avait eu soin d'apporter.

Ce n'était pas tout ; chacun des parents de Loup-Cervier, chacun des assistants vint à son tour faire un présent au cadavre. La veuve s'approcha la première et déposa, à côté de son mari, un grattoir en silex et un poinçon d'os, emblèmes des travaux auxquels elle s'était livrée dans le ménage. Daine retira de son bras un bracelet en dents de loup et l'offrit à son père. Les jeunes garçons, excités par l'exemple, apportèrent, non sans regret peut-être, l'un sa fronde en nerfs d'auroch, l'autre son sifflet en phalange de renne. De son côté, Blond plaça auprès du corps une hache, dont le manche en os, représentant un mammouth, était un de ses plus beaux ouvrages. Chacun des autres assistants vint ajouter à ces pieux cadeaux une arme ou un ustensile, qu'il jugeait digne de servir d'hommage au mort.

On doit à cette coutume de retrouver aujourd'hui, dans ces sépultures d'une antiquité prodigieuse, tant d'objets disparates, vestiges d'un monde si différent du nôtre. Elle prouvait aussi, hâtons-nous de le dire, que ces sauvages, malgré leur abrutissement, croyaient à une seconde vie. Cette nourriture, ces armes, ces ustensiles de toute sorte que l'on déposait dans la grotte funéraire étaient, selon leurs idées, des approvisionnements pour une vie nouvelle, où devaient se reproduire des besoins analogues aux besoins de celle-ci ; et tout fait présumer, quoique les preuves décisives manquent encore à cet égard, qu'ils concevaient également l'existence d'un créateur, souverain maître de toutes choses.

A la suite de ces cérémonies, on sortit de la grotte, et, pendant que les hommes s'occupaient de remettre la dalle en place, les femmes poussèrent une dernière salve de lamentations et de hurlements. Enfin, l'œuvre terminée, plusieurs assistants retournèrent auprès du feu recueillir quelques bribes du festin ; d'autres se disposèrent à accompagner Blond jusqu'à la caverne de Loup-Cervier, dont il allait prendre possession.

On se mit en marche avec une sorte de solennité ; c'était la cérémonie nuptiale succédant à la cérémonie funèbre.

En tête s'avançaient le chef de la famille, son bâton de commandement à la main, et Blond lui-même, armé de sa lance à pointe de silex. Ensuite, venaient deux robustes jeunes gens portant la peau du Grand-Ours ; cette peau, richesse principale du ménage, était destinée à servir de couche aux nouveaux époux. Puis marchaient les invités et les fils du défunt, tenant, en guise de torches nuptiales, deux tisons embrasés pour rallumer le feu de la caverne. Les femmes venaient enfin, avec cette attitude humble que le sexe faible conserve devant le sexe fort aux temps de barbarie.

On suivit le sentier à peine visible, qui serpentait à travers les bois et les broussailles ; on ne parlait pas, aucun cri de joie ne s'élevait. La marche nuptiale ressemblait beaucoup à la marche funèbre. On n'entendait d'autres sons que les gémissements de la pauvre Sourde, qui souffrait de sa blessure et à qui nul n'offrait des consolations ou un appui.

On atteignit ainsi la caverne où tout le monde pénétra, afin de procéder à l'installation des nouveaux époux; mais il n'y eut ni prières, ni discours, ni cérémonie d'aucun genre. Seulement, on ralluma le feu, et quand le bois commença à pétiller, quand la fumée monta en joyeux tourbillons, Blond, debout et appuyé sur son épieu, dit avec une sorte d'emphase :

— Je suis le mari de Daine et j'ai vengé Loup-Cervier. A présent je nourrirai la famille du produit de ma chasse... Que chacun songe à m'obéir !

Tels furent, d'après les données de la science moderne, les humbles prédécesseurs de cette population parisienne, qui devait un jour exercer sur le monde entier une si grande influence. Les quelques sauvages, qui habitaient des cavernes à Montmartre, à Grenelle, à Levallois, au Pecq, et probablement dans d'autres localités difficiles à reconnaître sur ce sol parisien si profondément bouleversé, disparurent, avec le mammouth et le grand-ours, à la fin de la période quaternaire. Périrent-ils durant les effroyables cataclysmes qui suivirent, ou bien émigrèrent-ils avec le renne et d'autres animaux d'espèce encore vivante, qui ont laissé leurs ossements dans nos couches géologiques? Nul ne peut le dire; toujours est-il qu'une race humaine plus intelligente, sinon moins féroce, leur succéda dans les Gaules futures, et c'est cette race que nous étudierons désormais jusqu'au seuil de l'histoire.

III

LA CITÉ LACUSTRE

AGE DE LA PIERRE POLIE

I

LE RETOUR

Dans le nord de cette contrée qui devait, tant de siècles plus tard, s'appeler « les Gaules », s'étendait un paysage plein de grandeur.

La région était montueuse, couverte de forêts épaisses, qui se prolongeaient bien au delà des limites de l'horizon.

Au centre d'un bassin qu'entouraient des collines verdoyantes, sur les bords d'un lac paisible, on apercevait quelques plantations d'arbres fruitiers qui, par leur régularité, trahissaient la main des hommes, en même temps que quelques maigres moissons de lin et de céréales ondulaient çà et là, au milieu des ronces. Mais ce qui, particulièrement, pouvait attirer l'attention, c'était un assemblage de constructions singulières, émergeant du sein même des eaux, et nous allons les décrire avec détail.

A quarante ou cinquante pas du rivage, dans une anse du lac, étaient enfoncés un grand nombre de pilotis, qui supportaient une plate-forme de madriers recouverte en terre battue. Sur cette espèce de plancher, se trouvaient une centaine de huttes, les unes coniques, comme les wigwams de sauvages, les autres de forme quadrangulaire, à toits bas et plats. Elles étaient disposées de manière à former des ruelles et des carrefours; la fumée, s'échappant du faîte de plusieurs d'entre elles, témoignait qu'elles étaient habitées.

Cette espèce de ville aquatique se reliait au rivage par un pont de planches, facile à enlever dans un moment de péril. Évidemment les essais de culture et les plantations d'arbres fruitiers dépendaient de cette ville, d'un genre très répandu à cette époque reculée et qu'on nomme aujourd'hui des *cités lacustres*. Quelques pirogues, de forme lourde et massive, erraient sur la surface miroitante du lac.

Eu égard à l'immensité du paysage, tous les détails se confondaient de loin, et on ne voyait guère que de l'eau et de la verdure. Si les hommes s'agitaient dans ce large espace, ils étaient à peu près invisibles pour l'observateur placé sur une des collines qui entouraient le bassin.

Or, par une journée chaude et pleine de soleil, un jeune homme, qui s'était arrêté un moment au sommet d'une roche, contemplait avec intérêt le spectacle que nous venons de décrire. Robuste et de haute taille, il avait pour tout vêtement une robe courte en peau d'auroch non tannée; sa tête et ses jambes étaient nues; son abondante chevelure se confondait avec une barbe un peu rude, mais s'harmonisant merveilleusement avec l'expression mâle de son visage. Il portait sur son dos un sac de peau, qui semblait contenir des objets assez lourds. Appuyé sur un épieu, il tenait à la main un grand arc en bois d'if, tandis que son carquois, rempli de flèches, pendait à son épaule gauche.

Ce voyageur, car on jugeait à son air de fatigue qu'il arrivait dans le pays après une longue marche, n'appartenait plus à la race humaine des temps primitifs. Nous sommes à la fin de l'âge de *la pierre polie*, et la race mongoloïde, établie dans les Gaules à l'âge de *la pierre taillée*, avait disparu ou du moins avait émigré vers le pôle avec le renne et le mammouth. Le jeune voyageur présentait le type le plus pur de la race *aryenne* ou *persane*, dont semblent être descendus les Celtes, nos ancêtres. Son corps était admirablement proportionné. Son visage ovale, son œil bleu, son nez aquilin, sa barbe et ses cheveux blonds, l'eussent fait passer, en tous temps et en tous pays, pour un modèle remarquable de beauté virile.

Debout, dans une attitude naturellement noble et fière, il examinait, avec un plaisir mêlé d'attendrissement, la ville aquatique étalée devant lui, quand le son d'une corne de bœuf se fit entendre. Il promena ses yeux autour de lui avec inquiétude. Tout à coup, il planta sa lance dans le tuf, saisit une flèche qu'il posa sur son arc, et se tint prêt à tirer.

Au pied de la roche venait d'apparaître un jeune chasseur qui avait lui-même tendu son arc et se disposait à décocher une flèche à pointe de pierre. Un moment les deux inconnus restèrent en joue. Enfin le chasseur abaissa son arme, sans toutefois la mettre de côté, et poussa une exclamation gutturale; le voyageur répondit par un cri pareil.

Après une courte hésitation, ils se rapprochèrent l'un et l'autre. Ils n'avaient pas banni toute défiance, mais ils se regardaient à cette heure d'un air plus curieux qu'hostile.

Le chasseur était jeune, comme nous l'avons dit, et son costume, ainsi que son équipement, ressemblait à ceux du premier. Même tunique de peau, même armement; en outre, il portait une hache de silex suspendue à sa ceinture. Il ne manquait pas non plus d'une beauté mâle et farouche; sa barbe et ses cheveux étaient d'une noirceur d'ébène. Ses yeux étincelants avaient une expression sauvage, qui allait parfois jusqu'à la férocité.

Lorsque les deux jeunes gens ne furent plus qu'à une dizaine de pas l'un de l'autre, ils s'arrêtèrent par un mouvement spontané. Le chasseur dit, dans une langue dont les intonations étaient peu harmonieuses :

— On m'appelle Vent-d'Orage ; j'appartiens à la tribu des *Loups*, qui habite là-bas sur la colline. Je suis sur le territoire de chasse de ma tribu, et je guette l'urus et le sanglier... Toi, qui es-tu ?

— On m'appelle Pied-Léger ; j'appartiens à la tribu des *Cormorans* dont tu vois les demeures sur le lac. J'ai quitté ma tribu il y a déjà dix lunes, pour suivre des étrangers qui marchaient vers le couchant. Mais je reviens de mon long voyage, et je suis impatient de revoir ma hutte et mes amis.

Ces explications ne parurent pas satisfaire Vent-d'Orage, qui fronça les sourcils et grinça des dents, en faisant mine d'envoyer une sagette dans la poitrine du voyageur. Celui-ci, toujours en alerte, répéta encore cette manœuvre menaçante. Cependant, il demanda avec tranquillité :

— Lorsque j'ai quitté ma tribu, il y avait paix entre les Loups et les Cormorans... Est-il donc survenu entre eux une guerre pendant mon absence ?

— Non ; ta tribu et la mienne sont amies... Mais c'est toi que je hais.

— Pourquoi cela ? Je ne t'ai jamais vu ; c'est à peine si ton nom est parvenu jusqu'à moi.

— Je suis pourtant renommé comme un habile chasseur ; j'ai abattu bien des aurochs et des ours... Toi, je veux te tuer parce que tu aimes Châtaigne-d'Eau, la fille aînée du chef des Cormorans, et que je l'aime aussi.

Et il tendit son arc ; Pied-Léger tendit le sien.

— Je ne te crains pas, dit-il ; cependant ce n'est pas Châtaigne-d'Eau, la fille aînée du chef, que je désire prendre pour femme ; c'est Fleur-de-Fraisier, sa plus jeune fille.

Vent-d'Orage.

Vent-d'Orage ne put retenir un mouvement de joie.

— Ne me trompes-tu pas ? demanda-t-il ; est-ce vraiment Fleur-de-Fraisier que tu désires pour femme ?

— Oui, et j'apporte des présents afin de décider Orfraie à me l'accorder... Peux-tu me dire, Vent-d'Orage, si ma belle et chère Fleur-de-Fraisier est encore à la cité lacustre, s'il ne lui est arrivé rien de fâcheux ?

L'amoureux avait un accent auquel un autre amoureux ne pouvait se méprendre. Vent-d'Orage s'adoucit sensiblement.

— Fleur-de-Fraisier se porte bien, répondit-il ; elle n'écoute pas les jeunes gens des Cormorans ou des Loups qui la courtisent... Mais, puisque tu n'aimes pas Châtaigne-d'Eau, pourquoi y aurait-il guerre entre toi et moi, quand nos tribus sont en paix ?

— Soyons donc en paix, répliqua Pied-Léger.

Il replaça sa flèche dans l'étui, pendant que Vent-d'Orage en faisait autant de son côté.

La glace était rompue entre les deux jeunes gens ; le chasseur ajouta :

— Je suis l'ami d'Orfraie et je vais souvent dans sa hutte ; consens-tu à ce que je t'accompagne ?

— J'y consens, répliqua Pied-Léger.

Et ils se mirent en marche côte à côte.

Quand ils rentrèrent dans les bois pour gagner la cité lacustre, Vent-d'Orage alla prendre dans un buisson un chevreuil, qu'il avait tué un peu auparavant et qu'il avait caché au milieu du feuillage en apercevant un inconnu. Il chargea son gibier sur ses épaules et, sans s'inquiéter de la trace sanglante qu'il laissait derrière lui, s'avança d'un pas allègre, en s'appuyant sur son épieu.

On entendait çà et là, au fond de la forêt, ces sons de corne qui avaient déjà attiré l'attention de Pied-Léger, et Vent-d'Orage apprit à son compagnon que plusieurs hommes de sa tribu étaient en chasse dans le voisinage. Du reste, aucun aboiement de chien ne se mêlait aux rauques modulations de cet instrument primitif, et Vent-d'Orage n'était suivi d'aucun de ces intelligents quadrupèdes qui, de nos jours, sont les auxiliaires indispensables de tout chasseur.

C'est qu'en effet, à la période lacustre, la domestication du chien était loin d'être complète. Cet animal se montrait encore trop sauvage, trop semblable à son congénère le loup, pour être l'ami et le serviteur de l'homme ; et si, dans les débris de ce monde éteint, on a trouvé ses os, ils s'y rencontrent au même titre que les ossements de cerf et d'aurochs c'est-à-dire que les hommes de l'âge de la pierre polie mangeaient le chien, comme les autres bêtes qui tombaient sous leurs coups.

Les jeunes gens s'avançaient à travers les halliers, faisant continuellement des détours pour éviter des fourrés impénétrables, et Pied-Léger accablait de questions son nouvel ami sur les événements accomplis à la station lacustre pendant son absence. Vent-d'Orage répondait brièvement ; il paraissait beaucoup plus disposé à causer de la belle Châtaigne-d'Eau que de Fleur-de-Fraisier, sur le compte de laquelle Pied-Léger revenait toujours. Enfin le chasseur demanda à son compagnon :

— Ainsi donc Orfraie, le chef de ma tribu, est sur le point de te donner sa fille aînée, Châtaigne-d'Eau?

— Pas encore ; Orfraie est avide comme les gens âgés... Sans cesse je lui offre des présents, ils ne lui paraissent jamais assez beaux. Tout à l'heure, je vais lui offrir ce chevreuil ; mais Châtaigne-d'Eau vaut plus qu'un chevreuil !

Et le chasseur poussa un profond soupir. Au bout d'un moment il reprit :

— Toi, Pied-Léger, espères-tu obtenir Fleur-de-Fraisier?

— Je ne sais ; avant mon départ, j'étais pêcheur, et quand j'avais pris un gros poisson, je l'apportais au chef qui l'acceptait avec indifférence ; mais Fleur-de-Fraisier me souriait en secret... Aujourd'hui, je réserve au chef des présents tels que peut-être ne me refusera-t-il plus ma bien-aimée Fleur-de-Fraisier.

— Que lui réserves-tu?

— Orfraie le verra, répondit Pied-Léger.

On marcha quelques instants en silence. L'attention de

Pied-Léger.

Vent-d'Orage se fixa sur l'arme que son compagnon tenait à la main.

— Qu'est ceci? demanda-t-il avec curiosité.

Pour toute réponse, Pied-Léger lui tendit son épieu, qui n'avait pas, comme ceux du pays, une pointe en pierre polie, silex ou serpentine : la pointe était en métal verdâtre, longue, acérée, brillante sur les bords. Vent-d'Orage le retournait avec stupéfaction.

— Qu'est ceci? répéta-t-il.

— Bronze! répondit Pied-Léger.

Ce nom de « bronze » n'était pas inconnu à Vent-d'Orage et aux tribus avoisinant la cité lacustre. Certaines peuplades possédaient déjà quelques armes, haches, têtes de lance, couteaux, faites d'une substance qui portait ce nom et qui était mille fois préférable au silex taillé ou poli, employé de temps immémorial parmi les générations précédentes. Mais cette substance, d'une rareté extraordinaire, paraissait plus précieuse aux hommes de cette époque que seraient le rubis et le diamant aux hommes de la nôtre.

— Voilà donc ce qu'on appelle du bronze? dit le chasseur; je devine maintenant quel présent tu vas faire à Orfraie, et ce présent excitera l'envie de tous les chefs qui habitent le lac, les plaines et les montagnes.

— Cet épieu est pour mon usage, répliqua le voyageur en reprenant l'arme que Vent-d'Orage ne semblait pas très disposé à lui rendre; je m'en servirai à la pêche, à la chasse ou contre mes ennemis; quant à Orfraie, je compte lui offrir d'autres présents.

Le chasseur ne dit rien; toutefois, il jeta de nouveau un regard jaloux sur ce compagnon qui possédait de telles richesses. Il devint sombre et rêveur; ses sourcils froncés témoignaient des passions indomptables qui s'éveillaient en lui.

II

LES FILLES DU CHEF

Les deux jeunes gens ayant quitté l'abri de la forêt se dirigeaient vers la région cultivée que l'on apercevait au bord du lac. C'était, comme nous l'avons dit, quelques champs de forme irrégulière, qu'on avait débarrassés des plantes parasites au moyen du feu et qu'on avait grattés superficiellement avec des outils de bois, car la charrue n'était pas inventée encore. Dans ces champs, si imparfaitement préparés, on avait semé les grains alors en usage, diverses espèces de froment et d'orge ; plusieurs morceaux de terre étaient couverts de ces belles fleurs bleues que produit le lin. Le long des voies publiques, étroites et raboteuses, s'élevaient les arbres fruitiers dont nous avons parlé ; on y reconnaissait des pommiers, des poiriers, des cerisiers, des pruniers. Mais ces arbres étaient loin de produire des fruits savoureux, semblables à ceux qui figurent aujourd'hui sur nos tables. La greffe n'existant pas encore, on n'avait que des sauvageons dont les produits devaient être chétifs et acerbes. Aussi ces fruits n'étaient-ils consommés qu'après dessiccation et sans doute en hiver, dans des moments de pénurie, ainsi qu'on peut en juger par les approvisionnements de pommes et de poires séchées au feu, retrouvés dans les débris de l'époque lacustre.

Outre ces productions, qui promettaient aux habitants de la tribu une nourriture végétale, on voyait dans la campagne plusieurs enclos, formés de grossières palissades, et destinés à enfermer les animaux domestiques, bœufs, moutons et chèvres qui servaient aussi à l'alimentation. Ces animaux ne paraissaient pas nombreux, à en juger par l'exiguïté des parcs qui, d'ailleurs, étaient vides en ce moment, les bêtes ayant été envoyées au pâturage ; et probablement la pêche et la chasse offraient aux gens de cet âge reculé plus de ressources pour leur nourriture que le produit de leurs troupeaux.

Pied-Léger et son compagnon donnèrent à peine un coup d'œil à cette agriculture primitive et s'engagèrent dans un sentier qui conduisait à la passerelle de la cité aquatique. On commençait à distinguer çà et là des hommes, des femmes et des enfants, occupés aux travaux de la campagne ; un plus grand nombre allaient et venaient sur la plate-forme du village, tandis que les pêcheurs parcouraient le lac dans leurs pirogues. Tous ces gens, vêtus de peaux, malgré la chaleur de la saison, la tête et les pieds nus, avaient un air grave, farouche, qui ne prévenait guère en faveur de l'aménité de leurs mœurs.

L'arrivée des jeunes hommes ne sembla pas d'abord exciter une grande curiosité ; mais, quand ils atteignirent le pont qui donnait accès dans le village, il n'en fut plus de même.

Un garçon d'une quinzaine d'années, aussi peu vêtu que possible, c'est-à-dire n'ayant d'autre vêtement qu'une espèce de tunique courte en peau de chèvre, était assis sur une poutre du pont et faisait sentinelle. Il écarta l'inculte crinière qui lui cachait une partie du visage, et examina les étrangers avec défiance ; mais bientôt il se leva, battit des mains et se mit à courir, en criant :

— Pied-Léger !... Pied-Léger est revenu !... Voici Pied-Léger !

Et il continuait de sauter, de battre des mains, sans écouter le voyageur qui lui disait :

— Oui, oui, c'est moi, Brochet-Gourmand ; pensais-tu donc que je ne reviendrais plus ?

Aux cris de Brochet-Gourmand, des têtes hérissées et des figures effarées se montrèrent à l'entrée des huttes. En reconnaissant le voyageur, que sans doute on croyait mort depuis longtemps, des hommes et des femmes sortirent de chez eux et l'entourèrent ; mais leur satisfaction ne s'exprimait que par des battements de mains et par des exclamations, les démonstrations affectueuses étant encore à l'état très rudimentaire.

Les deux jeunes gens, escortés par la foule qui grossissait de plus en plus, s'avançaient vers la maison du chef. Cette maison n'avait pas la forme ronde de certaines autres huttes, assez semblables à des ruches d'abeilles. Elle était construite en troncs d'arbres, couverte de joncs, à toit plat, et percée d'une ou deux petites fenêtres sans volets, avec une porte si basse qu'il fallait se baisser pour la franchir. Au centre de la toiture, on avait pratiqué un simple trou par lequel la fumée pouvait s'échapper, quand le vent le permettait.

Le chef était absent ; il n'y avait au logis que ses deux filles, Châtaigne-d'Eau et Fleur-de-Fraisier. Mais, avant de parler des filles d'Orfraie, nous allons décrire l'intérieur de cette bizarre habitation qui, du reste, sauf la grandeur, ressemblait à toutes celles de la cité.

Elle ne contenait qu'une seule pièce, dont les parois étaient revêtues d'argile. A l'exception de quelques billots, grossièrement équarris, on n'y voyait aucun de ces meubles qui garnissent de nos jours la demeure des plus pauvres paysans. Il n'y avait ni tables, ni tabourets, ni lits, les outils en métal qui servent à façonner le bois n'étant pas encore connus. Comme aux époques antérieures, on couchait sur des amas de mousse, avec des peaux d'ours, de loups ou de moutons pour couvertures. En revanche, une foule d'objets hétérogènes étaient

Cité lacustre.

épars sur le plancher, ou suspendus aux murailles par des chevilles d'os. C'étaient quelques vases en poterie, du travail le plus grossier et sans aucune espèce d'ornement; de grands paniers de jonc contenant les provisions en fruits secs ou en grains; des filets ou des harpons de pêche; des arcs, des haches de silex, des épieux de chasseur, et enfin des bois de cerf, des cornes de bœuf sauvage, destinés à être travaillés. Tous ces objets, qui constituaient alors la richesse, étaient en

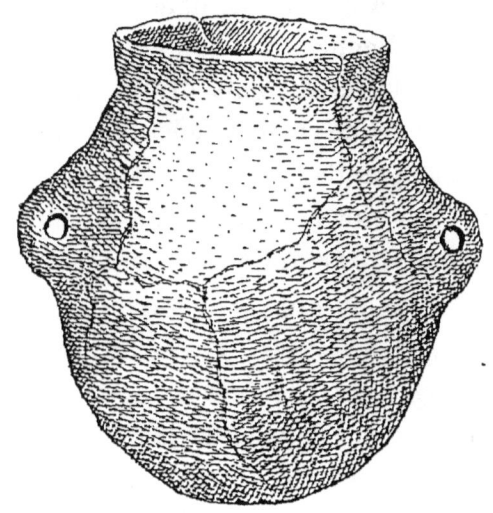

Vase en forme de bombe provenant des dragages de la Seine
(Musée de Saint-Germain, 1/2 de grandeur naturelle).

grande quantité, comme il convenait chez le chef et le personnage le plus considérable de la tribu.

Nous avons dit qu'une ou deux étroites lucarnes étaient pratiquées dans les murs; mais l'air et la lumière entraient de préférence par la porte, toujours béante, et par la large ouverture percée au milieu du toit. Le foyer consistait en une dalle de pierre scellée avec de l'argile; alentour étaient disposés les blocs de bois dont nous avons parlé; c'était là que se réunissait la famille et qu'elle prenait ses repas.

Mentionnons un détail caractéristique. Dans un angle de la

pièce, s'ouvrait une trappe en treillis qui donnait sur le lac, et, au fond du trou, on entendait clapoter les flots contre les pilotis qui supportaient le village. Hérodote, ce *père de l'histoire*, nous apprend que, de son temps, des trappes pareilles existaient dans les cités lacustres du lac Prasias en Roumélie, et que les enfants du logis étaient toujours attachés par un pied, au moyen d'un lien de jonc, de peur qu'ils ne se laissassent tomber dans l'eau. Par ces ouvertures, soit qu'elles servissent à débarrasser le ménage de débris inutiles, soit qu'elles permissent de conserver vivants, dans des nasses d'osier, les poissons destinés à l'approvisionnement, devaient se perdre une foule d'ustensiles et d'objets divers, qui nous révèlent aujourd'hui les mœurs de ces peuplades amphibies; et, comme on ne rencontre de pareils objets que dans l'enceinte des pilotages, c'est à elles surtout qu'on doit la découverte de ce monde qui remonte à une antiquité prodigieuse [1].

Dans la salle régnait une odeur assez peu suave de lait aigre, de peaux mal préparées, d'os et de cornes incomplètement desséchés; de plus, la fumée mettait de la mauvaise volonté à s'échapper par le trou de la toiture. Les deux filles du chef se tenaient pourtant au milieu de cette atmosphère épaisse et fétide. Châtaigne-d'Eau, l'aînée, agenouillée devant une pierre creuse, s'occupait de broyer du grain avec un caillou, pour en former ensuite des galettes grossières. Fleur-de-Fraisier, la cadette, assise devant un pilier chargé de lin, filait au moyen d'un fuseau qu'alourdissait un de ces « pesons » en terre cuite, dont on a retrouvé beaucoup d'échantillons parmi les débris des cités lacustres [2].

Les deux sœurs étaient réellement belles l'une et l'autre, quoique d'une beauté sauvage. Leurs traits réguliers avaient quelque chose de mâle, comme ceux de nos jeunes

---

1. Le Hon, *l'Homme fossile*.
2. Musée de Saint-Germain.

paysannes habituées aux travaux des champs, et leur peau était brunie par le grand air. Leur costume consistait en une espèce de corsage en toile bise, tissée de leurs propres mains, et qui, malgré sa rudesse, semblait être un grand

Orfraie.

luxe pour le temps. Ce corsage, laissant à découvert les bras et une partie des épaules, se perdait dans une jupe de peau de daim, très souple et très soigneusement préparée ; leurs jambes et leurs pieds restaient nus, selon l'usage d'alors. Châtaigne-d'Eau était une brune, à l'œil vif, à l'expression énergique ; Fleur-de-Fraisier, plus délicate dans ses proportions, d'une physionomie plus douce, avait une luxuriante chevelure d'un blond cendré, en harmonie avec son œil bleu, parfois pétillant de gaieté.

Les filles d'Orfraie ne semblaient nullement dépourvues de coquetterie. Elles avaient de nombreux colliers autour du col, des bracelets aux jambes et aux bras. Colliers et bracelets étaient faits avec des grains d'ambre jaune, qu'on se procurait par échange, avec des perles de verre grossièrement façonnées, et même avec des dents de loups et de sangliers, comme au temps de la pierre taillée. Châtaigne-d'Eau, dont les cheveux étaient massés au-dessus de la nuque, les maintenait en place, selon la mode chinoise, au moyen de plusieurs longues épingles en os et en corne. Cette circonstance avait même valu à la fille aînée du chef des Cormorans son nom de *Châtaigne-d'Eau*, car ces épingles donnaient à sa coiffure de la ressemblance avec un des fruits bruns, à lobes épineux, si communs encore aujourd'hui sur certains étangs et qui servaient alors à l'alimentation. Quant à Fleur-de-Fraisier, qui devait son nom à la timidité de son maintien, elle n'employait qu'un petit nombre de ces ornements dont sa sœur était si prodigue, et ses cheveux retombaient en nattes sur ses épaules.

Les deux sœurs, en voyant entrer les jeunes gens, poussèrent un cri de surprise. Fleur-de-Fraisier laissa échapper son fuseau et rougit, tandis que l'autre, abandonnant le pilon, se redressait et développait sa taille majestueuse. Elles battirent des mains, comme font les enfants, ce qui semblait être la manière de souhaiter la bienvenue dans cette peuplade.

Les voyageurs, après avoir déposé leurs arcs et leurs épieux contre la muraille, s'avancèrent vers les filles du chef. Vent-d'Orage mit son gibier aux pieds de Châtaigne-d'Eau.

— J'ai tué un chevreuil sur le territoire de chasse de ma tribu, dit-il, et je l'apporte à Orfraie pour en faire un festin. Comme je venais ici, j'ai rencontré ce jeune homme, qui appartient à la tribu des Cormorans, et nous avons marché ensemble.

— C'est aussi un ami de mon père, dit Châtaigne-d'Eau.

— Oui, oui, c'est un ami, ajouta Fleur-de-Fraisier en rougissant davantage.

Pied-Léger prit un air modeste :

— Les filles du chef me connaissent, dit-il, et elles ne m'ont pas oublié. J'ai été longtemps absent ; j'ai supporté bien des fatigues, bravé bien des dangers. Maintenant je reviens dans ma tribu, et je désire voir Orfraie.

Châtaigne-d'Eau répondit :

— Orfraie est le maître dans sa maison ; c'est à lui d'y recevoir les hôtes qui lui plaisent. Il se trouve en ce moment sur le lac ; je vais l'appeler, il décidera de ce qu'il faut dire et faire.

Elle saisit une corne d'urus, s'avança sur le seuil de la porte et, mettant la trompe à sa bouche, en tira de discordantes intonations qu'on était surpris d'entendre sortir de si jolies lèvres. Ces sons retentirent au loin sur les eaux, et quand ils eurent cessé, une trompe pareille les répéta faiblement à distance. Alors Châtaigne-d'Eau rentra, et ayant remis la corne en place, elle dit:

— Le père va venir.

Elle reprit son travail avec activité, soit qu'elle craignît d'être grondée si sa tâche n'était pas finie au retour du chef de la famille, soit qu'elle sentît la nécessité d'écraser une plus grande quantité de blé pour le festin qui allait sans doute avoir lieu. Sa sœur eut peut-être la même pensée, car, quittant son fuseau, elle vint aider Châtaigne-d'Eau. Toutes les deux se hâtèrent de former, avec le grain imparfaitement broyé, des galettes qui, cuites sur la pierre brûlante du foyer, devaient servir de pain aux convives [1].

Les nouveaux venus, assis sur des billots de bois, suivaient du regard les mouvements des belles ménagères. En attendant l'arrivée du chef, la conversation ne languissait pas. Vent-d'Orage continuait de garder un silence jaloux et contraint ; mais Châtaigne-d'Eau et surtout Fleur-de-Fraisier, qui montrait maintenant une loquacité naïve, accablaient Pied-Léger de questions sur les événements de son voyage. Pied-Léger répondait avec simplicité et avec une sorte de réserve. Toutefois son récit impressionnait fort les deux jeunes filles, et elles interrompaient à chaque instant leur besogne pour mieux écouter.

Voici, en peu de mots, l'histoire du voyageur.

Il était né, comme nous savons, à la cité lacustre de la tribu des Cormorans, et n'avait guère plus de dix ans quand il était devenu orphelin ; mais cette situation offrait moins d'inconvénient alors qu'elle n'en offrirait dans une société civilisée. L'éducation était nulle, à une époque où il n'existait ni écriture, ni art, ni science d'aucune sorte; le peu de connaissances que possédait l'humanité se transmettait aisément par la tradition et la pratique. D'autre part, la vie chez ces sauvages ne présentait pas les complications actuelles. Il y avait de nombreux poissons dans le lac, du gibier abondant dans les bois, des fruits sur les arbres, des baies sur les buissons, des racines comestibles dans la terre, et le premier venu pouvait s'en emparer. De même, en dehors de la faible partie du pays régulièrement cultivée, on était libre de se construire une hutte de branchage dans la forêt ou de se creuser une grotte dans la colline. Pied-Léger, malgré sa jeunesse, n'éprouva donc pas de trop grandes difficultés pour se procurer

---

1. Le Hon, *l'Homme fossile*. On a retrouvé à Robenhausen des fragments de ce pain primitif, et on en voit des échantillons au musée de Saint-Germain.

le vivre et le couvert. Il apprit sans maître à tirer de l'arc, à manier l'aviron, à planter les pilotis et à construire les huttes, à chasser et à pêcher, moyennant quoi son éducation fut aussi complète que celle de tous les fils de famille des environs.

Châtaigne-d'Eau.

Un âge vint pourtant où Pied-Léger, malgré ses mérites, sentit une infériorité réelle à l'égard de certains personnages de la cité lacustre. Il s'était pris d'amour pour Fleur-de-Fraisier. Or, à cette époque, comme aujourd'hui chez certaines nations sauvages, les pères n'accordaient leur fille que sur la remise d'un présent proportionné à leur fortune, et Pied-Léger n'était pas en état d'offrir un présent convenable au chef de la tribu. Vainement s'était-il mis au service d'Orfraie pour obtenir sa fille, comme Jacob se mit au service de Laban pour obtenir Rachel. Il avait eu, en récompense de ses bons offices, l'affection de Fleur-de-Fraisier; mais, tant que le père n'avait pas donné sa sanction à leur attachement mutuel, cet avantage pouvait être considéré comme insignifiant.

Les choses étaient ainsi, quand avait passé à la cité lacustre une bande de ces marchands nomades, qui allaient alors de peuplade en peuplade opérer des échanges. Ce commerce, le seul possible en ce temps-là, présentait bien des difficultés et des périls, car il n'y avait ni routes, ni chariots, ni bêtes de charge. Les transports se faisaient à dos d'homme, à travers des pays couverts de bois, infestés de bêtes féroces; de plus, on rencontrait souvent des tribus qui tuaient volontiers les marchands pour s'emparer des marchandises. Néanmoins, Pied-Léger, plein de courage, de vigueur et d'initiative, résolut de s'associer à la fortune de ces étrangers. La négociation n'avait pas été difficile. Les services d'un garçon adroit, robuste et déterminé, n'étaient nullement à dédaigner. Aussi, avec l'assentiment d'Orfraie, le pacte avait-il été bientôt conclu, et Pied-Léger était parti en compagnie des marchands, après avoir promis en secret à Fleur-de-Fraisier de revenir bientôt riche et digne d'elle.

C'était l'histoire de ses aventures dans ce voyage lointain que Pied-Léger racontait en ce moment aux deux sœurs; mais il se montrait discret, même avec elles, quant au résultat définitif de ses pérégrinations. Avait-il ou non atteint le but de ses désirs? On ne devinait rien sur ce sujet, lorsque Orfraie, tenant à la main un magnifique poisson, et suivi de deux solides gars qui portaient des filets, entra dans la hutte.

Le chef de la tribu des Cormorans était un homme de soixante ans environ, mais qui ne semblait ressentir encore aucune atteinte de l'âge. Il avait pour vêtement une espèce de jupon en peau de loup, qui laissait à découvert un torse aux muscles saillants, des jambes noires, velues et nerveuses. Sa longue barbe grise en désordre rappelait la barbe de Polyphème. Ses yeux vairons, ses joues hâlées, son nez aquilin et fortement busqué, formaient une physionomie peu sympathique, où se trahissaient la ruse et l'âpreté au gain. Un casse-tête en silex, emmanché dans une corne de cerf, pendait à sa ceinture, et il s'appuyait, en guise de canne, sur un harpon en os barbelé.

Lorsqu'il parut, personne ne se leva, mais tous les yeux se tournèrent vers lui avec empressement. Sans s'occuper de ses hôtes, il donna des ordres aux jeunes hommes qui l'accompagnaient et qui semblaient remplir auprès de lui un service spécial. Tandis qu'ils rangeaient les instruments de pêche dans un coin de la cabane, il jeta son poisson par terre et s'avança vers les étrangers :

— Chef, dit humblement Pied-Léger, je suis revenu.

— Tiens! c'est toi? répliqua Orfraie avec tranquillité ; je te croyais mort, car on ne revient pas de si loin.

Et il examina attentivement le voyageur, comme pour s'assurer s'il s'était enrichi dans les pays éloignés; le mince bagage de Pied-Léger ne lui paraissant pas annoncer la fortune, un sourire dédaigneux effleura ses lèvres.

— Chef, dit Vent-d'Orage à son tour, je suis allé à la chasse et je t'ai apporté mon gibier.

— C'est bien, répliqua Orfraie ; mangeons-le. Pied-Léger sera du festin, car sans doute il n'a pas eu souvent l'occasion de se régaler pendant son voyage... Allons! ajouta-t-il en élevant la voix, filles et garçons, à l'ouvrage... J'ai pris faim à pêcher sur le lac.

Aussitôt toutes les personnes présentes, même les hôtes du logis, se mirent à l'œuvre pour préparer le repas. Pendant que les deux sœurs pressaient la cuisson des galettes, un des jeunes gens jeta du bois sec dans le foyer, afin de produire de la braise ; les autres s'occupèrent d'écorcher le chevreuil et de le dépecer.

Ces diverses opérations furent promptement terminées, et comme la cuisine ne comportait pas de nombreux raffinements, le festin ne tarda pas à commencer. Quelques personnes, hommes et femmes, qui étaient entrées par hasard dans la hutte, furent invitées à y prendre part; et certaines autres, sans être invitées, s'installèrent naïvement parmi les convives.

Tous s'étaient assis autour du foyer, les uns sur des billots de bois, les autres par terre. On brisa d'abord à coups de hache les os et le crâne du chevreuil, afin d'en extraire la moelle et la cervelle, cette génération ayant hérité le goût des générations précédentes pour ce genre de friandises. Cependant Orfraie, ses filles et les notables eurent seuls part à ce mets aristocratique ; les autres durent se contenter des parties moins délicates de la venaison.

Dès que les viandes, déjà divisées en morceaux, étaient retirées du feu, à demi crues et brûlantes, on les mettait dans un plat de terre, et le chef, après s'être servi lui-même, les distribuait aux assistants. On n'avait ni assiettes, ni fourchettes, ni cuillers ; force était donc à chacun de déchirer sa part avec les ongles et les dents. L'unique boisson était de l'eau, et le vase qui la contenait devait, pendant la durée du repas, passer de main en main et de bouche en bouche. Aussi aura-t-on aisément une idée de l'aspect révoltant que présentait un festin à cette période. La voracité et la malpropreté des convives, le bruit de ces puissantes mâchoires, le grésillement des chairs sur le feu, cette fumée empestée qui se répandait partout, eussent sans aucun doute provoqué le dégoût d'un gourmet moderne[1].

Orfraie et ses hôtes n'avaient ni ces préjugés ni ces délicatesses ; le repas fut joyeux parce qu'il était abondant. Le che-

Fleur-de-Fraisier.

vreuil fut dévoré jusqu'aux os ; puis, on attaqua le poisson, qui avait été étendu sur les braises à son tour et que l'on servit à demi cru, selon l'ordinaire. Au poisson succédèrent

---

1. Le Hon, *l'Homme fossile*.

quelques fruits, frais ou secs, que les jeunes ménagères allèrent chercher dans leurs cachettes, ainsi qu'un peu de fromage fort dur et moisi par l'humidité du lac ; et le dîner se trouva être un des plus somptueux dont on eût souvenir à la cité lacustre des Cormorans.

Pendant le repas, Pied-Léger avait poursuivi, à la vive satisfaction des assistants, le récit de ses aventures. Seul Vent-d'Orage était resté sombre, et son regard ne s'adoucissait qu'en tombant sur Châtaigne-d'Eau.

Le dîner terminé, la plupart des assistants se retirèrent comme ils étaient venus, sans adresser au maître du logis aucun mot de politesse, et les demoiselles de la maison s'occupèrent de remettre de l'ordre dans le ménage. Ce travail ne fut pas long ; on poussa du pied, vers l'ouverture béante du lac, les fragments d'os et les débris de nourriture épars sur le plancher. Quant aux vases de terre destinés à contenir la nourriture et la boisson, on ne songeait jamais qu'il pût être nécessaire de les laver.

Le chef n'avait pas quitté sa place et semblait éprouver cette béatitude pesante qui, chez les gens d'un certain âge, suit un copieux repas, quand une exclamation de surprise se fit entendre derrière lui. Il retourna la tête et vit un de ses « jeunes hommes » en contemplation devant un objet appuyé contre la muraille.

— Qu'y a-t-il? demanda Orfraie.

Le jeune homme présenta au chef l'épieu qui avait excité déjà l'attention de Vent-d'Orage, et Orfraie, à son tour, fut frappé d'admiration.

— Bronze ! murmurait-il d'une voix que l'avidité rendait tremblante, bronze !

Les assistants, les jeunes filles elles-mêmes, vinrent examiner successivement ce métal inconnu, dont on commençait à parler et dont la découverte devait inaugurer une ère nouvelle dans la civilisation naissante. Toutes les mains se tendaient pour manier la pique précieuse, mais Orfraie la retenait entre ses doigts, comme s'il n'eût pu les en détacher.

Enfin il dit avec lenteur, et en fixant sur le voyageur, qui souriait, un regard ardent:

— Sais-tu, Pied-Léger, que ton épieu vaut à lui seul une hutte dans la cité lacustre, une barque de pêche sur le lac avec tous ses filets….. enfin une jeune et jolie fille pour femme?

Orfraie énumérait un à un les objets qui lui semblaient équivaloir à l'arme de bronze, comme s'il eût voulu proposer un échange. Pied-Léger s'écria:

— Tu dis vrai, chef; mais si je pouvais espérer d'obtenir la fille que j'aime, j'offrirais à son père quelque chose de plus précieux encore que cet épieu.

— Que peut-il exister de plus précieux qu'un épieu de bronze?

— Tu vas voir.

Pied-Léger ouvrit le sac de peau, dont il ne s'était pas séparé un instant, et en tira une hache de bronze, semblable à celles qu'on trouve en si grande quantité sur l'emplacement de certaines cités lacustres et dans les anciens tombeaux scandinaves. Elle n'avait pas de manche; mais le voyageur prit au foyer une branche à demi brûlée, l'enfonça dans la douille de la hache; puis, élevant l'arme improvisée, il en frappa avec force un billot de bois qui se trouvait auprès de lui et qui fut fendu jusqu'au cœur.

Ce coup violent eût brisé, ou tout au moins fortement ébréché, une hache en silex. Pied-Léger, retirant avec peine la hache de bronze de l'entaille qu'elle avait produite, montra qu'elle n'était nullement endommagée et que son tranchant restait aussi net qu'auparavant.

Cette fois l'admiration ne connut plus de bornes et devint

un véritable délire. Orfraie, ayant lâché l'épieu, s'était emparé de la hache, comme un enfant qui abandonne un ancien jouet pour un jouet plus beau. En un instant, la hutte fut pleine de curieux de tout sexe et de tout âge, qui voulaient contempler les richesses inestimables apportées à la bourgade par le grand voyageur. On était fier qu'il appartînt à la cité des Cormorans ; chacun semblait croire que l'importance de la tribu en serait rehaussée aux yeux du monde entier. Châtaigne-d'Eau était frappée de stupeur. Quant à Fleur-de-Fraisier, elle rougissait et pâlissait à son tour, tremblant peut-être qu'un fiancé, qui possédait de tels trésors, ne fût capable de la dédaigner.

— Une hache de bronze ! une hache de bronze ! répétait Orfraie en extase.

Pied-Léger dit alors, avec un accent solennel :

— Chef, accorde-moi Fleur-de-Fraisier, et cette hache sera le prix de ta fille.

Orfraie tressaillit et ouvrit la bouche comme pour accepter le marché ; mais le démon de la convoitise retint sur ses lèvres l'acquiescement empressé qui allait en sortir. Il serra la hache contre sa poitrine.

— Me donnes-tu aussi ton épieu ? demanda-t-il.

— Il est à toi, répondit Pied-Léger avec la générosité d'un amoureux.

Orfraie réunit l'épieu à la hache, et allait exprimer son consentement, quand il s'aperçut que le sac de Pied-Léger était encore bien garni.

— N'as-tu rien à m'offrir de plus ? reprit-il. Fleur-de-Fraisier est belle... et n'a pas son égale pour filer le lin.

Un murmure désapprobateur de l'assemblée accueillit cette nouvelle exigence. On trouvait que Pied-Léger avait donné assez pour obtenir, non seulement Fleur-de-Fraisier, mais encore toutes les filles de la tribu.

Pied-Léger répondit :

— Ce qui me reste est indigne d'un chef.

Orfraie finit par sentir quelque honte de son avidité.

— Prends donc ma fille, dit-il.

Pied-Léger poussa une exclamation de joie, et, s'élançant impétueusement vers Fleur-de-Fraisier, l'éleva dans ses bras d'un air de triomphe.

Le mariage était arrêté ; il ne restait plus qu'à le consacrer par un festin, où l'on convierait toute la tribu. Nul ne paraissait croire qu'il fût nécessaire de consulter la fiancée en

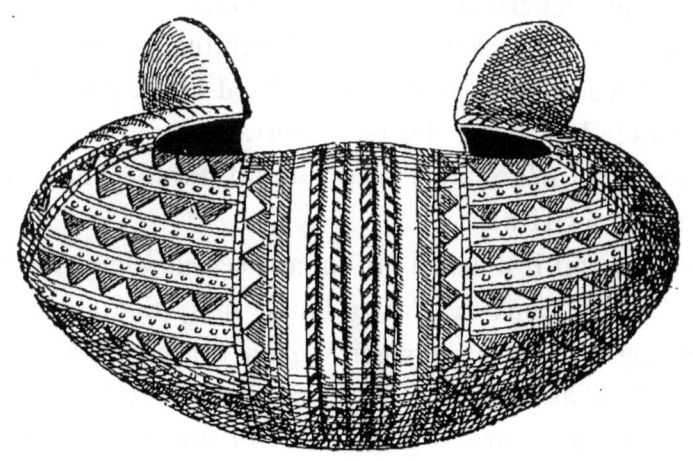

Bracelet en bronze, 4/5 de grandeur naturelle (Musée de Saint-Germain).

pareille affaire ; mais Pied-Léger savait de longue date à quoi s'en tenir sur ce point, et la jolie blonde souriait, de manière à prouver qu'elle n'avait aucune répugnance pour l'union projetée.

Pied-Léger, d'ailleurs, n'était pas à bout de ses séductions. Recourant à ce sac merveilleux qui, comme la bourse « inépuisable » des contes de fées, était une véritable source de trésors, il en tira deux bracelets de bronze, d'un travail barbare et sans aucune espèce d'ornements, qu'il passa aux bras de sa future. Les bras, par bonheur, étaient robustes, quoique gracieusement tournés, car ces espèces d'anneaux semblaient fort lourds[1]. La jeune fille, en se voyant ainsi parée, s'abandonna à des transports de joie.

L'admiration se porta sur ces nouvelles richesses que venait d'exhiber le Crésus de la cité lacustre. Les femmes ne pouvaient contenir leurs exclamations, leurs démonstrations bruyantes. Chacune voulait essayer ces solides joyaux ; il n'était pas une d'elles qui ne considérât Fleur-de-Fraisier comme la plus riche et la plus enviable des créatures.

Au milieu de ces agitations, deux personnes restaient mornes et silencieuses. Châtaigne-d'Eau écoutait avec une jalousie véritable les félicitations tumultueuses adressées à sa sœur, et Vent-d'Orage, en voyant Pied-Léger atteindre si facilement le but de ses désirs, éprouvait une rage secrète. Le chasseur crut néanmoins l'occasion favorable pour présenter sa requête à Orfraie.

— Chef, dit-il doucement, tu as accordé Fleur-de-Fraisier à Pied-Léger, veux-tu m'accorder, à moi, Châtaigne-d'Eau ?

Orfraie cligna des yeux comme un avare qui, au moment où il vient de recevoir de l'argent, entrevoit la possibilité d'en acquérir encore. Il passa la main sur sa barbe inculte et demanda d'un ton narquois :

— Quels présents me feras-tu ?

— Je n'ai jamais quitté ma tribu pour aller chercher au loin des objets rares ; je me sers de la hache, des épieux et des flèches en silex dont se servaient nos pères ; mais j'abats beaucoup de gibier. Je t'ai apporté déjà des faons de cerf et de chevreuil, des chèvres sauvages et des renards[2]. Je t'en apporterai d'autres ; je tuerai de plus un ours à belle fourrure et un grand auroch, dont je connais les refuites. Enfin je possède

---

1. Le musée de Saint-Germain contient plusieurs bracelets de cette espèce.
2. On a la certitude que le renard, malgré son odeur fétide, était un des mets favoris des générations lacustres.

un clos où je nourris deux jeunes urus[1]. Je te les amènerai si j'obtiens Châtaigne-d'Eau.

Orfraie écoutait avec une certaine complaisance les propositions du chasseur, et nul ne sait ce qu'il allait répondre, quand Châtaigne-d'Eau, le teint rouge et les yeux enflammés, s'écria :

— Quoi donc! des ours et des urus pour moi, quand on donne du bronze pour ma sœur? Ne vaux-je pas autant que Fleur-de-Fraisier? Mon père est-il las de moi, et me livrera-t-il en échange de présents si misérables?

A cette époque, la femme n'était pas esclave comme aujourd'hui en Orient, ou réputée d'espèce inférieure comme dans les peuplades sauvages; mais on ne lui accordait pas encore l'autorité qu'elle acquit plus tard parmi les Gaulois. La hardiesse de Châtaigne-d'Eau excita un certain étonnement dans l'assemblée. Toutefois, la jeune fille était la favorite de son père, et peut-être cette fierté caressait-elle en ce moment quelque dessein secret d'Orfraie. Il répondit avec son sourire narquois :

— Tu l'entends, Vent-d'Orage? Châtaigne-d'Eau se prise plus haut que des urus et des ours.... D'ailleurs, si je laissais aller ma fille aînée, qui me cuirait mon pain et préparerait mon poisson quand Fleur-de-Fraisier sera partie?

Ces raisons semblèrent péremptoires; de plus, on n'était pas fâché de cette déconvenue infligée à un homme dont la tribu faisait souvent la guerre à la tribu des Cormorans, et plusieurs des spectateurs n'eurent pas la charité de cacher un rire insultant à l'encontre de l'amoureux éconduit.

En voyant ainsi tomber son dernier espoir, Vent-d'Orage perdit patience. Tout contribuait à l'exaspérer : la richesse et le succès de Pied-Léger, la joie expansive des deux fiancés,

---

1. *Urus*, sorte de bœuf sauvage dont l'espèce est éteinte aujourd'hui, mais qui était encore commune dans les Gaules à l'arrivée des Francs.

le mépris à peine dissimulé du père, les moqueries des assistants, et par-dessus tout le dédain de Châtaigne-d'Eau dont il s'était cru aimé jusque-là. L'œil en feu, les dents serrées, il saisit ses armes. On crut qu'il allait se porter à quelques violences, et Orfraie, qui tenait encore l'épieu, se mit sur la défensive. Mais le jeune chasseur se dirigea vers la porte ; au moment de la franchir, il s'arrêta et dit d'un ton arrogant :

— Orfraie, il faut, pour être bien accueilli de toi, posséder des armes de bronze ; j'en aurai... En attendant, chef, femmes et guerriers des Cormorans, prenez garde aux armes de pierre !

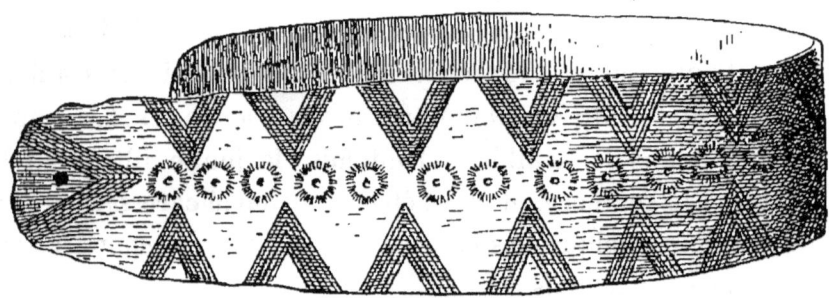

Collier de bronze, 2/3 de grandeur naturelle (Musée de Saint-Germain).

Il fit encore un geste de menace ; puis il s'éloigna, et quittant la cité lacustre, il ne tarda pas à se perdre dans les bois environnants.

Orfraie haussa les épaules.

— La jeunesse est prompte à s'emporter, dit-il, et à prononcer des paroles téméraires... Demain, sans doute, Vent-d'Orage viendra implorer son pardon.

Les témoins de cette scène ne semblaient pas être du même avis.

— Les Loups sont de mauvais voisins, dit un des plus âgés, et Vent-d'Orage passe pour être l'ami de Chêne-Noueux, le chef de la tribu. Il va exciter toute sa bourgade contre nous, en racontant de quelles richesses Orfraie est possesseur... Défions-nous des Loups, de Chêne-Noueux et de Vent-d'Orage!

— Je ne crains personne! répliqua le chef qui, malgré ses occupations pacifiques de pêcheur, ne manquait pas de hardiesse.

Pied-Léger dit à son tour :

— Si les Loups nous attaquent, nous nous défendrons. Quant à moi, je trouverai toujours bien une hache de pierre ou de bronze afin de protéger ma femme Fleur-de-Fraisier et ma sœur Châtaigne-d'Eau.

— Ai-je donc besoin d'être défendue? répliqua Châtaigne-d'Eau avec colère.

Pied-Léger n'eut pas l'air d'entendre cette boutade et poursuivit :

— Chef, quel jour désignes-tu pour le festin de noces?

Orfraie réfléchit.

— Après-demain, repondit-il. Demain les pêcheurs prendront du poisson, les chasseurs tueront du gibier, les femmes écraseront du grain et iront recueillir des baies dans les bois... Il nous faut des noces magnifiques.

Nul ne fit d'objection à la volonté du père, et, comme les assistants allaient se retirer afin de répandre la nouvelle, Orfraie reprit en se ravisant :

— On a raison, ces Loups sont des voisins dangereux, et il sera prudent de veiller... Voici la nuit qui approche; je vais sonner de la corne pour rappeler toutes les pirogues qui sont sur le lac, et on gardera ce soir la passerelle avec soin... Qui sait si ces méchantes gens n'essayeront pas de me dérober mes armes de bronze?

III

LA PRÊTRESSE

La tribu des Loups occupait une « station terrestre » ou village de terre ferme, à une grande lieue de la station lacustre des Cormorans ; aussi Vent-d'Orage, qui avait à traverser les bois, dut-il doubler le pas, afin d'arriver avant la nuit close à sa demeure. Quoique les bêtes féroces ne fussent ni aussi nombreuses, ni surtout aussi redoutables que pendant les âges précédents, un homme seul pouvait être exposé à bien des mauvaises rencontres dans les ténèbres, au milieu de ces interminables forêts.

Le jeune chasseur, encore sous le coup des émotions qu'il venait d'éprouver, ne songeait pas à ce péril. Il suivait un sentier, son arc à une main et son épieu à l'autre. Une faible lumière venait encore du couchant, et on entendait par intervalles dans le lointain des sons de corne annonçant que les chasseurs se ralliaient pour rentrer à leurs habitations.

Vent-d'Orage marchait depuis longtemps déjà sous une voûte épaisse de feuillage, lorsque tout à coup les arbres disparurent et il atteignit une lande couverte de fougères et de genêts. Au centre de cette espèce de clairière, s'élevait un de ces monticules factices, si communs dans certaines provinces de France et qu'on appelle *tumulus* ou *tumulus-dolmen*. On a cru d'abord que ces monuments antiques appartenaient, comme les *cromlechs* et les *menhirs*, à l'époque gauloise; mais on a la certitude aujourd'hui que, pour la plupart, ils remontent à l'époque de la pierre polie, et que les Gaulois les ont trouvés tels que nous les trouvons nous-mêmes sur notre sol natal[1]. Quoi qu'il en soit, le tumulus dont il s'agit ne présentait pas une surface régulière de gazon. Une échancrure, taillée à sa base, formait un couloir au fond duquel on apercevait une dalle de pierre ; c'était la porte d'une cavité souterraine, où l'on déposait les morts de la tribu. Aux cavernes naturelles des siècles antérieurs avaient succédé ces cavernes, construites de main d'homme, pour servir de sépulcre.

L'endroit paraissait très solitaire, surtout à cette heure où le crépuscule commençait à s'assombrir. Cependant Vent-d'Orage, en levant les yeux vers la cime du tumulus, crut voir une forme humaine se détacher sur le ciel. Il ne savait qui pouvait se trouver là, à cette heure avancée, et il allait s'arrêter, quand un léger bruit, qui se produisait dans l'herbe à ses pieds, attira son attention. Un renard venait de partir d'une touffe de bruyère et cherchait à se dérober en fuyant de toute sa vitesse.

Nous avons dit quel goût étrange on avait alors pour ce fétide gibier. Aussi Vent-d'Orage décocha-t-il une flèche qui alla s'implanter dans les reins de la bête. Celle-ci, quoique blessée, n'en poursuivait pas moins son chemin, et le chasseur, ne voulant pas perdre son trait à pointe de pierre, s'élança pour la percer de sa lance. Il y parvint bientôt, et comme il retirait la flèche avec précaution du corps palpitant de la victime, la forme humaine, qu'il avait aperçue au sommet du tumulus, apparut tout à coup à son côté.

Vent-d'Orage fit un mouvement d'impatience, et, si l'on eût connu le diable en ce temps-là, sans aucun doute il

---

1. Le Hon, *l'Homme fossile*.

aurait envoyé au diable la personne qui venait ainsi troubler sa solitude. Mais, à peine eut-il jeté un regard sur elle, que sa contenance changea ; un sourire empressé remplaça l'expression de mécontentement déjà empreinte sur sa figure.

Cette personne était une vieille femme, dont les vêtements de peau, très insuffisants, permettaient de constater la décrépitude et la laideur. Ses cheveux blancs tombaient en mèches roides sur ses épaules maigres. Son visage jaune, sillonné de rides, avait un caractère à la fois railleur et sinistre. Elle tenait d'une main un bouquet d'herbes sauvages qu'elle venait de recueillir, de l'autre une sorte de croissant, dont on a trouvé plusieurs spécimens dans les cités lacustres, et qui semble avoir été un emblème religieux chez ces peuplades primitives.

Ce croissant, en terre cuite, avait la forme et la grandeur de deux cornes de bœuf accouplées par la base. Sur le demi-cercle étaient tracés quelques dessins, ou plutôt quelques lignes droites et obliques qui s'entre-croisaient en guise d'ornements. La vieille le portait avec respect, comme un objet du culte.

A la vue de cette femme, Vent-d'Orage prit une attitude modeste, et, posant le pied sur le renard mort, il dit humblement :

— Branche-de-Houx, ta présence ici m'a porté bonheur... Je t'offre ce renard que je viens de tuer.

La vieille grimaça un sourire.

— Tu le déposeras dans ma hutte en rentrant à la cité, répliqua-t-elle ; pour moi, je cherche des herbes qui doivent guérir Chêne-Noueux, le chef des Loups, de la fièvre qui le mine... Nous sommes au sixième jour de la lune, et en ce moment, les plantes ont toute leur vertu... Va en paix, Vent-d'Orage ; la déférence des jeunes pour les vieillards est bonne ; elle fait réussir dans les entreprises.

— Ah! mère, j'ai grand besoin de ton secours pour réussir dans mes entreprises, car aujourd'hui j'ai reçu un sanglant affront et je désire me venger.

— D'où viens-tu? Que s'est-il passé? demanda Branche-de-Houx avec curiosité; tu peux parler, mon oreille est ouverte.

Vent-d'Orage raconta en peu de mots comment Orfraie lui avait refusé sa fille aînée, Châtaigne-d'Eau, tandis qu'il accordait la cadette à Pied-Léger, en échange de certaines

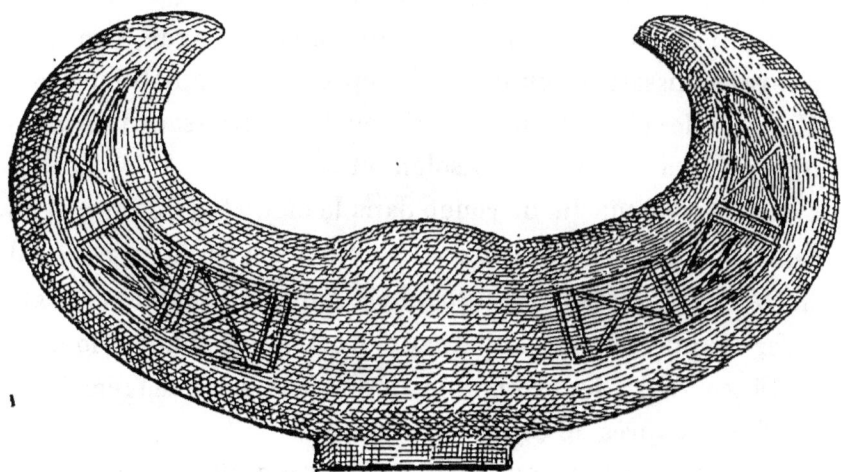

Croissant, emblème religieux (1/4 de grandeur naturelle, d'après le moulage du musée de Saint-Germain).

armes de cette matière, précieuse et nouvelle, appelée bronze.

Branche-de-Houx était la prêtresse de la tribu, bien que la religion d'alors fût seulement un assemblage de superstitions bizarres, de pratiques puériles, monstrueuses, souvent cruelles. Demeurée seule de sa famille, à la suite d'une bataille où avaient péri son mari et ses deux fils, la vieille, grâce à certaines connaissances traditionnelles, avait rempli dans sa tribu les fonctions de médecin, de sage-femme et aussi de sorcière. Elle ne se piquait pas précisément de posséder un pouvoir surnaturel, mais elle employait volontiers des formes et des paroles mystérieuses qui devaient frapper les imaginations naïves. D'ailleurs, elle ne manquait ni d'expérience ni d'intelligence, et pouvait, au besoin, donner un bon conseil. Aussi jouissait-elle de beaucoup d'influence parmi les Loups, et Chêne-Noueux, qu'elle soignait pour une fièvre intermittente, écoutait volontiers ses avis.

Vent-d'Orage avait donc intérêt à mettre Branche-de-Houx dans la confidence de ses affaires; et, à sa vive satisfaction, la prêtresse parut impressionnée par ce récit. Elle resta un moment silencieuse, l'œil perdu dans le vague, comme si elle réfléchissait ou comme si elle éprouvait une hallucination. Enfin, elle éleva la main qui tenait le croissant talismanique, et dit avec un accent solennel :

— Je vois une lueur rouge dans le ciel, c'est du sang; j'entends croasser les corbeaux au sommet des sapins, c'est qu'ils flairent des cadavres; quelque chose mugit sourdement dans les bois, comme un vent impétueux, c'est le grondement lointain de l'incendie... Jeune homme, ton injure sera vengée. Viens avec moi auprès de Chêne-Noueux.

Cette proposition comblait les désirs secrets du jeune chasseur; il chargea rapidement le renard sur son épaule, et suivit Branche-de-Houx, qui avait repris le chemin de la cité. Tout en marchant, la prêtresse dit d'un ton de rancune :

— Cette tribu de Cormorans est orgueilleuse, dure de cœur. Elle ne donnerait pas du gibier ou du poisson à une veuve qui n'a plus ses enfants pour la nourrir de leur pêche et de leur chasse. J'ai vu ces filles d'Orfraie; ce sont des vaniteuses qui ricanent sans cesse...

— Épargne les filles d'Orfraie, Branche-de-Houx, répliqua le jeune chasseur en soupirant; je ne saurais oublier Châtaigne-d'Eau, malgré le mépris qu'elle me témoigne.

— Tu l'emporteras comme un loup emporte sa proie, répliqua la prêtresse avec un sourire ; et tu ne feras pas de présents à ce père avide.

Vent-d'Orage devint pensif, et on continua d'avancer en silence.

Au bout de quelques instants, on arriva en vue de la station terrestre des Loups, à peine moins singulière que la station lacustre des Cormorans.

A l'extrémité d'une vallée creuse et boisée, s'élevait un promontoire de rochers qui se rattachait, au moyen d'un isthme étroit, à la montagne voisine. Ce promontoire formait un plateau assez étendu, d'où l'on dominait tout le pays et qui était seulement accessible par la langue de terre dont nous parlons. C'était là que la tribu avait établi sa demeure.

Quoique ce lieu semblât naturellement très fort, on avait travaillé à le rendre plus fort encore. Le sommet du rocher était couronné par un haut parapet de construction cyclopéenne, c'est-à-dire formé d'énormes pierres non taillées et superposées, sans être unies par mortier ni ciment. Du côté où le promontoire se rattachait à la montagne, on avait creusé un fossé, qui isolait le plateau et qu'on traversait sur une passerelle de bois. Le terrain, ainsi défendu, contenait la cité proprement dite. Elle se composait de plusieurs centaines de huttes rondes, construites les unes en troncs d'arbres, les autres en branches et en torchis, d'autres enfin tout simplement en osier, comme furent plus tard beaucoup de huttes gauloises.

Les lieux semblables à la station terrestre des Loups ne sont pas rares en France et surtout en Belgique, où on les appelle *camps retranchés*. On les reconnaît à la grande quantité de haches et de couteaux en silex, de poteries brisées, que l'on rencontre dans les fouilles. Ces positions sont devenues, après avoir été occupées par les générations préhistoriques, des camps gaulois, puis des camps romains, et enfin, sur l'emplacement de la plupart d'entre elles, le moyen âge construisit des châteaux féodaux à l'usage des barons turbulents qui ont laissé dans l'histoire de si fâcheux souvenirs[1].

Les fortifications de la station des Loups n'étant pas encore terminées, on pouvait voir, aux dernières clartés du jour, quels moyens employaient les hommes de ce temps-là, en l'absence d'outils en métal et de toute espèce de machines, pour remuer ces pierres colossales dont le poids nous semble si prodigieux. Ces moyens n'étaient autres que la vigueur des bras, le nombre des travailleurs, la lenteur et la patience dans les opérations. En ce moment, quelques hommes à demi nus et armés de leviers de bois, soit qu'ils eussent été condamnés pour leurs méfaits à ce service public, soit qu'ils fussent astreints par les lois locales à une sorte de corvée, quittaient leur travail, après avoir employé tout le jour à faire avancer d'un demi-pas un gros bloc de granit.

La tribu des Loups n'était pas agricole et paisible comme celle des Cormorans; elle vivait à peu près exclusivement de chasse. Aussi ne voyait-on pas aux environs les champs cultivés, les parcs à bestiaux, les plantations d'arbres fruitiers que nous avons mentionnés près de la cité du lac. Les animaux des bois, les racines et les fruits sauvages semblaient l'unique ressource de cette horde, qui avait la réputation d'être très turbulente et passablement pillarde.

A mesure que l'on approchait de la station terrestre, on rencontrait des gens qui donnaient une certaine animation au paysage. Dans le sentier tortueux conduisant au plateau, cheminaient des groupes alertes et bruyants. Là, c'étaient des femmes, qui, un vase sur l'épaule, revenaient en caquetant de puiser de l'eau à la source voisine. Plus loin, des bandes de chasseurs portaient, suspendus à des perches, les daims, les

---

1. *La cité de Limes*, près de Dieppe, sur une haute falaise que ronge la mer, semble avoir été une *cité terrestre* de l'époque de la pierre taillée.

Branche-de-Houx et Vent-d'Orage.

cerfs et les sangliers qu'ils avaient tués pendant la journée. Ce spectacle réjouissait fort les familles, qui se voyaient assurées d'un bon souper, et les chasseurs eux-mêmes célébraient leurs exploits par de discordants sons de corne. Enfin venaient quelques-uns des pauvres travailleurs dont nous avons parlé et qui, leur levier sur l'épaule, regagnaient pesamment le logis.

Tout ce monde semblait assez disposé à échanger un mot avec Vent-d'Orage en passant; mais la mine sombre du chasseur, surtout la présence de Branche-de-Houx, glaçaient le sourire sur les lèvres, et on se contentait de les regarder avec curiosité.

Vent-d'Orage et sa compagne franchirent ainsi le pont de bois qui traversait le fossé et pénétrèrent dans la cité des Loups.

Il y régnait une malpropreté révoltante et l'odorat y était torturé par les émanations les plus fétides. Là on voyait des amas d'ossements et d'immondices; plus loin, des peaux, fraîchement écorchées, séchaient étendues sur des perches devant les huttes. La plupart de ces huttes n'avaient pas de portes, et l'on pouvait s'assurer qu'intérieurement elles offraient un même aspect enfumé et misérable.

On atteignit bientôt l'habitation du chef, qui, par sa grandeur, rappelait celle d'Orfraie, quoique moins garnie de provisions et d'ustensiles de toute sorte. Des femmes et des enfants s'agitaient autour du foyer, où l'on se disposait à faire griller des tranches de venaison. Quant au maître du logis lui-même, il souffrait en ce moment d'un violent accès de fièvre, et, étendu sur des feuilles sèches, il poussait par intervalles de sourds gémissements.

Chêne-Noueux était, autant qu'on pouvait en juger à la lueur incertaine du feu, un homme de moyenne taille, mais robuste, aux membres trapus, comme l'indiquait son nom.

La maladie n'avait pu triompher de sa vigueur extraordinaire, et ses bras nus, qu'il avançait au-dessus de sa couverture de peau d'ours, présentaient des muscles d'hercule. Sa figure barbue, aux pommettes rouges, avait une expression de brutalité et même de dureté peu commune.

La soif le dévorait, et un jeune garçon presque nu, qui remplissait auprès de lui les fonctions de garde-malade, avait assez à faire de lui apporter, à chaque instant, un vase de corne rempli d'eau. Chêne-Noueux était en train de boire, quand Branche-de-Houx entra, suivie de Vent-d'Orage qui restait dans l'ombre.

A la vue de la prêtresse, le chef se souleva sur le coude, et ses yeux lancèrent des éclairs de fureur :

— Te voilà donc, vieille fouine? cria-t-il d'une voix enrouée; tu m'as promis de me guérir, et tu t'en vas quand je souffre... Guéris-moi vite, ou je te tuerai, et je ferai manger ta carcasse aux chiens sauvages.

Branche-de-Houx ne s'émut pas plus de ces menaces que le médecin ne s'émeut des colères impuissantes d'un enfant malade.

— Patience, chef! répliqua-t-elle; nous sommes aujourd'hui au sixième jour de la lune « qui guérit tout », et, sous son influence, j'ai recueilli des herbes merveilleuses, en tenant à la main le croissant sacré.... Je vais te préparer une boisson; bientôt tu pourras courir la forêt à la tête de tes chasseurs.

Et elle mit tranquillement de l'eau à chauffer dans un vase de terre pour faire de la tisane. Chêne-Noueux s'agita encore sur sa couche, mais il répliqua d'un ton radouci :

— Voilà bien longtemps que tu me leurres de belles promesses, et le mal revient toujours... Guéris-moi, je te donnerai en abondance des peaux, des bois de cerf et de la venaison.

Tout à coup il aperçut Vent-d'Orage, qui se tenait à l'écart, et sa fureur se ranima.

— Que me veut celui-ci? s'écria-t-il; ai-je besoin d'entendre le rapport des chasseurs et de savoir combien ils ont tué de pièces de gibier?... Qu'on me laisse en paix!

Branche-de-Houx se hâta d'intervenir.

— Chef, dit-elle, ton « jeune homme » vient se plaindre d'une insulte qu'il a reçue d'Orfraie, le chef des Cormorans, afin que tu le venges.

— Hum! qu'il se venge lui-même! répliqua Chêne-Noueux d'un ton bourru.

— Tu ignores donc, chef, que l'injure s'adresse aussi à toi? Orfraie a refusé sa fille à Vent-d'Orage par mépris pour la tribu des Loups. L'orgueil lui a tourné la tête depuis qu'il possède une hache et un épieu de bronze, tandis que sa fille a des bracelets de la même matière précieuse. Il se croit le premier chef du pays; il croit sa tribu la première des tribus du monde. C'est pour cela qu'il a offensé un vaillant guerrier, un chasseur renommé parmi les Loups.

Chêne-Noueux, si accablé tout à l'heure, se redressa.

— Que dis-tu? demanda-t-il; Orfraie possède une hache, un épieu et des ornements de bronze?... Je n'en ai jamais vu.

Branche-de-Houx fit signe à son protégé d'approcher, et le chasseur raconta les événements de la journée.

Le malade écouta ce récit avec un grand intérêt; quand on dépeignit les armes offertes par Pied-Léger, ses yeux brillèrent de convoitise et d'avidité, comme ceux d'Orfraie avaient brillé naguère. Il dit, en serrant les poings et en grinçant des dents :

— Des armes pareilles à ce vieil Orfraie, qui ne sait manier que les avirons et le harpon de pêche, tandis que moi, le chef des Loups, je n'ai que des armes de pierre!... Quelle honte pour moi!... Femme, continua-t-il en s'adressant à Branche-de-Houx, hâte-toi de me guérir, afin que j'aille conquérir l'épieu et la hache d'Orfraie.

— Écoute, chef, reprit la prêtresse en servant toute fumante au malade la boisson qu'elle venait de préparer et dans laquelle elle avait plongé tour à tour les deux cornes du croissant mystique, tu vas boire ce breuvage, peut-être ne seras-tu pas guéri de ta fièvre pour toujours, car tu es si fougueux, si colère, que mes remèdes ne peuvent agir complètement sur toi ; mais, à partir de demain, elle ne reviendra pas de huit jours... Pendant ce temps, tu pourras venger ton injure.

— Huit jours ! s'écria Chêne-Noueux, je ne demande pas tant pour écraser Orfraie et sa tribu. Puisque tu me promets, vieille femme, que demain je pourrai manier mon arc et ma hache, je n'attendrai pas plus longtemps... Vent-d'Orage, ajouta-t-il, prends la corne qui est près de la porte et sonnes-en pour appeler tous mes « jeunes hommes » ; je leur donnerai mes ordres et ils se prépareront au combat.

Comme le chasseur allait exécuter ce commandement, Branche-de-Houx reprit :

— Chef, que vas-tu faire ? Si tu révèles ainsi tes projets d'avance, Orfraie ne peut manquer d'en être instruit et se tiendra sur ses gardes. Ne vaut-il pas mieux l'attaquer à l'improviste ? Le danger sera moindre et le profit plus sûr.

Nous avons dit quel pouvoir la sorcière exerçait sur l'esprit du chef, et cette fois encore ses conseils furent entendus. Chêne-Noueux rappela Vent-d'Orage.

— Elle a raison, dit-il ; je ne veux pas qu'Orfraie soit averti... Mais, alors, comment s'y prendre ?

La vieille se mit à parler bas et l'on conféra avec Vent-d'Orage, qui devait avoir un rôle dans l'action projetée.

Chêne-Noueux paraissait accablé de fatigue.

— Donne-moi cette boisson, Branche-de-Houx, reprit-il, et va-t'en. Je veux dormir... Demain je saurai si tes remèdes ont de la vertu.

La vieille le fit boire ; puis, après avoir ramené la couverture de peau d'ours sur les épaules du malade, elle indiqua aux femmes du logis la manière de le soigner et se retira avec son protégé.

Pendant qu'ils regagnaient leurs huttes respectives, le jeune chasseur montrait une joie extrême.

— C'est un heureux hasard, disait-il à Branche-de-Houx, qui t'a placée sur mon chemin... Je serai vengé de cette orgueilleuse Châtaigne-d'Eau, de cet avare Orfraie, de ce rusé Pied-Léger, de toute cette tribu que je méprise et que je hais... Châtaigne-d'Eau n'a pas voulu être ma compagne, elle sera mon esclave !

— Et tu récompenseras ta protectrice, répliqua la prêtresse avec un doucereux sourire ; la générosité convient à l'homme dont les vœux sont comblés !

IV

LES NOCES

La journée du lendemain fut employée par la tribu des Cormorans à faire des préparatifs, pour les noces de Fleur-de-Fraisier.

Tout le monde, grands et petits, prit part à l'approvisionnement, la fête du mariage ne devant consister qu'en un pantagruélique festin, sans cérémonie civile ou religieuse d'aucune sorte.

Grâce à tant d'efforts réunis, le poisson, le gibier, les fruits abondèrent à la cité lacustre Cependant, on remarqua avec surprise que, pendant cette journée, ni dans les bois, ni dans la plaine, on n'avait rencontré personne de la tribu des Loups, habituellement si active et si remuante. Cette observation donna des inquiétudes à Pied-Léger. Soupçonnant quelque machination de Vent-d'Orage, il communiqua ses craintes à son futur beau-père; mais Orfraie, cette fois, ne les partagea pas. L'attitude réservée de ses voisins lui semblait être une bouderie insignifiante, qui ne tiendrait pas devant les sollicitations de la gourmandise, et il s'attendait à les voir apparaître pour prendre part au banquet avec la gloutonnerie des animaux dont ils portaient le nom.

Le grand jour arriva enfin, et comme le plancher de la cité lacustre, outre les dangers d'incendie, n'offrait pas d'espace suffisant pour une réunion nombreuse, la fête devait avoir lieu en terre ferme, sur le bord du lac. Des feux avaient été allumés, et à côté de ces feux s'élevaient des amas de cerfs, de sangliers, de renards, que des centaines de mains étaient en train de dépecer et qui donnaient à l'emplacement du festin l'aspect d'une boucherie ou d'un champ de carnage. Partout des ossements brisés, des peaux fraîchement écorchées, de la chair crue et du sang. Hommes, femmes, enfants s'agitaient pour mener à bien la grande entreprise de cuire et de faire disparaître ces montagnes de victuailles.

Aussi cette fête barbare n'avait-elle rien qui pût rappeler les fêtes de notre époque civilisée. Les invités ne portaient pas d'habits plus somptueux qu'à l'ordinaire, par l'excellente raison qu'ils n'avaient pas d'habits de rechange, et aucun d'eux ne songeait à recourir aux eaux du lac voisin pour effacer les traces de sa hideuse besogne. Quant aux divertissements usités en pareille circonstance, on ne les connaissait pas encore. La danse consistait en quelques mouvements lourds, sans mesure d'aucune sorte; la musique se résumait dans les notes lugubres que les pêcheurs et les chasseurs produisaient avec une corne de bœuf pour s'appeler de loin. Pendant qu'on travaillait aux apprêts du repas, les jeunes gens s'étaient mis à tirer de l'arc, à lancer des javelots, à se disputer le prix du saut et de la course; mais ces exercices semblaient rentrer plutôt dans leurs occupations ordinaires et répondre au besoin de mouvement naturel à la jeunesse, qu'avoir lieu en vue spéciale de la fête.

Au milieu de la foule, Orfraie promenait avec une joie naïve son épieu à pointe de métal et sa hache de bronze, à laquelle il avait ajouté une superbe emmanchure en bois de cerf. Ces objets ne cessaient d'exciter l'admiration des Cormorans et celle des Castors, autre tribu lacustre qui habitait l'extrémité du lac et qui était alliée aux Cormorans. Les gens de cette peuplade, dont on voyait les pirogues accourir à force de rames, étaient attirés plutôt par le désir de contempler ces merveilles que par l'attrait de la noce. Orfraie, avec une complaisance inépuisable, devait à chaque instant frapper de sa hache un tronc d'arbre ou lancer son épieu contre un but, afin de prouver la supériorité de ses armes sur les armes de pierre employées exclusivement pendant tant de siècles.

Les deux filles du chef, la mariée surtout, après avoir travaillé pour leur part avec activité, jugèrent convenable d'opérer quelques changements dans leur toilette. Cette toilette fut pourtant très sommaire; elles jetèrent par-dessus leurs vêtements habituels une étroite pièce de toile, d'une blancheur de neige, ouvrage de leurs propres mains et qu'elles savaient draper avec un goût instinctif. Fleur-de-Fraisier natta ses belles tresses blondes, auxquelles la pensée ne lui vint pas d'ajouter une fleur des champs, et se para de ces lourds anneaux de bronze qui excitaient l'envie de toute la gent féminine des environs. Quant à la brune Châtaigne-d'Eau, elle se contenta de fixer sur sa tête, au moyen de ses épingles d'os, les opulentes tresses noires qui s'accordaient avec le caractère accentué de sa physionomie.

Les deux jeunes filles avaient vaqué à ces arrangements en silence et sans se prêter mutuellement aucun secours. Ce n'était pas qu'il existât d'ordinaire, entre la Mina et la Brenda de la cité lacustre, de ces attentions affectueuses, de ces soins délicats qu'échangent souvent deux sœurs; mais, malgré la grossièreté des mœurs, Fleur-de-Fraisier et Châtaigne-d'Eau avaient l'une pour l'autre une amitié, qui se traduisait souvent par de bons offices réciproques. Le motif de cette froideur était la jalousie qu'éprouvait l'aînée en voyant sa cadette comblée de riches présents. Aussi n'avait-elle pas adressé une seule fois la parole à Fleur-de-Fraisier depuis la veille, et elle demeurait sombre, irritée, maussade.

La pauvre Fleur-de-Fraisier, d'une nature plus douce, souffrait beaucoup de la bouderie de sa sœur ; elle avait fait à Châtaigne-d'Eau des avances qui avaient été repoussées. En ce moment surtout, elle paraissait fort chagrine, ses yeux étaient humides. Elle observait furtivement son aînée et semblait vouloir risquer une nouvelle tentative auprès d'elle, mais le courage lui manquait. Enfin, n'y tenant plus, elle donna libre cours à ses pleurs, arracha de ses bras les anneaux de bronze et les présenta à Châtaigne-d'Eau, en lui disant avec explosion :

— Prends-les. J'aime mieux ne m'en parer jamais que de te voir ainsi ni me parler, ni me regarder, ni... m'aimer.

L'aînée, par un mouvement impétueux, saisit les bracelets, les passa à son bras et les fit claqueter d'un air de complaisance, toujours sans prononcer une parole. Après s'être admirée un moment, elle retira les anneaux et les rendit.

— Ils n'appartiennent qu'à toi, dit-elle ; tu es belle ; on offre pour t'obtenir des présents de bronze ; moi, je suis laide sans doute, car on n'offre que des peaux, des urus et du gibier.

— Non, non, tu es plus belle que moi, Châtaigne-d'Eau... Prends au moins un de ces bracelets ; nous sommes sœurs, nos parures seront égales... Prends, prends, je t'en supplie... et aime-moi encore !

Les traits de Châtaigne-d'Eau s'adoucirent sensiblement, car son orgueil venait de recevoir une notable satisfaction. Elle tournait et retournait entre ses doigts le bracelet dont on lui faisait hommage, lorsque Pied-Léger entra pour s'assurer si sa fiancée était prête.

Lui aussi portait encore son humble vêtement de voyageur, avec le sac qui avait contenu ses trésors. En revanche, ses armes (et les armes résumaient tout le luxe masculin de l'époque) témoignaient qu'il n'avait pas épuisé ses richesses en faveur de sa fiancée et de son futur beau-père. La hache, suspendue à son ceinturon, était en bronze, à peine moins belle que celle du chef. L'épieu, qui remplaçait l'ancien, n'avait qu'une pointe de pierre, mais cette pierre était du jade, admirablement poli et d'une finesse, d'une dureté admirables. Ainsi équipé, Pied-Léger pouvait lutter pour la magnificence avec Orfraie lui-même.

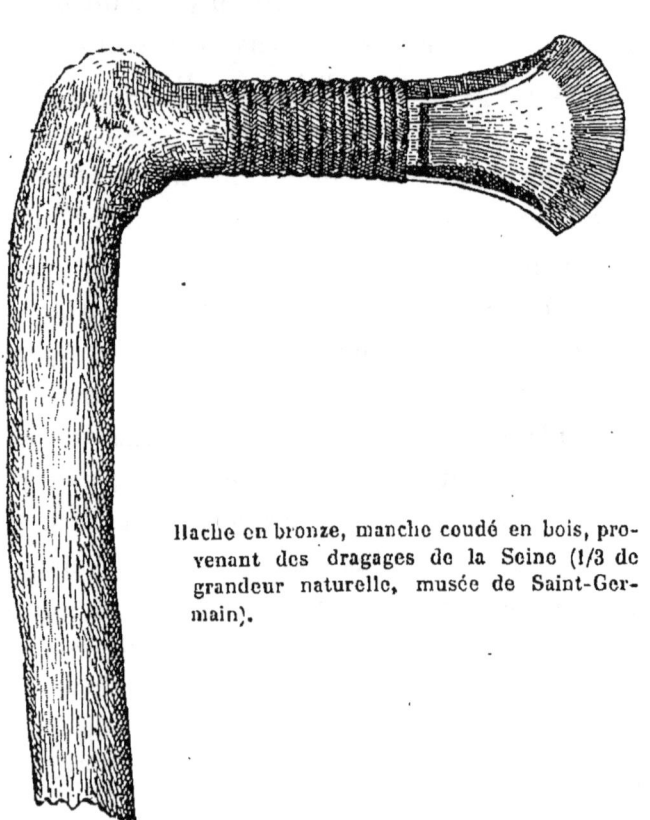

Hache en bronze, manche coudé en bois, provenant des dragages de la Seine (1/3 de grandeur naturelle, musée de Saint-Germain).

Sans doute il avait entendu la discussion des deux sœurs, car il dit en souriant :

— Fleur-de-Fraisier, garde tes bracelets... En attendant que le futur mari de Châtaigne-d'Eau lui apporte des présents dignes d'elle, j'ai mis en réserve quelques objets qui lui plairont peut-être.

Il tira de ce fameux sac, dont il avait déjà tiré tant de choses et qui, nous devons en convenir, pendait maintenant flasque et à peu près vide sur sa hanche, deux de ces longues épingles à cheveux en bronze, comme on en a trouvé de si nombreux échantillons dans les débris des cités lacustres. Elles étaient neuves, brillantes, et leurs têtes facettées avaient un éclat merveilleux, qui eût rappelé celui de l'or, si l'or eût été connu à cette époque.

Châtaigne-d'Eau poussa un cri de ravissement. Elle saisit les épingles d'une main tremblante et les ficha dans son abondante chevelure, à côté des épingles d'os qui la paraient déjà. Puis, à défaut de miroir, elle courut à la trappe qui s'ouvrait sur le lac et, se penchant, elle se mira dans l'eau.

Bientôt elle revint, en bondissant, vers sa sœur et Pied-Léger. Une vive rougeur colorait ses joues; ses yeux brillaient de fierté,

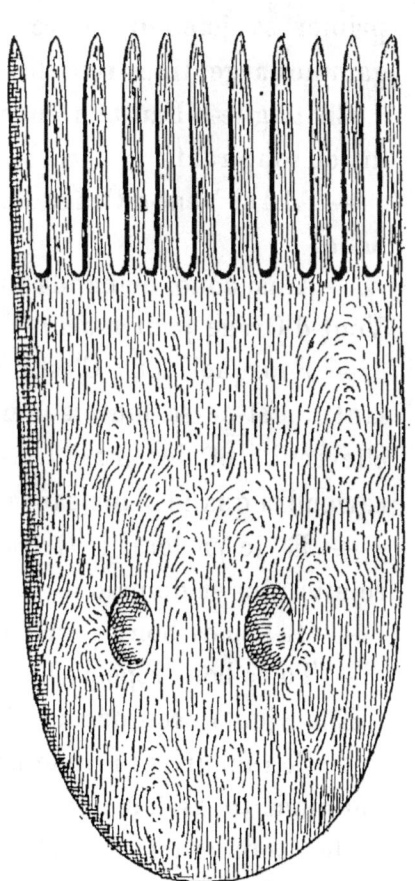

Peigne en bois d'if, d'après Keller.
Grandeur naturelle.

de plaisir et de reconnaissance. Évidemment les présents de son beau-frère dépassaient en valeur pour elle les armes si enviées d'Orfraie et même les bracelets de la nouvelle épouse.

Elle appuya une de ses mains sur l'épaule de Pied-Léger, l'autre sur l'épaule de Fleur-de-Fraisier et bégaya avec effort:

— Mon frère... ma sœur !

Ce fut tout. Cette race, nous l'avons dit, n'était pas expansive, et ces simples paroles équivalaient à de longues protestations de gratitude. Fleur-de-Fraisier le comprenait ainsi, et heureuse de ce retour d'affection, elle ne savait, pour exprimer sa joie, que faire entendre un rire naïf, dont les gammes argentines remplissaient la hutte.

Châtaigne-d'Eau alla encore se mirer dans le lac, puis elle dit en soupirant :

— Ah ! si Vent-d'Orage me voyait, comme il me trouverait belle !

— Ainsi donc, demanda Pied-Léger, tu persistes à souhaiter Vent-d'Orage pour mari ?

— Pourquoi non ? C'est un bon chasseur, un guerrier vaillant... Est-ce sa faute s'il n'a pu offrir à mon père que des chevreuils et des urus ? Il est retourné dans sa tribu ; mais il reviendra quand il me saura si riche.

— Et je parlerai à Orfraie, dit Pied-Léger, afin qu'il ne rejette plus sa demande.

— Oh ! tu es bon ! s'écria Fleur-de-Fraisier transportée.

— Tu es bon, répéta Châtaigne-d'Eau.

Elle ajouta presque aussitôt :

— Comment as-tu pu te procurer tant de trésors ? Dis-nous comment tu as fait. Vent-d'Orage est courageux, il est robuste ; comme toi, il partira et reviendra avec un sac plein d'objets de bronze.

Pied-Légrs secoua la tête en souriant :

— C'est le hasard, dit-il, qui m'a valu ces trésors... Écoute-moi :

« Fleur-de-Fraisier et toi, vous vous souvenez que je suivis des trafiquants qui allaient de tribu en tribu. Ma condition était assez dure ; je devais porter un lourd fardeau par des pays sans chemins, chasser pour mes maîtres, les défendre contre les animaux sauvages. Nous marchâmes ainsi longtemps, et il me semblait que nous devions avoir atteint la limite du monde. Enfin nous nous arrêtâmes, et après nous être reposés quelque temps dans une cité, on annonça que nous allions revenir sur nos pas.

« Je n'avais pas acquis de biens dans notre commerce nomade, car je manquais d'objets d'échange et divers accidents m'avaient privé de mes humbles profits. Pendant le voyage, je m'étais attaché à un vieux marchand, qui venait de fort loin, et qui était né, disait-on, dans un pays situé tout près du soleil levant. On ne le voyait pas trafiquer continuellement comme les autres et l'on ne croyait pas qu'il possédât des choses précieuses. Cependant, il portait toujours avec lui un sac bien fermé, sans souffrir que personne y touchât, et la nuit il dormait, la tête posée sur ce sac.

« Le marchand m'avait pris en affection; de mon côté, je lui rendais tous les services qui dépendaient de moi. Or, en revenant, il ressentit tout à coup une faiblesse, si bien qu'il avait peine à suivre la troupe. Je le soutins de mon mieux, mais son malaise augmenta rapidement, et il fut bientôt tout à fait incapable de marcher. Le chef de la troupe ne voulut pas que l'on fît halte, car on se trouvait dans une contrée déserte, infestée de bêtes féroces. Abandonner le vieillard au milieu des bois, c'était l'exposer à une mort certaine. Je me proposai pour rester auprès de lui et lui donner toute l'assistance possible, tandis que le reste de la troupe continuerait son chemin. On me fournit les indications nécessaires afin de la rejoindre les jours suivants, et on nous laissa, le vieillard et moi, dans ce lieu sauvage. Ce fut à cet acte de compassion que je dus mes richesses... »

— Je comprends, interrompit Châtaigne-d'Eau, le vieux trafiquant avait dans son sac les ustensiles de bronze; pour t'en emparer, tu perças cet homme de ta lance.

La belle brune avait exprimé cette conjecture sans sourciller et comme une chose fort naturelle; mais Fleur-de-Fraisier demanda timidement :

— As-tu fait cela, Pied-Léger?

— C'eût été l'action d'un homme habile, ajouta Châtaigne-d'Eau.

Pied-Léger secoua la tête.

— Non, répliqua-t-il, je n'ai pas fait cela ; c'eût été mal, selon l'opinion des gens sages et expérimentés. J'eus, au contraire, pour le marchand toutes les attentions désirables ; je lui construisis une hutte de branches, j'allumai du feu, je veillai sur lui comme j'aurais veillé sur un ami malade. Il passa une nuit affreuse ; le lendemain matin, il me fit signe d'approcher et me dit d'une voix éteinte :

— « Je sens que je vais mourir. Quand je serai mort, tu me mettras dans la terre et tu t'en retourneras dans ton pays. Mon sac contient des objets de bronze, que j'ai recueillis en pratiquant des échanges dans les peuplades lointaines ; je te les donne en récompense de ton dévouement pour moi.

« Je demandai au vieillard s'il avait quelque message à me confier pour sa tribu et pour ses amis ; mais il était incapable de parler davantage et ne semblait même plus m'entendre. Le soir il expira. Je creusai une fosse et j'y plaçai le cadavre, sur lequel je roulai une grosse roche pour le protéger contre les animaux de proie. Alors, j'ouvris le sac du vieillard et j'y trouvai tous les objets précieux que vous avez vus. Leur possession n'a pas coûté une goutte de sang... Puissent-ils n'en pas faire répandre dans l'avenir !

« Je me remis en chemin et je m'efforçai de rejoindre les voyageurs. Je ne pus les atteindre, soit qu'ils eussent pris une autre route, soit que leur avance sur moi fût trop considérable. Je me dirigeai donc seul, grâce aux indications qui m'avaient été données, vers la cité lacustre des Cormorans, et j'y arrivai bientôt, malgré les obstacles et les dangers. »

Châtaigne-d'Eau semblait toujours regretter que la possession de ces richesses qu'elle admirait n'eût pas été acquise au prix de sanglants exploits ; mais aucune des deux sœurs n'exprima de réflexions à ce sujet ; elles avaient hâte de retourner à la fête où elles étaient attendues.

Elles sortirent donc avec Pied-Léger, drapées dans leurs amples vêtements de lin, et se rendirent sur le rivage où se pressait une foule nombreuse. Elles étaient vraiment belles l'une et l'autre ; mais l'attention, celle des femmes surtout, fut aussitôt attirée par les épingles de Châtaigne-d'Eau et par les bracelets de Fleur-de-Fraisier. Les scènes d'admiration frénétique recommencèrent autour d'elles. Les hommes, de leur côté, tombèrent en extase devant les superbes armes que Pied-Léger avait su se réserver, et Orfraie, en constatant les richesses nouvelles de son gendre, se reprochait intérieurement de n'avoir pas exigé davantage pour prix de sa fille ; sa hache lui semblait beaucoup moins belle depuis que Pied-Léger en possédait une semblable.

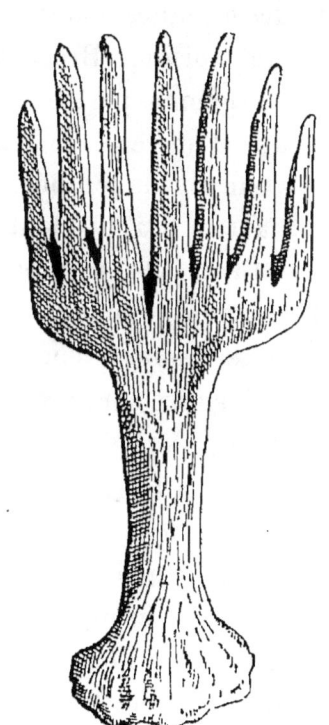

Peigne en os, d'après Madoeu.
Grandeur naturelle.

Nous n'entrerons pas dans les détails, parfois révoltants, du festin qui commença bientôt et se prolongea jusqu'au soir. Aux approches de la nuit, la plupart des invités semblaient alourdis par l'excès de nourriture. Bon nombre étaient allés dormir sous les arbres, dans les halliers des environs. Les feux commençaient à s'abaisser et ne produisaient presque plus de flammes. La cuisine infernale avait cessé, faute de provisions.

Orfraie, assis au pied d'un chêne, songeait aux moyens de dépouiller son gendre des trésors qui lui restaient, tandis que Pied-Léger, placé entre sa belle-sœur et sa nouvelle épouse, causait bas avec Fleur-de-Fraisier. Tout à coup Brochet-Gourmand, le jeune drôle que nous connaissons, et qui était un des « jeunes hommes » ou servants du chef, accourut de la forêt voisine. Brochet-Gourmand, fidèle à son nom, avait pris largement part à la bonne chère, et il était de ceux qui, à la suite d'un repas copieux, avaient dû faire quelques heures de sieste sous la feuillée.

Il arriva tout haletant, tout en nage et les cheveux au vent.

— Chef, dit-il avec précipitation, les Loups sont près d'ici... Ils viennent... Je les ai vus!

— Les Loups? répéta Orfraie, se méprenant ou feignant de se méprendre sur le sens de cette dénomination; eh! la place des loups n'est-elle pas dans les bois?

Et il se mit à rire.

— Non, non, chef, répliqua Brochet-Gourmand en désignant de la main la lisière de la forêt où commençaient à se montrer des groupes d'hommes, ce ne sont pas les bêtes des bois, mais les Loups de Chêne-Noueux et de Vent-d'Orage... Ils veulent sans doute s'emparer de ta hache de bronze.

— Ma hache de bronze! dit le chef en se levant et en s'assurant que l'instrument précieux était à son côté.

Il hésitait à donner l'alarme et examinait, à la lueur du crépuscule, les gens de plus en plus nombreux qui sortaient des buissons, quand Pied-Léger, qui s'était levé à son tour, s'écria :

— Alerte! chef; les Loups viennent nous attaquer... Vite, vite, femmes et enfants, rentrez à la cité... les hommes garderont le pont... A la cité, vous dis-je!

— Oui, oui, à la cité! répéta Orfraie.

V

LA BATAILLE

Peu de personnes, parmi les Cormorans, étaient en état d'obéir à cet appel. Les uns, comme nous l'avons déjà dit, dormaient çà et là sur l'herbe; les autres pouvaient à peine se mouvoir. La plupart n'avaient pas entendu ou pas compris l'ordre du chef. Cependant plusieurs coururent vers la passerelle en planches qui conduisait à la station lacustre, et il y avait lieu d'espérer qu'ils atteindraient ce lieu de refuge.

On ne leur en laissa pas le temps. Les gens de Chêne-Noueux, se voyant reconnus, n'hésitèrent plus à agir, et s'élancèrent en poussant des hurlements féroces.

Leur but était de couper le chemin aux Cormorans et d'occuper avant eux le pont de bois. Les Cormorans le sentirent, et, tandis que les femmes et les enfants redoublaient de vitesse pour gagner l'étroit passage, les guerriers, parmi lesquels se trouvaient Orfraie et Pied-Léger, se portèrent au-devant des perfides agresseurs.

Par malheur, les forces étaient inégales. Les gens de la tribu, surpris au milieu d'une fête, avaient seulement pour se défendre leurs épieux et leurs haches. Les Loups, au contraire, s'étaient munis d'arcs, de carquois pleins de flèches, ainsi que de leurs javelines, qu'ils savaient lancer de fort loin et avec beaucoup d'adresse. Aussi profitèrent-ils de leur avantage, en dirigeant une grêle de traits sur leurs adversaires.

Bientôt les cris douloureux de quelques blessés se mêlèrent aux cris de menace ou d'effroi qui partaient de toutes parts. Orfraie qui, nous l'avons dit, ne manquait pas de courage, voulut marcher en avant avec ses « jeunes hommes », et peut-être essayer contre l'ennemi ses armes de bronze. Mais Pied-Léger, après avoir poussé Fleur-de-Fraisier et Châtaigne-d'Eau vers la passerelle, crut devoir tenter une conciliation, et, précédant tous les autres, il s'écria :

— Hommes de la tribu des Loups, pourquoi venez-vous nous attaquer ? Quelle offense vous avons-nous faite ? Pourquoi vouloir répandre notre sang, quand nous ne songeons pas à répandre le vôtre ?

Pied-Léger, comme le lecteur a dû s'en apercevoir, avait plus d'intelligence et d'humanité qu'on n'en rencontrait d'habitude chez ces générations sauvages. Ce ne fut pas toutefois la modération de son procédé qui imposa un moment aux ennemis, mais la hardiesse avec laquelle il s'avançait vers eux, et ils s'arrêtèrent. Chêne-Noueux, qui était sur pied, suivant la promesse de Branche-de-Houx, et qui, quoique pâle et affaibli, commandait l'expédition, dit d'un ton arrogant :

— Orfraie nous a outragés en refusant sa fille à un chasseur de la tribu des Loups... Je suis le chef ; je dois venger l'insulte faite à un des miens.

Et il leva le bras comme pour frapper. Pied-Léger répondit sans s'émouvoir :

— Vent-d'Orage, le chasseur dont tu parles, s'est offensé trop vite et a pris au sérieux un mot irréfléchi... La preuve, c'est que, à ma prière, Orfraie accordera sa fille Châtaigne-d'Eau à ton « jeune homme ».

— Dis-tu vrai ? s'écria Vent-d'Orage qui se trouvait à quelques pas et qui s'approcha impétueusement.

— Orfraie va lui-même t'en donner l'assurance, et nous vivrons en paix comme autrefois.

Les regards se tournèrent vers le chef des Cormorans, qui dit bas à son gendre avec vivacité :

— Tu es donc prêt à me remettre ta dernière hache et ton épieu à pointe de jade?

— Oui, répliqua Pied-Léger; la paix entre nos tribus est préférable à tous les biens.

Chêne-Noueux intervint brutalement dans ces pourparlers.

— Que m'importe cela, à moi? s'écria-t-il; on assure qu'Orfraie possède une hache et un épieu de bronze; qu'il me les livre à l'instant, et je retournerai chez moi avec mes guerriers. Sinon, je tuerai tous les hommes des Cormorans, j'emmènerai toutes les femmes et je mettrai le feu à la cité.

Pied-Léger et Vent-d'Orage lui-même essayèrent de faire revenir le chef des Loups sur sa prétention insolente; ils ne furent pas entendus. Orfraie avait fait un bond de colère. Sa face était ridée comme celle d'un lion.

— Mes armes de bronze, Chêne-Noueux! s'écria-t-il; tu les veux?... Les voici.

Et il tenta d'asséner un coup violent de sa hache à Chêne-Noueux. Celui-ci était sur ses gardes, et, malgré sa faiblesse, il évita la hache qui siffla vainement en l'air. Alors, reculant de quelques pas, il lança sur Orfraie, au moment où celui-ci reprenait l'équilibre, un javelot qui entra profondément dans la poitrine du vieux chef.

— Reçois en échange cette arme de pierre, dit-il d'un ton railleur.

Le malheureux Orfraie agita les bras, roula des yeux blancs et sans regard, puis tomba lourdement sur le sol.

Nous savons que, pendant la conférence des chefs, les hostilités avaient été interrompues. Les Loups s'étaient groupés derrière Chêne-Noueux, tandis que les Cormorans se tenaient prêts à soutenir Orfraie. Les femmes et les enfants, dans l'espoir d'une pacification, avaient cessé de refluer vers la cité lacustre, et observaient les événements avec curiosité.

Le meurtre d'Orfraie excita un tumulte épouvantable; les guerriers de l'une et de l'autre tribu s'assaillirent avec fureur. Pied-Léger et Vent-d'Orage, quoiqu'ils eussent, pour des motifs différents, désiré éviter la lutte, n'hésitèrent pas à se jeter dans la mêlée. Le combat s'engagea sur tous les points avec un acharnement incroyable.

Chêne-Noueux, en voyant tomber son adversaire, s'était précipité sur lui pour lui enlever la hache et l'épieu, objets de sa convoitise. Comme il venait de s'en emparer, et comme il les agitait en triomphe au-dessus de sa tête, les Cormorans voulurent les lui arracher. La bataille se concentra autour du chef des Loups, et les deux partis foulèrent aux pieds le pauvre Orfraie qui, du reste, n'était plus qu'un cadavre.

On peut aisément se représenter la scène d'horreur et de carnage qu'offraient maintenant les abords de la cité lacustre. Aux lueurs mourantes du jour, on voyait la population épouvantée courir au hasard, tandis que les hommes s'efforçaient de repousser les agresseurs. Les appels douloureux, les cris d'effroi, les hurlements de menace ou de victoire, formaient une rumeur immense, qui se prolongeait au loin sur les eaux du lac et dans la profondeur des bois.

Les Cormorans, que l'ennemi décimait à distance avec ses flèches, étaient trop mal préparés pour soutenir longtemps cette attaque furieuse. Aussi, ne tardèrent-ils pas à fléchir et à reculer vers le pont, en laissant le terrain couvert de morts et de blessés. Le désir de secourir leurs femmes et leurs enfants, dont ils entendaient derrière eux les appels de détresse, contribuait encore à diminuer le sang-froid dont ils avaient besoin dans ce cruel moment.

Pied-Léger combattait au premier rang, et plusieurs Loups lui avaient fourni déjà l'occasion de constater la supériorité de ses armes. Il reculait avec lenteur, en faisant toujours face aux ennemis. Sa pensée était de rencontrer Chêne-Noueux, de lui enlever les dépouilles opimes du vieux chef. Comme il le cherchait en vain du regard, il aperçut Vent-d'Orage, et voulant punir la perfidie de cet homme, instigateur de la guerre, il se dirigea vers lui.

Tout à coup, au milieu de la mêlée, apparurent les deux filles d'Orfraie, encore revêtues de ces draperies blanches dont elles s'étaient parées pour la fête. Elles venaient d'apprendre la mort de leur père et accouraient afin de se mettre sous la protection de Pied-Léger. Fleur-de-Fraisier avait les joues inondées de larmes; mais Châtaigne-d'Eau, l'œil sec et les lèvres serrées, brandissait un casse-tête tout sanglant, qu'elle venait de ramasser sur le champ de bataille.

— Il faut venger Orfraie! dit-elle à son beau-frère.

En se retournant, elle se trouva en face de Vent-d'Orage, qui se disposait à répondre au défi de Pied-Léger.

La belle fille ne fut ni surprise, ni effrayée. Au contraire, une sorte de joie farouche brilla sur sa figure.

— Je t'aimais et je voulais devenir ta femme, s'écria-t-elle; tu as tué mon père... Tiens!

Elle leva le casse-tête et en porta un coup si terrible à son ancien poursuivant, que Vent-d'Orage tomba sans mouvement à ses pieds.

Il n'était pas rare, à cette époque, que les femmes prissent part à la guerre; mais, dans ce cas, elles n'avaient ni privilège, ni générosité à attendre des combattants. Aussi aucun guerrier de la tribu des Loups n'hésita-t-il à attaquer Châtaigne-d'Eau, malgré sa jeunesse et sa beauté, malgré les circonstances qui rendaient son action si légitime. Ils se ruèrent sur elle en vociférant, et ils l'eussent tuée, si Pied-Léger, soutenu par un groupe de jeunes hommes, ne les eût forcés de reculer. Il profita d'un moment favorable pour entraîner les deux sœurs hors de la bataille.

Châtaigne-d'Eau ne fit aucune résistance. Après la chute de Vent-d'Orage, sa colère belliqueuse s'était éteinte et le casse-tête s'était échappé de sa main. Pied-Léger voulait accompagner les filles d'Orfraie jusqu'à la cité, puis retourner au combat pour aider les gens de la tribu à repousser les Loups. Il s'engagea donc avec elles sur le pont, où se pressaient déjà bon nombre de fuyards, et, étant parvenus non sans peine à le franchir, ils atteignirent la hutte où les deux sœurs s'assirent épuisées.

Pied-Léger prit un arc, qu'il joignit à ses autres armes, et il se disposait à sortir de nouveau ; Fleur-de-Fraisier se suspendit à son col, et lui dit d'une voix sanglotante :

— Reste, reste, je t'en prie... Ils ont tué mon père, ils te tueraient de même.

— Retourne là-bas, dit Châtaigne-d'Eau ; celui que j'ai frappé n'était pas le plus coupable... Venge-le, venge-nous en tuant Chêne-Noueux... C'est Chêne-Noueux qui a tout fait.

Pied-Léger essayait de se dégager des étreintes de sa jeune femme, quand une nouvelle et puissante clameur attira son attention. Voici ce qui s'était passé :

Comme nous l'avons dit, les Cormorans, dans le but de protéger leurs biens et l'asile de leurs familles, s'étaient massés devant la passerelle et en défendaient les approches avec l'énergie du désespoir. Chêne-Noueux et ses guerriers, irrités de cette résistance, eurent alors une inspiration cruelle, bien digne de ces temps féroces. Ils prirent, dans les feux qui brûlaient encore çà et là, plusieurs tisons embrasés et les lancèrent sur la cité lacustre.

On se souvient que les premières habitations ne se trouvaient guère à plus de quarante à cinquante pas du bord, qu'elles étaient, pour la plupart, construites en branchages et que toutes avaient des toitures en chaume ou en jonc. Or,

Combat des Cormorans et des Loups.

une extrême sécheresse régnait depuis quelque temps; toitures et branchages flambèrent dès qu'ils se trouvèrent en contact avec les tisons ardents. Pour comble de malheur, un vent assez fort soufflait pendant cette soirée et activait l'incendie.

A de pareils accidents, il n'y avait alors pas de remède. Les peuplades lacustres possédaient une trop petite quantité de vases et des vases trop exigus pour qu'on pût puiser l'eau nécessaire à l'extinction du feu. Si les guerriers Cormorans avaient eu la liberté de leurs allures, peut-être, en abattant les huttes où se montrèrent d'abord les flammes, eussent-ils réussi à arrêter le fléau dès le début; mais il leur fallait combattre pour empêcher l'ennemi d'envahir leur dernière retraite, et l'incendie se développa sans obstacles. En quelques minutes il acquit des proportions effrayantes.

Les pauvres gens qui avaient déjà pu gagner le village couraient sur la plate-forme, pendant que les huttes prenaient feu successivement comme des flambeaux qui s'allument; plusieurs de ces malheureux tombèrent dans le lac, où ils périrent. Sur le rivage, la foule éperdue fuyait de toutes parts. Découragés, les défenseurs de la passerelle commençaient à lâcher pied, et les vainqueurs poussaient déjà des hurlements de victoire. Partout une agitation frénétique, partout des morts, des blessés, des mourants, partout des larmes, des cris; et l'incendie, croissant de minute en minute, illuminait de ses rouges lueurs l'immensité de l'horizon.

Pied-Léger reconnut bien vite que la résistance devenait inutile; il ne lui restait plus qu'à soustraire ses compagnes aux suites de ce désastre. Déjà les flammes passaient en grondant au-dessus de leur tête et s'attachaient à la hutte d'Orfraie; on allait se trouver bientôt au milieu d'un vaste brasier. Pied-Léger dit, avec la prompte décision et le ton bref que réclamaient les circonstances :

— Il y a une pirogue en bas du petit escalier... Fleur-de-Fraisier, charge-toi d'une rame; Châtaigne-d'Eau se chargera de l'autre, car moi j'ai besoin d'avoir les mains libres pour vous défendre... Vite, vite... Partons.

Les deux jeunes filles obéirent machinalement : chacune saisit un aviron, et elles suivirent Pied-Léger.

On fut presque suffoqué par les tourbillons de fumée que poussait le vent; mais le chasseur ne perdait pas sa présence d'esprit, et on arriva sans accident à l'escalier de quelques marches qui descendait au lac. Là, était attaché un bateau fait d'un seul tronc d'arbre, où déjà quelques fuyards essayaient de s'installer. Pied-Léger les chassa avec l'égoïsme que donne la conscience du péril, la pirogue étant à peine assez grande pour le contenir lui et ses compagnes.

Ils y prirent place tous les trois; on disposa les avirons que Fleur-de-Fraisier et Châtaigne-d'Eau, habituées de longue date à cet exercice, maniaient avec habileté, et la barque s'éloigna rapidement.

Beaucoup d'autres pirogues avaient pris la même direction; chargées d'autant de monde qu'elles en pouvaient porter, elles glissaient lourdement à la surface de l'eau où l'incendie se reflétait en traînées lumineuses.

Comme l'on dépassait l'ouvrage en pilotis formant la base de la cité lacustre, Pied-Léger aperçut les gens de Chêne-Noueux, qui, après avoir dispersé les derniers défenseurs de la tribu des Cormorans, les poursuivaient sur le rivage. Il se pencha en avant, et, tandis que les jeunes filles continuaient de ramer, il posa une flèche sur son arc et ajusta avec soin.

Le trait partit; de bruyantes clameurs, qui s'élevèrent de la grève, attestèrent que quelque guerrier important venait d'être frappé. Pied-Léger se pencha de nouveau, en posant sa main au-dessus de ses yeux, et dit avec un accent de triomphe :

— Châtaigne-d'Eau a tué Vent-d'Orage; moi, je viens d'atteindre le chef des Loups. La mort d'Orfraie est vengée!

— Quoi! s'écria Châtaigne-d'Eau en lâchant son aviron, c'est Chêne-Noueux que tout à l'heure...

— Regarde.

La lumière de l'incendie éclairait le combat dans ses moindres détails, et l'on distinguait parfaitement des guerriers Loups qui relevaient avec précaution un des leurs dont la poitrine était traversée par une flèche. Aux traits du visage, comme à certaines particularités du costume, on reconnaissait Chêne-Noueux.

Châtaigne-d'Eau battit des mains.

— Bien, bien, dit-elle; Pied-Léger est adroit. Les morts seront contents... Mais alors pourquoi, dans ma colère, me suis-je hâtée...

Elle s'interrompit et resta immobile, les yeux fixés sur un point du rivage, comme si quelque chose d'étrange eût excité son attention. Elle désigna du doigt un groupe de guerriers qui se dirigeaient vers le chef inanimé.

Peson de fuseau en os.
Musée de Saint-Germain.

— Là... là! reprit-elle, est-ce que je n'aperçois pas...

Elle ne put en dire davantage; Pied-Léger la repoussa vivement.

— Baisse-toi, murmura-t-il, baisse-toi ou tu vas périr.

Et lui-même se jeta au fond de la pirogue.

Cet avertissement arrivait à propos. Les guerriers Loups voyaient d'où était parti le trait qui venait de frapper leur chef, et une volée de flèches siffla au-dessus de l'embarcation.

Pied-Léger n'attendit pas une nouvelle décharge : s'emparant des avirons, il fit glisser la pirogue à la surface du lac avec une merveilleuse vélocité. Châtaigne-d'Eau ne cessait de regarder intrépidement le rivage, comme si elle eût cherché l'éclaircissement d'un doute qui l'obsédait. Mais on avait changé de direction et un rideau de flammes s'étendait de nouveau devant elle.

Quand on fut au milieu du lac, Pied-Léger s'arrêta pour reprendre haleine. Châtaigne-d'Eau était rêveuse; Fleur-de-Fraisier demanda à son mari :

— Où nous conduis-tu ?

— A la cité lacustre des Castors. Cette tribu est depuis longtemps amie des Cormorans, et plusieurs de ses guerriers ont été tués aujourd'hui avec les nôtres en défendant nos demeures. Notre querelle est la sienne. Chez elle nous trouverons un refuge assuré, peut-être même un secours contre les Loups.

VI

L'ÉLECTION

Le lendemain soir, à la cité terrestre des Loups, un homme était assis sur une pierre devant le foyer d'une hutte. La peuplade entière semblait en deuil ; on entendait par intervalles au dehors des gémissements et des lamentations, qui retentissaient d'une manière lugubre au milieu du silence de la nuit.

L'homme dont nous parlons soutenait sa tête dans ses mains.

Il paraissait assez grièvement blessé, et une bande de peau retenait sur son front un topique de plantes vulnéraires écrasées. Toutefois ce n'était pas sa blessure qui causait son abattement, et il s'abandonnait à des réflexions douloureuses.

On a deviné Vent-d'Orage, l'ancien poursuivant de Châtaigne-d'Eau. Si forte, en effet, que fût la jeune fille, le coup porté par elle n'avait pas produit la mort, et la hache de pierre avait glissé sur le crâne passablement dur de Vent-d'Orage. Il était tombé étourdi du choc, mais n'avait pas tardé à se relever après le départ de Châtaigne-d'Eau, et c'était bien lui qu'elle avait aperçu de la barque, au moment où Chêne-Noueux venait d'être atteint d'une flèche. Rentré à la tribu, il avait été pansé par Branche-de-Houx, et l'on pouvait croire que la blessure n'aurait aucune suite fâcheuse.

Il était plongé depuis assez longtemps dans ses méditations

quand la prêtresse parut, portant toujours son mystérieux croissant. Elle jeta des branches sèches dans le feu pour le ranimer. Quand une flamme vive éclaira l'intérieur de la cabane, elle enleva l'appareil de la blessure, le remplaça par un nouveau, composé encore d'herbes pilées, et rattacha avec précaution la bande de cuir.

Vent-d'Orage avait supporté ces soins machinalement, presque sans s'en apercevoir. Le pansement terminé, la vieille femme s'assit à côté de lui.

— Ta blessure n'est rien, dit-elle ; on la croirait faite par la griffe d'un chat sauvage. Tu peux aller et venir... La guérison est certaine.

Vent-d'Orage ne répondit pas. Branche-de-Houx poursuivit :

— Les matrones de la tribu et moi nous avons lavé le corps de Chêne-Noueux, et on va le porter au dolmen. On mettra auprès de lui, selon l'usage, les objets qui lui ont appartenu, surtout l'épieu et la hache de bronze qu'il avait conquis sur Orfraie... Toute la tribu doit assister à la cérémonie : n'y assisteras-tu pas de même ?

Vent-d'Orage se redressa avec effort.

— Chêne-Noueux était mon ami, dit-il distraitement ; il était le chef des Loups... Je l'accompagnerai jusqu'au dolmen, et son esprit ne viendra pas me tourmenter pendant les nuits noires.

— C'est juste, et puis on a tué un grand aurochs pour le festin des funérailles. Après le festin, les hommes se réuniront en conseil et on nommera un nouveau chef.

Peut-être Branche-de-Houx avait-elle compté produire un certain effet sur son auditeur en lui apprenant cette nouvelle : Vent-d'Orage demeura impassible et semblait être retombé dans sa rêverie. Elle ajouta :

— Tous les guerriers de la tribu ont confiance en moi. Ils savent que je connais des secrets merveilleux, et je les ai guéris maintes fois, comme Chêne-Noueux lui-même, de leurs maladies ou de leurs blessures ; aussi nommeront-ils chef celui que je désignerai.

Toujours même silence de Vent-d'Orage.

— Ce chef, continua la prêtresse, doit être habile et courageux ; car les Cormorans se sont alliés, dit-on, à la tribu des Castors pour nous faire la guerre. Il se mettra à la tête des Loups afin de venger la mort de Chêne-Noueux, de punir cette fille qui t'a blessé et de conquérir les objets de bronze que possèdent encore nos ennemis.

Cette fois Vent-d'Orage se leva avec l'impétuosité qui lui avait valu son nom.

— La mort de Chêne-Noueux n'est-elle pas vengée par celle d'Orfraie ? s'écria-t-il ; si les Cormorans ont tué quelques-uns des nôtres, n'avons-nous pas tué un grand nombre d'entre eux et brûlé leur cité ? Qu'importent ces objets de bronze ! Ils causent le malheur de tous ceux qui les touchent. Quel besoin en avons-nous lorsque nos armes de pierre nous suffisent ? Quant à Châtaigne-d'Eau, elle a eu raison de me frapper, puisqu'elle croyait que j'avais frappé son père... et je regrette parfois, ajouta-t-il d'un ton sombre, qu'elle n'ait pas réussi !

La prêtresse fit entendre un petit rire saccadé, qui dégénéra en toux.

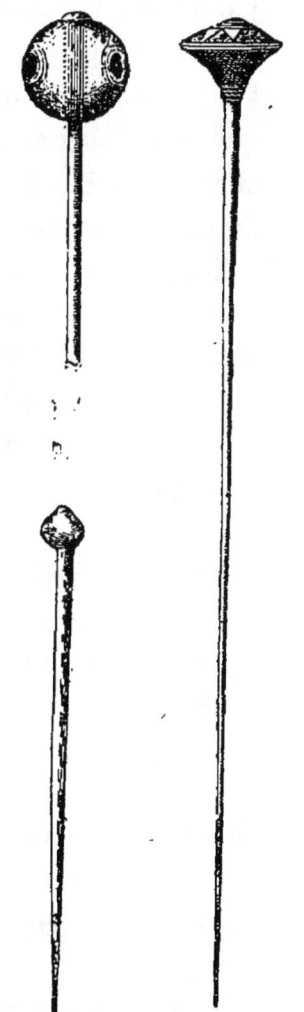

Épingles en bronze et en os. — Musée de Saint-Germain.

— Tu aimes encore la fille aux yeux noirs? dit-elle.

Vent-d'Orage ne répondit pas.

— Écoute, reprit Branche-de-Houx d'un ton confidentiel, j'ai de l'amitié pour toi, d'abord parce que tu t'es toujours montré bon et respectueux à mon égard, ensuite parce que j'ai perdu un fils bien-aimé qui aurait aujourd'hui ton âge et que je m'imagine revoir en ta personne... Veux-tu être le chef de la tribu des Loups? Grâce à mon influence, le choix du conseil tombera sur toi.

Les yeux de Vent-d'Orage brillèrent d'un feu subit, comme si la perspective du premier rang eût éveillé son ambition; mais cet éclair s'éteignit aussitôt.

— Je ne veux pas, répondit-il.

Branche-de-Houx manifesta beaucoup de surprise.

— Quoi! tu refuses d'être chef? s'écria-t-elle; songe donc que tu pourras écraser les Cormorans et les Castors, tuer Pied-Léger... emporter dans ta hutte cette femme que tu aimes!

— Pied-Léger est bon, dit brusquement Vent-d'Orage; il a voulu se dépouiller de sa hache de bronze pour décider Orfraie à m'accorder sa fille; ma main ne se lèvera pas contre lui... Quant à Châtaigne-d'Eau, la belle et vaillante fille, elle ne m'a jamais paru aussi désirable que depuis le moment où elle a tenté de me frapper mortellement. Je ne veux donc pas non plus employer la force contre elle; il me serait plus agréable de fléchir sa colère par la soumission et les douces paroles.

L'étonnement de la prêtresse se changea en stupéfaction. On touchait, comme nous le voyons, à cette période de l'humanité où certains sentiments élevés commençaient à se dégager des instincts grossiers de l'époque primitive. Les hommes étaient mûrs pour la civilisation, qui allait se développer lentement par la découverte et par l'usage des métaux. Vent-d'Orage reflétait, peut-être à son insu, la générosité dont Pied-Léger, soit qu'il en eût naturellement le germe, soit qu'il l'eût acquise par la fréquentation des hommes pendant ses voyages, avait donné l'exemple. Ainsi une qualité individuelle a dû devenir la qualité d'une peuplade entière. Mais Branche-de-Houx, malgré sa supériorité d'intelligence sur les gens de sa tribu, appartenait au passé par les traditions et par son âge, et elle ne comprenait rien aux idées nouvelles, aux mobiles inconnus qui dirigeaient les actions de la génération présente.

Elle ne s'expliquait donc pas le sentiment de délicatesse, mal défini du reste, qui empêchait le jeune chasseur de combattre Pied-Léger et de posséder Châtaigne-d'Eau par la violence. Elle allait tenter de nouveaux efforts pour vaincre son opiniâtreté, quand les hurlements de douleur redoublèrent au dehors et continuèrent sans interruption.

La prêtresse reprit son croissant.

— Le convoi de Chêne-Noueux se met en marche, dit-elle; il faut que je l'accompagne pour donner une bonne position au corps dans la sépulture et pour veiller à ce que les rites funèbres soient exactement accomplis... Vent-d'Orage, viens avec moi.

— Je suis prêt.

Il se leva, alla chercher ses armes, et ils sortirent tous les deux de la hutte.

Le cortège funèbre, en effet, se mettait en marche et la peuplade entière l'escortait jusqu'au tumulus-dolmen, que nous avons vu déjà au milieu de la forêt. D'abord s'avançaient plusieurs jeunes gens, avec des torches de bois résineux pour éclairer le convoi; puis venait le corps, revêtu de ses habits et porté par des guerriers sur un brancard de feuillage; suivaient les hommes, les femmes et les enfants, chargés des armes du mort ou des ustensiles de divers genres qu'ils destinaient à des offrandes funéraires. Les femmes poussaient des cris aigus, s'arrachaient les cheveux, se frappaient la poitrine avec de grandes démonstrations de désespoir. Quand le convoi eut franchi la passerelle jetée sur le fossé de la cité et se fut engagé dans les bois, cette longue file de flammes, ces ombres mobiles, ces cris forcenés, formaient un ensemble d'un caractère sinistre.

Vent-d'Orage et la prêtresse de la tribu s'étaient mis en tête de la foule, et l'emblème symbolique porté par Branche-de-Houx excitait un respect mêlé de crainte. Comme nous l'avons dit, la religion de ces temps préhistoriques, sur laquelle on ne possède encore que de vagues renseignements, consistait, selon toute apparence, en grossières superstitions. On soupçonne que les habitants des cités lacustres adoraient le soleil, la lune, peut-être même le feu, à en juger par le rôle considérable que le feu semble avoir joué dans leurs cérémonies. Mais certainement le culte des morts avait chez eux une extrême importance, et ce culte devait égaler, peut-être même surpasser, celui qu'ils pratiquaient à l'égard d'une ou de plusieurs divinités inconnues.

Aussi ne s'étonnera-t-on pas de la solennité donnée aux funérailles de Chêne-Noueux. Quelques malades, plusieurs blessés du combat de la veille, étaient seuls restés dans les huttes; toute la population valide figurait dans la longue procession qui se déroulait à travers la plaine en faisant retentir l'écho de ses clameurs lamentables.

On atteignit ainsi la lande où s'élevait le tumulus-dolmen; les porteurs de torches se groupèrent d'une façon pittoresque, les uns sur les pentes verdoyantes du monticule factice, les autres dans la coupure étroite au fond de laquelle étaient les sépultures. Une partie des habitants de la cité avaient précédé la foule, et des feux qui brûlaient çà et là devaient servir aux apprêts du festin mortuaire.

Les cérémonies qui eurent lieu en cette circonstance rappelaient essentiellement celles en usage à l'époque de la pierre taillée. Après qu'une énorme quantité de viandes eut été absorbée par cette multitude vorace, le corps fut placé au fond du dolmen, dans la position « accroupie » où nous retrouvons tous les squelettes de cette période. On mit à côté de lui les morceaux les plus délicats du repas, des vases de terre ou de corne remplis d'eau; puis chacun vint apporter son offrande au défunt, des arcs et des flèches, des haches et des couteaux en silex, des bracelets et des colliers, des ustensiles en os ou en bois de cerf. On n'oublia pas non plus l'épieu et

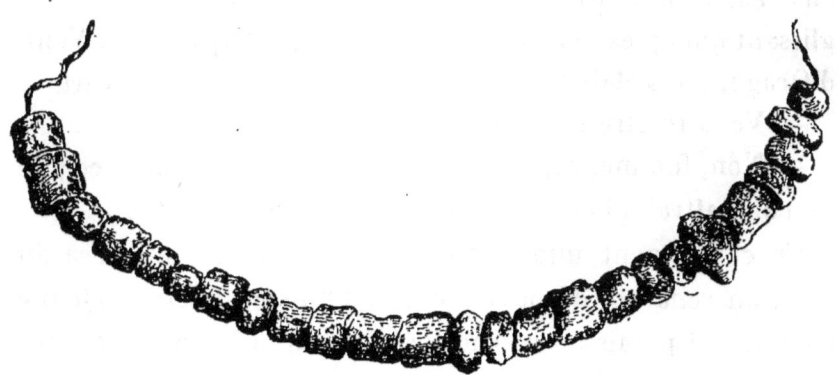

Collier en perles d'albâtre. — Musée de Saint Germain.

la hache de bronze que Chêne-Noueux avait possédés un moment et qui lui avaient coûté si cher. Grâce au respect absolu que l'on professait pour les morts, ces armes si précieuses devaient être plus en sûreté dans ce tombeau, fermé d'une simple roche, que dans une forteresse sous la garde de nombreux guerriers.

L'inhumation terminée, on appela trois fois le défunt par son nom, et la pierre fut ramenée devant l'entrée du tumulus, pendant que les pleureuses poussaient une dernière salve de lamentations et de gémissements. Enfin les cris cessèrent, et les personnages principaux de la tribu vinrent s'asseoir autour du feu pour nommer un nouveau chef. Les délibérations, intéressant la population entière, n'avaient nullement besoin d'être secrètes, et derrière les notables, qui allaient procéder à l'élection, la foule se rangea avec empressement. Un grand silence remplaça le tumulte; les torches, disposées sur le penchant du monticule, entre les pierres qui jonchaient le sol, sur des troncs d'arbres isolés, éclairaient d'une façon bizarre mais pittoresque les groupes disséminés dans la clairière.

Branche-de-Houx, son croissant à la main, paraissait fort affairée. Elle allait d'un membre du conseil à l'autre, leur glissant quelques mots tout bas. Elle s'approcha ainsi de Vent-d'Orage, qui s'était assis au second rang, un peu à l'écart:

— Veux-tu être chef? demanda-t-elle.

— Non, femme, répliqua le chasseur avec impatience; je ne combattrai plus contre la tribu de Châtaigne-d'Eau.

En ce moment une vive rumeur s'éleva sur la lisière du bois: on venait de découvrir, dans un buisson voisin, un jeune homme qui paraissait se cacher et qui, à la faveur de la nuit, essayait de se mêler à l'assemblée. On le reconnut pour appartenir à la tribu des Cormorans, et, eu égard à l'inimitié qui régnait maintenant entre les Cormorans et les Loups, on ne pouvait douter qu'il n'eût de mauvais desseins. On se jeta sur lui; le pauvre diable, qui n'était autre que Brochet-Gourmand, fut traîné avec force bourrades, huées et mauvais traitements, vers le gros de la troupe.

Il restait ahuri, terrifié, sans prononcer une parole. Le fait d'espionnage étant constant, on parlait de l'assommer sans autre forme de procès. Un vieillard proposa de nommer d'abord un chef, qui se chargerait d'interroger l'espion et déciderait de son sort. Cet avis obtint l'assentiment général; on se calma bientôt, et, tandis que Brochet-Gourmand était gardé par deux hommes de la tribu, on procéda à l'élection.

Vent-d'Orage n'avait perdu aucun détail de cette scène. Il connaissait fort bien le prisonnier, qui, pendant qu'on le tiraillait en tout sens, avait jeté sur lui un regard suppliant. S'approchant de Branche-de-Houx, qui continuait ses intrigues dans l'assemblée, il lui dit à voix basse :

— Mère, j'accepte... Fais-moi chef, et tu ne t'en repentiras pas.

L'élection eut lieu sans longs discours, de la manière la plus simple du monde. Les électeurs votèrent tout haut, et chacun des assistants put compter les suffrages. Branche-de-Houx avait si bien manœuvré que Vent-d'Orage fut nommé presque à l'unanimité. Il n'y eut aucune cérémonie d'investiture ; le plus âgé des conseillers dit à l'élu : « Sois notre chef, » et ce fut tout. Vent-d'Orage, de son côté, n'eut pas besoin de faire un discours de remerciements et d'exposer sa politique. Il répondit tranquillement : « C'est bien », et le conseil fut rompu. Vent-d'Orage était le chef légitime de la tribu des Loups.

Dès que rien ne manqua plus à sa nomination, il se redressa.

— Les gens de la tribu peuvent rentrer au village, dit-il ; je vais questionner l'espion.

Bien que l'autorité d'un chef de peuplade fût loin d'être absolue, la plupart des assistants obéirent et s'engagèrent en longue file dans le sentier du bois. Vent-d'Orage était demeuré debout près du feu, d'où s'exhalait encore une odeur de graisse et d'os brûlés, et il commanda de lui amener le prisonnier. Branche-de-Houx dit doucereusement :

— Chef, ne permets-tu pas que je t'assiste ? J'ai de l'expérience ; je démêlerai les mensonges et les artifices dont nos ennemis savent faire usage. Tu es fort et vaillant, mais jeune et facile à tromper.

— Brochet-Gourmand, répliqua sèchement le nouveau

chef, est plus jeune et plus facile à tromper que moi... Va-t'en, femme ; j'agirai selon ma volonté.

La prêtresse lui jeta un regard où il y avait de la colère et de l'étonnement. Après avoir exercé tant d'influence sur Chêne-Noueux, peut-être avait-elle espéré en exercer une plus grande sur un chef moins âgé, qui lui devrait son élévation ; et voilà que, dès les premiers pas, on lui manifestait une indépendance de mauvais augure pour l'avenir.

Cependant elle n'osa insister, et, se retirant un peu à l'écart, elle se mit à chuchoter avec les guerriers qui avaient mission de veiller sur Brochet-Gourmand.

On n'a pas oublié que le prisonnier était un de ces « jeunes hommes » que les chefs de tribu gardaient auprès d'eux, et qu'ils employaient à certains services publics ou à la défense commune. Il avait rempli des fonctions de ce genre à la cité lacustre, et ce n'était pas sans raison que Vent-d'Orage se croyait supérieur à lui par l'intelligence, car Brochet-Gourmand, quoique très dévoué à Orfraie et à sa famille, passait pour être d'un esprit assez obtus.

— Brochet-Gourmand, demanda-t-il avec sévérité, que viens-tu faire ici? Je suis maintenant le chef des Loups ; tu as contre nous des projets criminels.

Brochet-Gourmand balbutia quelques paroles inintelligibles, qui pouvaient être des protestations d'innocence.

— Réponds-moi, interrompit rudement Vent-d'Orage ; n'es-tu pas venu en cachette pour t'assurer de ce qu'on dit et de ce que l'on fait dans ma tribu?

— Non, répliqua Brochet-Gourmand.

— Alors que veux-tu et qui t'a envoyé?

— Je... je ne peux le dire.

Vent-d'Orage saisit la hache suspendue à sa ceinture, et la leva sur la tête du malheureux prisonnier, qui murmura épouvanté :

— Non, non, ne me tue pas !
— Qui t'a envoyé ?

Brochet-Gourmand chercha dans son esprit, peu fertile en

Brochet-Gourmand.

ressources, un mensonge tant soit peu plausible ; n'en trouvant pas, il se décida à dire la vérité.

— C'est Châtaigne-d'Eau, la fille d'Orfraie.

Vent-d'Orage, à son tour, manifesta une vive émotion et il rabaissa sa hache.

— Châtaigne-d'Eau! répéta-t-il; de quel message t'a-t-elle chargé pour moi?

— D'aucun..... Écoute : Là-bas, chez les Castors, les uns disaient qu'elle t'avait tué, les autres que tu étais vivant. Elle, ne savait rien et avait grand désir de savoir. Ce soir, comme j'allais monter dans la pirogue de Nuage-Blanc, elle est venue à moi et m'a dit : « Brochet-Gourmand, quand la nuit commencera à tomber, tu te glisseras, sans qu'on te voie, jusqu'à la cité des Loups et tu t'assureras si Vent-d'Orage est mort ou vivant, puis tu viendras m'avertir. » J'obéis toujours à Châtaigne-d'Eau et je suis parti. J'allais essayer de pénétrer dans la cité des Loups, lorsque toute la tribu s'est dirigée de ce côté. J'ai suivi de loin le convoi de Chêne-Noueux et je m'étais blotti dans un buisson pour essayer de t'apercevoir; mais on m'a découvert.

Ce récit naïf avait le caractère de la sincérité.

— Ainsi, dit Vent-d'Orage tout joyeux, la fille d'Orfraie s'inquiète encore de moi! Elle regrette peut-être de m'avoir blessé?

Brochet-Gourmand n'était pas en mesure de répondre à cette question qui, du reste, ne s'adressait pas à lui. Vent-d'Orage reprit brusquement :

— Que se passe-t-il à la cité des Castors?

Le soi-disant espion n'eut pas l'air de soupçonner que c'était le secret de sa propre tribu qu'on lui demandait, et il répondit avec sa candeur habituelle :

— Pied-Léger a été nommé chef des Cormorans en remplacement d'Orfraie, et il a fait alliance avec Nuage-Blanc, le chef des Castors. L'un et l'autre se disposent à venir attaquer les Loups et à brûler leur cité, comme les Loups ont brûlé la cité des Cormorans.

— C'est bien; tu es libre de partir, mais à la condition que tu te chargeras d'un message pour Châtaigne-d'Eau.

— Quel est-il?

Vent-d'Orage lui donna certaines instructions, les lui fit répéter plusieurs fois, afin d'être sûr qu'il ne les oublierait pas, et ils se levèrent tous les deux. Les jeunes compagnons du chef et Branche-de-Houx, voyant la conférence rompue, crurent que le moment de massacrer l'espion était arrivé et s'élancèrent vers lui. Vent-d'Orage les arrêta du geste :

— Laissez-le aller, dit-il ; je sais ce qu'il importe de savoir.

Brochet-Gourmand n'en attendit pas davantage et, partant de toute sa vitesse, ne tarda pas à disparaître dans la forêt.

Les « jeunes hommes » avaient obéi sans réflexion à l'ordre donné ; cependant Branche-de-Houx observait Vent-d'Orage d'un air soupçonneux, et murmurait :

— Une belle fille peut troubler la raison d'un jeune chef... Si celui-ci trahit la tribu des Loups, malheur à lui !

VII

LA CITÉ DES CASTORS

Racontons d'abord ce qu'il advint de Brochet-Gourmand.

Le malencontreux messager de Châtaigne-d'Eau, en quittant Vent-d'Orage, s'était, comme nous l'avons dit, jeté dans la forêt, très content d'échapper à une mort qu'il avait crue certaine. Il n'existait à cette époque aucun sentiment chevaleresque et, en eût-il existé, Brochet-Gourmand était incapable d'en éprouver. Aussi ne rougit-il pas de courir à toutes jambes dans l'obscurité, traversant les buissons épineux au détriment de son corps demi-nu, franchissant les fondrières, uniquement occupé de mettre le plus de distance possible entre lui et ses ennemis.

Bientôt il cessa d'entendre le bruit sourd que faisaient les gens de la tribu en regagnant leur village. Un peu rassuré, il s'arrêta afin de respirer et de s'orienter.

En quelques minutes il eut repris haleine. Par malheur, dans sa fuite rapide, il avait tourné plusieurs fois sur lui-même pour éviter des obstacles infranchissables, et il avait quitté le sentier capricieux qui servait de communication entre les lieux habités. En plein jour, il n'eût pas manqué de distinguer mille points de repère, qui lui eussent permis de se diriger avec certitude ; mais à cette heure de nuit, sous cette voûte de feuillage, il lui devenait fort difficile de reconnaître sa route. Après une courte réflexion, le jeune homme, guidé par la finesse de ses sens et par l'instinct particulier du sauvage, choisit une direction où il comptait retrouver le lac, et marcha résolument de ce côté.

Il avança ainsi quelques instants et continuait de se croire dans la bonne voie, quand certaines particularités réclamèrent son attention. A droite et à gauche, devant et derrière lui, s'élevaient par intervalles des hurlements sinistres, en

Brochet-Gourmand poursuivi par les loups.

même temps que se produisait dans les broussailles un froissement continuel et que çà et là des yeux étincelants brillaient au milieu des fougères.

Les animaux féroces, nous le répétons, n'étaient alors ni aussi nombreux ni aussi terribles que dans la période antérieure. Les chats-géants, les mammouths, les ours et les hyènes des cavernes, avaient disparu de la surface de la terre. L'ours, encore assez commun, ne différait pas de l'ours brun actuel. En revanche, les loups étaient toujours très multipliés dans les forêts, et, la nuit, ils formaient, comme autrefois, des bandes considérables, qui pouvaient mettre en danger le chasseur et le voyageur isolé.

Brochet-Gourmand n'avait donc aucune illusion à se faire sur la nature et la signification de ces bruits. Ses armes lui ayant été enlevées par les jeunes gens de Vent-d'Orage, il ne lui restait pour se défendre qu'un couteau de silex caché dans sa ceinture. Cependant il ne s'effrayait guère de cette poursuite; il songeait que, si les bêtes féroces venaient à le serrer de trop près, il aurait la ressource de grimper sur un arbre pour attendre le jour, au risque de s'acquitter tardivement de son message qui était pourtant du genre le plus pressant.

Aussi continua-t-il d'avancer sans crainte du côté où devait se trouver la cité lacustre des Castors. La bande aux yeux de feu s'enhardissait de plus en plus. On pouvait même croire qu'une cause particulière attirait ces lâches et sanguinaires animaux dans cette partie du bois; car, très loin en avant, sur un point où la présence du jeune homme égaré ne pouvait avoir été éventée encore, un concert de hurlements trahissait une bande plus nombreuse peut-être que celle qui était à ses trousses.

D'ailleurs aucun signe n'annonçait qu'il approchât de la cité. Tout haletant, il s'arrêta de nouveau pour respirer, et il était serré de si près que plusieurs de ses terribles ennemis, emportés par leur élan, effleurèrent en passant sa jambe nue. Afin de les tenir à distance, il poussa un de ces cris perçants qui effrayent, dit-on, les animaux les plus redoutables; puis il essaya de réfléchir à sa position.

Elle n'était pas gaie; les loups formaient une circonférence dont il occupait le centre; les yeux qui continuaient de briller dans l'ombre, les hurlements impatients, témoignaient qu'il y avait nécessité de prendre bien vite un parti. Aussi Brochet-Gourmand revenait-il à son idée de chercher asile dans un arbre, quand son odorat, fin comme celui d'un peau-rouge moderne, lui fit percevoir une sensation qui eût échappé aux organes d'un homme civilisé.

— Je sens l'odeur de l'eau et celle de la fumée, murmura-t-il ; je ne suis pas loin du lac et de la cité des Castors.

Cette certitude lui rendit vigueur et courage ; ayant poussé encore une fois des cris aigus pour écarter les loups, il se remit en marche, guidé par l'odeur de marécage et de fumée qui devenait de plus en plus nette.

Ses efforts ne tardèrent pas à recevoir leur récompense. Il atteignit enfin les limites de la forêt et déboucha dans une plaine où brillait le lac, comme un miroir d'argent, à la clarté sereine des étoiles.

Mais, dès le premier coup d'œil, Brochet-Gourmand reconnut qu'il s'était trompé de direction. C'était bien le lac, si familier à son regard, qui s'étendait devant lui ; seulement, au lieu d'arriver à la cité des Castors, il arrivait à la cité des Cormorans, ou plutôt à la place où elle avait été. Il ne pouvait en douter ; car, quoique les constructions de ce village, naguère si florissant, eussent complètement disparu, les débris de la plate-forme et les pilotis qui émergeaient de l'eau brûlaient encore. C'étaient d'eux que s'exhalait cette fumée répandue au loin dans l'atmosphère.

Les âmes n'étaient pas tendres à cet âge de l'humanité, et les sentiments doux avaient peu de prise sur cette génération barbare. Cependant, lorsque Brochet-Gourmand promena son regard sur la partie du lac où il était habitué à voir les demeures de ses pères, la cabane où il était né lui-même, et lorsqu'il ne vit plus que des piquets carbonisés contre lesquels clapotaient les vagues, il éprouva un horrible serrement de cœur et fut sur le point de répandre des larmes.

La plaine ne présentait pas un spectacle moins attristant. Les cultures avaient été ravagées, foulées aux pieds; les palissades des parcs destinés aux bestiaux avaient été renversées; les haches de silex s'étaient acharnées contre les arbres fruitiers. On avait égorgé les bestiaux, dont les corps abandonnés sur le sol, ainsi que les cadavres des malheureux tués dans le combat, attiraient cette foule de loups qu'on entendait de loin et que l'on voyait confusément grouiller dans l'ombre. C'était déjà, à cette époque reculée, la guerre d'extermination, la guerre de pillage, de vols et d'assassinats, ne laissant derrière elle que la dévastation et les ruines.

Toutefois cette scène lugubre ne pouvait captiver longtemps l'attention de Brochet-Gourmand. En raison de l'erreur qu'il avait commise, il lui restait une grande lieue à faire pour atteindre la cité des Castors, de l'autre côté du lac, et il reprit sa marche en suivant les bords de l'eau.

A mesure qu'il avançait, les traces du massacre devenaient plus visibles. La terre était jonchée d'ossements, encore rouges, que se disputaient des bêtes acharnées. Ayant ramassé un bâton qui s'était trouvé par hasard sous ses pas, il s'en servait pour écarter les loups. D'abord ils lui avaient cédé passage et avaient quitté, non sans donner des signes de mauvaise humeur, leur festin de cadavres. Mais de moment en moment ils se montraient plus nombreux, plus effrontés; ce n'était qu'en poussant de grands cris, en agitant son bâton, que le jeune homme les décidait à s'écarter un peu de sa route. Toutefois, tant qu'il serait debout, tant qu'il les regarderait en face, il savait n'avoir pas à craindre d'attaque sérieuse, et il poursuivait son chemin, non sans se retourner de temps en temps afin de surveiller ceux qui étaient derrière lui.

Il atteignit ainsi la place où avait eu lieu le combat, devant les débris presque consumés du pont. En cet endroit les loups formaient une masse noire, turbulente, d'où s'échappaient des grondements continuels. Brochet-Gourmand brandit encore son bâton pour les obliger à fuir ; comme ils s'éloignaient très lentement et avec une hésitation visible, il regarda à ses pieds pour chercher la cause de cette résistance. A la clarté de la lune qui venait de se lever, il aperçut un corps humain déjà presque réduit à l'état de squelette et dont les lambeaux étaient épars dans une fange sanglante. Ce corps était méconnaissable, mais certains détails du costume et surtout une épaisse chevelure grise ne permettaient aucun doute : c'était celui d'Orfraie.

Brochet-Gourmand ne put contempler sans un trouble

Cuvette-polissoir (1/6 de grandeur naturelle).
Musée de Saint-Germain.

extrême ces misérables restes. Oubliant sa propre situation, il se pencha sur le cadavre et dit avec attendrissement :

— Orfraie ! Orfraie !

Ce tribut de douleur payé à son ancien chef, il voulut se redresser et se remettre en marche ; il n'en eut pas le temps.

Un hurlement isolé, formidable, partit à quelque distance comme un signal, et un loup de taille prodigieuse, s'élançant sur lui par derrière, essaya de le saisir à la nuque. Aussitôt tous les autres bondirent, et Brochet-Gourmand disparut sous une meute de bêtes acharnées.

Il était plein de vigueur, et la grandeur du péril quadruplait ses forces. Aussi réussit-il à se relever, malgré d'horribles blessures, malgré le poids énorme qui l'écrasait; il criait, il agitait son bâton dans le vide ; néanmoins il fut terrassé de nouveau et se roula avec ses fauves adversaires sur le gravier du rivage.

Deux fois il se releva ainsi, entraînant une grappe de loups, rugissant comme eux, mordant comme eux et se tordant de douleur. A la troisième, ses forces le trahirent, ses cris s'éteignirent insensiblement, ses mouvements ne furent plus que des palpitations, et la troupe de hideux quadrupèdes finit par le recouvrir tout entier comme un drap mortuaire. Au bout de quelques minutes, on n'entendit plus que des os qui craquaient, puis des hurlements de plaisir et de triomphe.

La cité lacustre des Castors qui devait son nom à d'anciens travaux de castors [1] dont elle avait pris la place, était en tout semblable à celle des Cormorans, qui venait d'être détruite par l'incendie. Située dans une crique du même lac, elle se composait aussi de plusieurs centaines de huttes qu'une passerelle reliait au rivage.

C'était dans cette cité, comme nous le savons, qu'avaient trouvé asile les restes de la tribu des Cormorans, et il y régnait une extrême activité pendant la matinée du lendemain. On se préparait à la guerre. Les bestiaux que possédait la peuplade avaient été retirés des enclos, et tandis qu'on allait en cacher une partie dans les bois, l'autre était amenée à la cité. Les massives et lourdes pirogues, creusées au moyen du feu, avaient été attachées aux pilotis de la plate-forme, hors de la portée de l'ennemi. On n'avait pas enlevé la passerelle, opération qui pouvait, du reste, se faire en quelques instants;

---

1. Le castor était commun dans toute l'Europe à l'âge de la pierre.

mais un fort parti des « jeunes hommes » de la tribu gardait, l'arc à la main, l'entrée du pont. Enfin des enfants vigilants et alertes, postés dans le bois voisin, se tenaient prêts à donner l'alarme en cas de péril.

Dans la cité même, les préparatifs belliqueux se poursuivaient avec la même activité. Devant les portes, dans l'intérieur des huttes, on voyait des guerriers occupés de diverses besognes. Chacun, à cette époque reculée, était son propre armurier. Celui-ci, maniant un de ces gros cailloux appelés « percuteurs », taillait dans un *nucleus* de silex les éclats tranchants dont il devait garnir son casse-tête ou son javelot. Un autre, penché sur une dalle de grès formant cuvette, polissait par le frottement sa hache de pierre que l'usage avait ébréchée[1]. Un autre encore changeait la corde à boyau de son arc, ou mettait à ses flèches une pointe en os ou en silex qu'il fixait avec un nerf de bœuf trempé dans du bitume. Plusieurs enfin choisissaient dans les pierres, rondes et polies, que les enfants apportaient en abondance, celles qui convenaient le mieux pour être lancées au moyen de la fronde.

Comme ils se livraient à ces occupations, un homme fut signalé sur la lisière des bois, en face de la cité. Aussitôt les gardiens du pont et les sentinelles du rivage devinrent attentifs ; on saisit les lances, les arcs se tendirent ; tous les yeux étaient fixés sur le même point. L'homme, s'étant dégagé des broussailles, s'avança sur la grève.

— C'est Défense-de-Sanglier ! s'écria-t-on.

Les démonstrations menaçantes cessèrent : on avait reconnu un ami.

Défense-de-Sanglier était, en effet, un jeune homme de la tribu des Castors, envoyé le matin à la station terrestre.

---

1. Une de ces cuvettes en grès, qui servaient de *polissoirs*, a été trouvée en 1860 à la Varenne-Saint-Hilaire, près Paris, par M. Leguay.

Dès qu'il atteignit l'entrée du pont, on se pressa autour de lui pour avoir des nouvelles.

— Que font les Loups? demanda un des assistants; viennent-ils nous attaquer?

— Non, répliqua Défense-de-Sanglier; ils vaquent à leurs travaux habituels. Je suis resté longtemps sur un arbre, d'où je voyais tout ce qui se passait dans leur village; ils ne paraissent pas songer à l'attaque.

— Et Brochet-Gourmand, demanda un second interlocuteur, qu'est-il devenu?

— J'ai questionné sur son compte un pâtre que j'ai rencontré près du grand dolmen et qui ne me connaissait pas. Il m'a dit qu'un jeune homme des Cormorans avait été pris, hier au soir, pendant les funérailles de Chêne-Noueux, et sans doute tué par Vent-d'Orage, le chef actuel de la tribu.

Des cris de douleur accueillirent ce rapport, un peu contraire à la vérité, comme nous savons, quoique la mort de Brochet-Gourmand fût bien réelle. Mais Défense-de-Sanglier ne jugea pas à propos de répondre davantage aux questions dont on l'accablait, et il franchit le pont en courant, afin d'aller rendre compte aux chefs du résultat de sa mission.

La demeure de Nuage-Blanc, le chef des Castors, se composait de plusieurs huttes en branchages, de forme ronde, ouvertes par le sommet, qui ne différaient en rien des habitations voisines. Dans l'espace compris entre elles, étaient assis par terre certains personnages vers lesquels s'avança Défense-de-Sanglier.

Là, outre plusieurs vieillards qui jouaient un rôle important dans le conseil des Castors, se trouvaient Nuage-Blanc et sa famille, Pied-Léger, maintenant chef des Cormorans, et enfin Fleur-de-Fraisier et Châtaigne-d'Eau, filles du chef défunt. Nuage-Blanc était un homme d'une quarantaine d'années, à figure sensuelle, qui devait son nom à ses cheveux et à sa barbe d'un blond filasse. Quoiqu'il eût embrassé la cause de ses voisins, auxquels il avait donné l'hospitalité, il passait pour n'être ni généreux ni hospitalier. Mais Pied-Léger, comprenant la nécessité de créer des alliés aux malheureux restes de sa tribu, avait offert au chef des Castors sa dernière hache de bronze, et Nuage-Blanc, avide comme ses pareils, s'était répandu, dans les premiers transports de sa joie, en protestations d'amitié. A côté de lui se tenait sa femme, puissante matrone fort tourmentée par trois ou quatre enfants indisciplinés qui rôdaient autour d'elle, tandis que le plus jeune était encore suspendu à son sein. Fleur-de-Fraisier et Châtaigne-d'Eau cousaient, avec des aiguilles d'os, des vêtements de peaux destinés à leur hôte, et telle était la sim-

Pirogue creusée dans un tronc d'arbre.
Musée de Saint-Germain.

plicité des mœurs, qu'elles ne paraissaient nullement humiliées par la trivialité de cet ouvrage.

Tout ce monde, en travaillant et en causant, grignotait des glands, des faînes et des noisettes contenus dans une corbeille qui était au milieu du cercle, car cette race goulue ne pouvait passer sans manger deux heures consécutives.

Défense-de-Sanglier exposa aux chefs et à l'assemblée comment les Loups paraissaient fort tranquilles dans leur forteresse et comment Brochet-Gourmand avait été tué, à ce que l'on supposait, par Vent-d'Orage, le successeur de Chêne-Noueux. Ce meurtre excita encore la douleur et la colère.

— Tu le vois, chef des Castors, dit Pied-Léger indigné, la paix est impossible avec cette méchante tribu. J'avais espéré jusqu'ici... Vent-d'Orage est décidément notre ennemi mortel.

— Nous lui ferons la guerre, répliqua Nuage-Blanc avec une tiédeur visible ; laisse aux Castors et aux Cormorans le temps de s'apprêter... Nous n'avons pas encore assez de lances, de flèches et de javelots.

Et il se mit à mâcher un gland à grand bruit.

Châtaigne-d'Eau avait écouté attentivement le récit de l'éclaireur.

— Ainsi, dit-elle avec explosion, *il* est vivant, *il* est chef de sa tribu... et *il* a tué le serviteur de mon père !

Elle tomba dans une morne rêverie.

Comme l'on continuait à s'entretenir des derniers événements, une pirogue apparut au loin et se dirigea vers la cité lacustre. Bientôt il fut facile de reconnaître qu'elle était montée par deux hommes qui ramaient. Au fond du bateau, sous une peau de bœuf, on entrevoyait un objet assez volumineux, dont il n'était pas possible de distinguer la nature ; mais un essaim de mouches tourbillonnait au-dessus en bourdonnant. La pirogue glissait sur les eaux clapoteuses, dans un éblouissant rayon de soleil, et elle manœuvra pour accoster un escalier en bois qui servait de débarcadère à la cité.

Son approche sembla vivement impressionner les assistants et ils se mirent à la suivre des yeux avec un mélange de curiosité et de tristesse. Elle avait été envoyée, le matin même, vers la cité détruite, et l'on savait qu'elle rapportait les restes de ceux qui avaient péri dans le combat.

Quand elle vint s'arrêter au bas des degrés, tout le monde se leva, et l'on s'approcha de la partie de la plate-forme où le débarquement allait s'opérer ; en même temps, de chaque hutte sortaient des spectateurs empressés. Fleur-de-Fraisier, pâle et tremblante, s'appuyait sur l'épaule de son mari ; Châtaigne-d'Eau, au contraire, marchait d'un pas ferme et rapide.

La barque fut saluée par une clameur lamentable de toutes les personnes présentes. Ce n'était là que la formalité d'usage, un signe de deuil banal; mais Nuage-Blanc, soit curiosité, soit brutalité stupide, ayant écarté la peau de bœuf, un cri d'horreur bien sincère et bien franc cette fois, s'échappa de toutes les bouches.

On avait sous les yeux un amas de débris hideux, sanglants, qui ne conservaient plus forme humaine. Les bêtes féroces avaient bien fait leur office; ces misérables ossements gardaient à peine quelques lambeaux de chair. Membres et têtes étaient confondus; on n'eût pu distinguer les restes d'Orfraie de ceux de Brochet-Gourmand ou de tout autre guerrier tué dans la bataille. Une odeur épouvantable s'exhalait de ces os à demi putréfiés, et des millions de mouches continuaient de bourdonner furieuses alentour.

Nuage-Blanc, malgré sa dureté de cœur, détourna les yeux de ce tableau; il allait rabattre le cuir de bœuf et donner l'ordre de transporter ces débris à une caverne des environs où la tribu enfermait ses morts, selon l'ancienne coutume, quand Châtaigne-d'Eau s'avança sur le bord de la plate-forme, et, le bras étendu vers la lugubre pirogue, s'écria d'un ton inspiré :

— Hommes de la tribu des Castors et des Cormorans, qu'attendez-vous pour nous venger? Chêne-Noueux, après avoir tué mon père et brûlé notre cité, est mort à son tour et on l'a porté au dolmen avec les présents de ses amis, avec des provisions de toutes sortes; à ses côtés sont les armes de bronze d'Orfraie. Son âme est réjouie; elle arrivera fière et heureuse au pays du monde inconnu. Pendant ce temps, les corps d'Orfraie et de ses amis ont été déchirés, dispersés par les bêtes féroces; ils ne forment plus que de repoussants lambeaux; nous ne pouvons les ensevelir, selon les rites de nos pères, en leur apportant des mets délicats et des offrandes. Leurs âmes n'arriveront pas dans les régions mystérieuses; elles erreront dans les bois, sur les eaux et dans les brouillards de la nuit pour effrayer les vivants, jusqu'à ce qu'elles soient vengées... Qu'attendez-vous pour les venger?

Nous avons dit que les générations de ces temps primitifs cultivaient peu l'éloquence ; elles n'en étaient que plus impressionnables quand un sentiment vrai et chaleureux se manifestait. L'allocution de Châtaigne-d'Eau devant ces restes humains, cette allusion à certaines croyances religieuses, enfin la beauté de la jeune fille, son regard de feu, son geste imposant, tout contribuait à émouvoir ces âmes rudes, mais naïves et promptes à se passionner.

Une espèce de frisson électrique passa donc sur l'assistance, et un guerrier s'écria :

— Je veux aller combattre les Loups... Je veux venger Orfraie et les Cormorans!

— Oui, oui! s'écria l'assemblée tout d'une voix et en agitant ses armes; il faut combattre les Loups, venger Orfraie!

L'enthousiasme avait gagné même les vieillards. Seul Nuage-Blanc demeurait impassible, et l'on devinait que, malgré ses protestations, il ne se souciait pas d'attaquer des voisins nombreux et redoutables. Pied-Léger, connaissant ses craintes, profita de l'occasion pour rappeler au chef des promesses que les deux tribus paraissaient si bien disposées à seconder. Le politique Nuage-Blanc secoua la tête et répliqua d'un ton évasif:

— Rien ne presse..... Orfraie et les Cormorans seront vengés; il faut laisser le temps de faire beaucoup de flèches, beaucoup de lances..... Qui s'inquiète des paroles d'une femme?

Peut-être l'enthousiasme de la foule allait-il échouer contre ce mauvais vouloir; un secours vint d'où l'on n'en attendait guère.

La femme de Nuage-Blanc, son enfant dans les bras, s'était approchée, comme les autres, pour assister à l'arrivée de la pirogue. En entendant son mari s'exprimer avec tant de dédain sur le compte de son sexe, elle s'écria d'un ton acariâtre:

— La femme est la compagne du guerrier, mais c'est au guerrier de pourvoir aux besoins de la famille. Ici tout manque : on n'a jamais de viande de cerf ou d'urus, jamais d'os à moelle et de cervelles pour faire festin. Il n'y a pas de peaux pour habiller les enfants, pas de bois de cerf et de cornes de bœuf pour fabriquer des ustensiles de ménage. Tout cela se trouve en abondance chez les Loups, qui sont d'habiles chasseurs ; seulement, pour conquérir ces richesses, il faut le vouloir!

Cette hardiesse féminine causa un certain étonnement, car elle n'était pas sans doute dans les habitudes. Nuage-Blanc ne manifesta pourtant pas l'indignation qu'on pouvait redouter.

— Ah! ah! dit-il du ton d'un mari fait de longue date au franc-parler de sa moitié, nous manquons de peaux pour nous habiller, de matériaux pour les outils de ménage?...

— Oui, et les Loups en possèdent, s'écria la mère de famille en présentant le sein à son enfant; aussi faut-il les tuer jusqu'au dernier, les piller et m'apporter le butin.

Châtaigne-d'Eau, mue par des motifs différents, reprit avec énergie :

— Pourquoi tarde-t-on à attaquer cette odieuse tribu? Le moment est favorable; elle ne croit pas, dans son orgueil, que nous soyons assez audacieux pour l'assaillir. Ses haches ne sont pas affilées, son pont n'est pas gardé. Vent-d'Orage, son nouveau chef, est un lâche qui ne sait qu'égorger les vieillards... Chefs, et vous, guerriers, prenez vos arcs, vos frondes et vos lances..... Partons, partons à l'instant, car, moi aussi, je veux combattre cette tribu exécrable qui a tué Orfraie.

Elle arracha des mains d'un « jeune homme » qui se trouvait près d'elle un épieu à pointe acérée et le brandit au-dessus de sa tête.

Cette action détermina dans la foule une exaltation farouche.

— La fille d'Orfraie a raison, cria-t-on de toutes parts ; nous surprendrons cette tribu scélérate qui a détruit la cité des Cormorans... Nous l'exterminerons, nous rapporterons de la viande d'aurochs, des peaux, des cornes de bœuf et des bois de cerf.

Comme Nuage-Blanc hésitait encore, sa femme lui dit à voix basse, avec un accent d'impatience, quelques mots qui le décidèrent.

— Partons donc, reprit-il, puisque l'on manque de tant de choses à la hutte !

Et il se disposa au départ.

Châtaigne-d'Eau et Fleur-de-Fraisier étaient restées sur le bord de la plate-forme, pendant que la pirogue funéraire s'éloignait de nouveau et se dirigeait vers la caverne, située à peu de distance du lac. Pied-Léger voulut faire rentrer les deux sœurs ; la cadette obéit, l'aînée le repoussa.

— Ne sais-tu pas, dit-elle, que j'ai promis d'assister à la bataille ? Tu verras si le sang versé me fait peur !

Déjà les guerriers, Castors et Cormorans, se précipitaient vers la passerelle, et Châtaigne-d'Eau, les cheveux épars, l'œil enflammé, s'élança en avant, son épieu à la main.

VIII

L'ASSAUT

La station terrestre des Loups n'était pas éloignée de la cité lacustre des Castors, et il suffisait d'une heure de marche pour y arriver. Quoique la petite armée formée par la réunion des deux tribus se composât à peine d'un millier d'hommes, elle était une force imposante pour ce temps-là. On s'avançait sans ordre aucun, et, dans la forêt où l'on venait de s'engager, il y avait seulement des sentiers fort étroits; il fallait souvent se glisser l'un derrière l'autre, à la file indienne. Du reste, on ne poussait pas un cri, on n'échangeait pas une parole. Cette expédition improvisée ne pouvait réussir que par surprise, l'ennemi étant protégé par de hauts et solides remparts; les chefs avaient donc ordonné le silence le plus absolu dans les rangs, et la consigne était observée avec tant de rigueur que l'on entendait, au fond de ces bois immenses, les cris rauques du geai ou les sifflements du merle. Des gens de la tribu des Loups, pâtres qui gardaient les troupeaux, femmes et enfants qui ramassaient des fruits sauvages, s'étant trouvés sur le chemin de la bande, on n'hésita pas à les massacrer. Un coup de casse-tête les renversait avant qu'ils eussent pu jeter un cri, et l'on cachait les corps sous un amas de feuilles sèches que les bêtes de proie devaient écarter la nuit suivante. Ces meurtres étaient accomplis sans honte et sans regrets, car, si les générations antiques affectaient un grand respect pour les morts, elles ne faisaient aucun cas de la vie humaine.

Comme l'on approchait de la cité des Loups, les deux chefs crurent prudent de s'arrêter sur les limites de la forêt. L'ordre fut donné à voix basse et courut de bouche en bouche jusqu'au bout des lignes. Chacun s'empressa de se blottir dans les buissons, tandis que Pied-Léger et Nuage-Blanc se concertaient sur le plan à suivre. D'abord il importait de s'assurer si la tribu ennemie, malgré les précautions employées, n'avait pas pris l'alarme et ne se tenait pas sur ses gardes. La guerre alors consistait surtout, comme on l'a dit déjà, en embuscades, en surprises; et Pied-Léger, ne s'en rapportant qu'à lui-même pour opérer les reconnaissances nécessaires, se coula avec précaution à travers les broussailles afin d'observer la forteresse.

Rien n'annonçait qu'on y éprouvât la moindre défiance. Le jeune chef des Cormorans avait devant lui le mur cyclopéen, avec ses grossières assises de pierres sans ciment; pas un défenseur, pas une sentinelle ne se montrait sur le couronnement du rempart. Seulement, comme on se souvient que ce rempart n'était pas terminé, quelques-uns des travailleurs habituels roulaient avec effort une énorme pierre qu'il s'agissait de mettre en place. Une sécurité égale régnait sur tous les autres points de la cité. Le pont de bois qui donnait accès dans l'enceinte n'avait pas de gardiens. Les femmes descendaient à la fontaine avec leurs cruches, selon l'ordinaire; des enfants jouaient bruyamment; quelques hommes, armés de leurs arcs, semblaient se rendre à la chasse; évidemment les Loups ne redoutaient aucune attaque, et Pied-Léger s'empressa de porter cette nouvelle à son allié Nuage-Blanc.

Afin d'assurer le succès de l'entreprise, on convint de se partager en deux bandes. La muraille inachevée présentait des aspérités nombreuses, au moyen desquelles des jeunes gens agiles et robustes, comme il y en avait beaucoup parmi les Cormorans et les Castors, pouvaient escalader facilement cette massive construction. Une moitié de la petite armée devait tenter l'assaut de ce côté, tandis que l'autre s'élancerait tout à coup sur le pont, pénétrerait dans la cité et en massacrerait les habitants.

La cité terrestre des Loups.

On se mit aussitôt en devoir d'exécuter ce projet. Après avoir choisi avec soin les jeunes gens destinés à l'assaut, on les plaça sous le commandement d'un guerrier plein d'expérience, et ils se glissèrent à travers les arbres pour gagner le pied des remparts. Nuage-Blanc, Pied-Léger et Châtaigne-d'Eau elle-même, se dirigèrent avec le reste de la troupe et en prenant les mêmes précautions, vers la passerelle.

Pendant que les Loups couraient de tels dangers, disons ce

qui se passait dans la station, en apparence si calme et si confiante.

Vent-d'Orage, le front toujours enveloppé d'un bandeau, était assis devant sa hutte. Il semblait pensif, inquiet; son regard se tournait fréquemment vers le bois, comme s'il eût attendu quelqu'un de ce côté. Autour de lui étaient plusieurs hommes notables de la tribu, âgés pour la plupart, puis la vieille Branche-de-Houx, qui tenait dans une de ses mains le croissant mystique, dans l'autre un épieu de combat.

Tout ce monde adressait à Vent-d'Orage des sollicitations et des reproches, que le chef écoutait avec impatience.

— Qu'espères-tu encore? disait la prêtresse; les Cormorans et les Castors ont fait alliance contre nous et vont sans doute nous assaillir. Toi, tu demeures dans l'inaction; ce n'est pas pour cela que les Loups t'ont nommé leur chef!

— Qu'avons-nous à craindre derrière ces solides murailles? répliqua Vent-d'Orage en haussant les épaules. J'ai chargé Brochet-Gourmand de propositions amicales pour Pied-Léger. Le nouveau chef est un homme sage; il voudra, comme moi, terminer cette querelle. J'ai compté aussi sur l'influence d'une autre personne qui, je le sais, ne persistera pas à me haïr... Patience donc! L'amitié régnera encore parmi nous. Un messager doit me l'annoncer; il viendra, j'en suis sûr... Et toutes les tribus se réuniront pour célébrer par un grand festin le rétablissement de la paix.

Un vieillard, qui avait une certaine importance parmi les Loups, dit d'un ton austère:

— Chef, la paix est bonne, mais elle est impossible avec des gens profondément irrités. Prévenons-les, en allant brûler la cité des Castors, comme nous avons brûlé celle des Cormorans.

— Ne leur laissons pas le temps de se préparer à la défense, reprit un autre guerrier; les Loups sont impatients de se mettre en campagne.

— J'attendrai le retour du messager, répondit Vent-d'Orage avec obstination.

Cette résistance exaspéra particulièrement la prêtresse.

— Chef, s'écria-t-elle, tu négliges les intérêts de ta tribu pour la fille brune d'Orfraie.

Le chef fit un geste de colère, mais il garda le silence.

Tout à coup des clameurs horribles s'élevèrent à quelque distance, mêlées aux sons de la corne. Des cris de douleur et d'effroi leur répondirent, et une épouvantable panique se manifesta. Les habitants de tout sexe et de tout âge sortaient précipitamment des huttes; ils s'élançaient dans les rues étroites, criant et se renversant les uns les autres.

Vent-d'Orage s'était dressé vivement et cherchait à reconnaître la cause du tumulte.

Branche-de-Houx et les notables de la tribu en attendaient, comme lui, l'explication dans une sorte de stupeur : l'explication ne se fit pas longtemps attendre.

Un jeune homme, hors d'haleine, l'épaule traversée par une flèche encore pendante, accourut et s'écria :

— Chef, les Cormorans et les Castors attaquent la muraille du côté de la brèche: ils ont déjà tué beaucoup de nos travailleurs.

Vent-d'Orage se disposait à courir aux murailles, quand un second messager arriva du point opposé. C'était un vieux guerrier, qui avait le visage couvert de sang.

— Chef, dit-il, les Cormorans et les Castors se sont emparés du pont à l'improviste; ils ont pénétré dans la station et massacrent tout sur leur passage.

Vent-d'Orage poussa un cri de fureur; comme il hésitait sur la direction où il devait d'abord se porter, les colères et les haines se déchaînèrent autour de lui.

— Nous sommes perdus, dit un des notables, et c'est par ta négligence, ta sottise et ta lâcheté!

— Vent-d'Orage nous a trahis! s'écria un autre.

— J'ai fait nommer ce chef indigne, dit Branche-de-Houx avec colère; c'est à moi de le punir.

Réunissant toutes ses forces, elle enfonça par derrière, entre les épaules de Vent-d'Orage, l'épieu qu'elle avait à la main. Le chef se retourna par un mouvement convulsif en emportant l'arme qui l'avait percé de part en part; il leva sa hache en silex et en déchargea un coup violent sur la tête de Branche-de-Houx; la prêtresse tomba morte, le crâne fendu.

Quant à lui, il resta debout, malgré sa blessure, et tenta d'arracher l'épieu de la plaie; mais les hommes qui l'entouraient l'attaquèrent tous à la fois, le frappant de leurs lances, de leurs casse-tête. En vain essaya-t-il de lutter; il finit par tomber à côté de sa victime.

Tandis que ceci se passait devant la hutte du chef, il n'y avait que pleurs, imprécations et massacres dans le reste du village. Les jeunes gens désignés pour l'assaut des remparts n'avaient pas eu de peine à escalader ces murailles inachevées. Les ouvriers s'étaient bien défendus, en faisant rouler sur les assaillants les matériaux qui se trouvaient à leur portée, mais les flèches et les pierres de fronde n'avaient pas tardé à les renverser ou à les mettre en fuite. D'autre part, la troupe principale, qui devait s'emparer du pont, n'avait rencontré aucune résistance. Sortant brusquement du bois à un signal convenu, elle s'était élancée sur la passerelle et avait envahi la cité. Les deux attaques avaient donc également réussi, et les vainqueurs s'avançaient de deux points différents vers le centre, sans qu'il fût possible de les arrêter.

Plusieurs guerriers Loups l'essayèrent pourtant. Quoique surpris et isolés, il n'était pas dans leur nature de se laisser paisiblement égorger. Chacun d'eux combattait sur le seuil de sa hutte, entouré de sa femme et de ses enfants, qui pleuraient, trépignaient et se jetaient aux jambes des assaillants

Dolmen.

pour les renverser. Mais que pouvaient ces efforts individuels contre tant d'ennemis? Les malheureux ne tardaient pas à tomber devant leurs demeures, souvent avec toute leur famille. Néanmoins, dans les nombreux combats qui se livraient simultanément, les Cormorans et les Castors n'avaient pas toujours l'avantage, et beaucoup d'entre eux payèrent de leur vie la victoire.

Ainsi Nuage-Blanc, poussé par l'amour du pillage, avait pénétré presque seul dans une hutte dont le propriétaire possédait en grande quantité ces peaux de bêtes, ces armes, ces bois de cerf qui constituaient alors la richesse. Il n'y avait là que des femmes qui se lamentaient, et Nuage-Blanc, sans s'inquiéter d'elles, se jeta avidement sur ce précieux butin. Mal lui en prit : tandis qu'il était chargé de dépouilles, le maître de la hutte entra subitement et, lançant avec vigueur une javeline, renversa Nuage-Blanc, qui ne pouvait ni fuir ni se défendre.

Pied-Léger se trouvait donc seul chef des deux tribus, et par son courage comme par sa prudence et sa modération, il était digne de l'autorité suprême. Il s'avançait d'un pas ferme, au milieu de quelques guerriers d'élite, étouffant la résistance partout où elle devenait sérieuse, et épargnant les vaincus. A côté de lui marchait Châtaigne-d'Eau, dont l'exaltation fiévreuse contrastait avec l'attitude grave de son beau-frère. Elle semblait enivrée de vengeance; elle avait abattu plus d'un guerrier, et son épieu était ensanglanté. Frappant sans pitié et sans crainte, elle disait de temps en temps d'un ton farouche :

— Où donc est Vent-d'Orage? Se serait-il enfui?

On atteignit ainsi un quartier de la cité où un groupe de guerriers Loups se défendaient avec désespoir : c'étaient ceux qui entouraient le jeune chef un moment auparavant et l'accusaient de trahison. Pied-Léger et son escorte s'élancèrent pour disperser cette bande, et comme Châtaigne-d'Eau s'élançait avec eux, elle trébucha contre un corps humain. Baissant les yeux, elle reconnut Vent-d'Orage.

La femme est toujours femme, même dans les moments où ses instincts semblent étouffés. Châtaigne-d'Eau, qui tout à l'heure cherchait son ancien fiancé avec un profond sentiment de haine, qui elle-même avait déjà failli le tuer, pâlit en voyant cette figure immobile, livide, aux yeux clos. Sa colère tomba, ses traits s'adoucirent. Cependant elle dit d'un ton sombre :

— Te voilà donc mort à ton tour, toi qui as tué mon père Orfraie !

Cette voix, autrefois si puissante sur le jeune chef, réveilla dans le corps, en apparence inanimé, un reste d'existence. Une sorte de frémissement parcourut les membres de Vent-d'Orage ; ses lèvres, déjà violettes, cessèrent de se contracter ; ses paupières battirent et finirent par se soulever avec effort. Il regarda la jeune fille et murmura d'une manière à peine intelligible :

— Ah ! Châtaigne-d'Eau, pourquoi n'as-tu pas écouté mes paroles de paix ?

— Comment la paix pouvait-elle revenir entre nous, quand tu as massacré mon envoyé Brochet-Gourmand ?

— Que dis-tu ? reprit le mourant qui sembla se ranimer tout à coup ; je l'ai congédié en le chargeant d'un message ainsi conçu : « La mort de Chêne-Noueux a vengé celle d'Orfraie. Que Châtaigne-d'Eau devienne la femme du chef Vent-d'Orage, et les Loups aideront les Cormorans à reconstruire la cité lacustre. De plus ils s'engagent à élever un dolmen où les Cormorans inhumeront Orfraie et ceux des leurs qui ont péri dans le combat... » Voilà ce que j'avais chargé Brochet-Gourmand de te répéter.

— Mais Brochet-Gourmand n'a pas reparu.

— Sans doute il aura été dévoré, la nuit, par les bêtes féroces en parcourant les bois.

De pareils accidents étaient très fréquents alors, et celui-ci ne semblait que trop probable. Châtaigne-d'Eau laissa échapper un cri de douleur :

— Qu'ai-je fait? dit-elle.

Vent-d'Orage, épuisé, luttait contre la mort. Cependant il ajouta, en s'arrêtant à chaque mot :

— Aujourd'hui j'attendais ta réponse... Je croyais être sûr que, toi et Pied-Léger, vous accepteriez mes propositions pacifiques... Je n'ai pas voulu permettre à la tribu de prendre

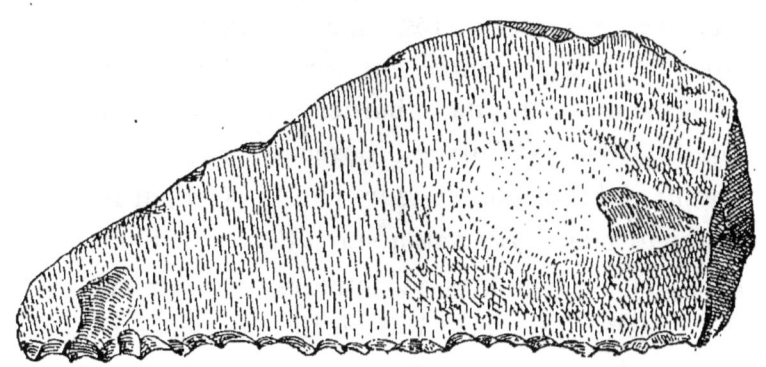

Scie en silex, musée de Saint-Germain (1/2 de grandeur naturelle).

les armes. Quand vous êtes venus nous surprendre, les Loups m'ont frappé comme traître... Tout est bien!.. Châtaigne-d'Eau, je t'aimais... J'aurais voulu vivre encore pour t'aimer.

De nouvelles convulsions secouèrent son organisation vigoureuse, dont l'âme ne se détachait qu'avec peine; puis il demeura immobile, la bouche entr'ouverte... Son dernier souffle venait de s'exhaler.

Châtaigne-d'Eau ne pouvait croire que tout fût fini. Elle dit avec naïveté :

— Moi aussi, je t'aime... Prends-moi, je t'appartiens; je te suivrai partout où tu iras.

Mais cette voix chérie, prononçant des paroles d'amour, n'opéra pas un nouveau miracle; Vent-d'Orage demeura muet et glacé. La fille d'Orfraie, s'abandonnant à son désespoir, se meurtrit la poitrine, se tordit les mains, et ses cris aigus se confondirent avec la rumeur effroyable qui s'élevait de toutes parts dans la cité. Enfin, haletante, brisée par ses transports, elle s'assit à côté de son ancien ami, et lui posant la tête sur ses genoux, elle demeura morne, silencieuse, enveloppée dans ses longs cheveux noirs qui formaient comme un voile à sa douleur.

Pendant ce temps, Pied-Léger était parvenu à réprimer les dernières velléités de résistance. Comme déjà un grand nombre de cadavres jonchaient la terre, il ordonna à ses gens de cesser le massacre, de se borner à faire prisonniers ce qui restait de la tribu. Cet ordre fut exécuté; aussi bien les Loups, comprenant l'inutilité de leurs efforts, jetaient les armes et imploraient merci. Les vainqueurs, Cormorans et Castors, les placèrent tous, hommes et femmes, enfants et vieillards, dans un vaste cercle, dont ils formaient eux-mêmes la circonférence; puis, se resserrant de plus en plus, ils poussèrent cette foule désolée vers le jeune chef.

Pied-Léger avait rejoint sa belle-sœur et la contemplait avec sympathie. Il n'était pas difficile de deviner, à l'attitude de Châtaigne-d'Eau, la cause de son accablement. Lorsque les restes infortunés de la tribu des Loups vinrent, pleurant et gémissant, invoquer la compassion de Pied-Léger, il leur dit :

— C'est la fille d'Orfraie qui décidera de votre sort.

Tous les yeux baignés de larmes, toutes les mains suppliantes se retournèrent vers Châtaigne-d'Eau, toutes les voix lui demandèrent grâce.

Elle écarta lentement ses cheveux et promena autour d'elle des regards mornes, comme si elle n'eût pas compris ce qu'on lui voulait. Déposant avec précaution par terre la tête du cadavre, elle se leva. Sa taille majestueuse, ses traits de marbre, sa pose sculpturale, ressortaient parmi ces figures féroces de guerriers, au milieu de cette multitude désespérée. Elle étendit le bras pour commander le silence et dit avec un accent solennel :

— Assez de sang a coulé... Que les haches, les flèches et les javelots cessent de chercher des victimes... Les amis d'Orfraie doivent pardonner.

Un murmure de reconnaissance courut dans la foule des vaincus. Châtaigne-d'Eau poursuivit :

— Les conditions de ce pardon seront celles que... (elle ne put parvenir à prononcer le nom de Vent-d'Orage) que votre dernier chef avait proposées lui-même. Les Loups aideront les Cormorans à reconstruire la cité lacustre qui a été détruite....

— Nous la reconstruirons, s'écrièrent un grand nombre de voix.

— De plus, continua Châtaigne-d'Eau, vous élèverez un dolmen où seront déposés les ossements d'Orfraie et de ceux qui ont péri avec lui.

— Nous élèverons le dolmen, répondirent les voix.

— Alors, que mes frères les Cormorans et les Castors vous accordent la paix !

Et Châtaigne-d'Eau se rassit, sans écouter les actions de grâce, les bénédictions dont on la comblait.

Une vive agitation suivit cet acte de clémence. Pendant que les vainqueurs se répandaient dans les huttes pour désarmer les vaincus et achever le pillage, Pied-Léger dit tout bas à sa belle-sœur :

— Malheureuse Châtaigne-d'Eau, tu aimais donc encore Vent-d'Orage ?

— Oui, répliqua-t-elle.

— Alors que vas-tu devenir ?

Elle fit un geste de farouche insouciance. En baissant machinalement les yeux, elle aperçut Branche-de-Houx, dont le cadavre avait été foulé aux pieds par les combattants. A côté de l'ancienne prêtresse de la tribu se trouvait encore le croissant mystique, qui s'était échappé de sa main mourante et

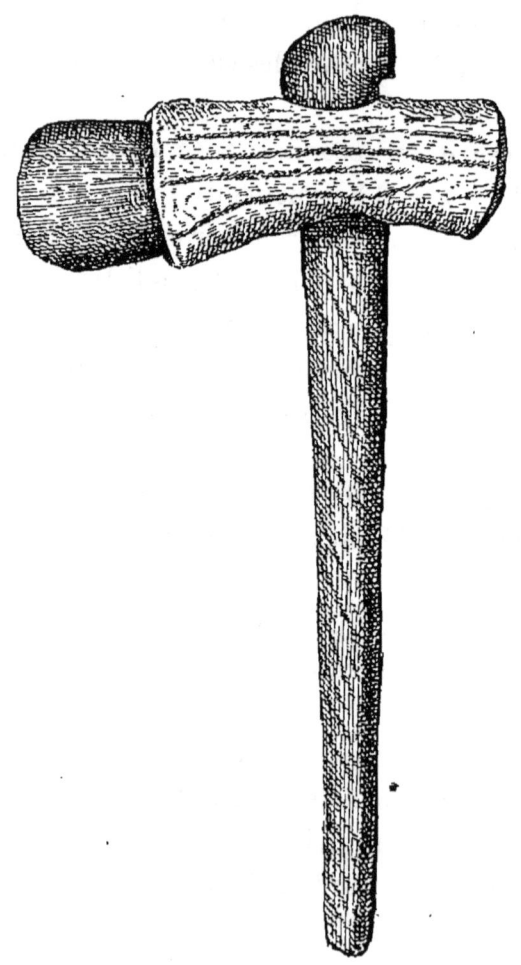

Hache en pierre polie, gaine en corne de cerf, manche en bois (1/4 de grandeur naturelle), musée de Saint-Germain.

que personne n'avait remarqué dans le tumulte de la bataille Châtaigne-d'Eau s'empara de cet emblème de la puissance surnaturelle, et, l'élevant au-dessus de sa tête, elle dit avec exaltation :

— Je ne serai jamais ni épouse ni mère... Je serai CELLE qui guérit les blessés et les malades, qui sèche les larmes des affligés, qui conseille et encourage les faibles, et surtout... CELLE qui pleure les morts !

Le traité, conclu entre les tribus victorieuses et la tribu vaincue, s'exécuta scrupuleusement. Une partie de la population des Loups dut aider les Cormorans à rétablir le village lacustre, tandis que le reste s'employait à l'érection d'un dolmen sur le bord du lac, précisément en face de la cité renaissante.

C'est ainsi, selon toute apparence, qu'ont été construits les monuments mégalithiques existant encore de nos jours et que l'on a longtemps attribués aux druides. On s'est étonné que ces antiques générations, appelées aujourd'hui *peuples à dolmens*, aient pu, sans le secours d'aucun outil de métal, d'aucune machine, d'aucune bête de somme, transporter, souvent de fort loin, et dresser des pierres immenses, aussi lourdes que notre obélisque de Louqsor. L'explication de ces prodiges est sans doute fort simple : ce fut une population esclave qui éleva tel de ces dolmens, cromlechs, menhirs, qui hérissent le sol de la France. Parfois aussi, la volonté d'un chef, l'enthousiasme religieux, les regrets que laissait après lui un mort illustre, ont pu déterminer nos pères à entreprendre ces gigantesques ouvrages ; mais, nous le répétons, tout donne à penser qu'ils ont été particulièrement exécutés par des esclaves, par des vaincus auxquels, en récompense, on faisait grâce de la vie.

Pendant plus d'une année, les malheureux restes de la tribu des Loups durent accomplir un travail herculéen. Il s'agissait de poser en carré quatre pointes de rocher et de les surmonter d'une dalle colossale pour former « la chambre funéraire »; après quoi le monument tout entier devait, sauf l'entrée, être recouvert de terre, de manière à constituer un monticule factice appelé *tumulus*. Que de peines et de souffrances pour cette tribu qui, femmes et enfants compris, ne se composait pas de plus d'un millier de personnes! Le transport de la « table » seul coûta de cruelles fatigues. Le bloc qu'on avait choisi se trouvait à plus d'un quart de lieue de l'endroit où allait s'élever le dolmen; les engins de transport consistaient uniquement en cordes de lin (le chanvre n'étant pas encore connu) et en rouleaux de bois. Toute la population dut s'atteler aux cordes pour traîner cette masse granitique; deux mois entiers furent employés à cette opération. Ensuite il fallut mettre en place l'énorme bloc, et on y parvint à force de constance et d'énergie. Mais que de pauvres gens succombèrent à l'épuisement avant que l'œuvre, entreprise avec de si faibles moyens, fût achevée!

Par bonheur la réédification de la cité lacustre ne présenta pas les mêmes difficultés. Le vent violent qui soufflait la nuit de l'incendie avait empêché, en agitant la surface du lac, que les pilotis ne fussent brûlés jusqu'au ras de l'eau. Quelques-uns seulement étaient à remplacer. L'œuvre principale consistait à rétablir la plate-forme et la passerelle; mais les pirogues ne manquaient pas pour faciliter cette entreprise, et, malgré les difficultés que l'on éprouvait alors à tailler des poutres et des madriers avec de chétifs outils de silex, la reconstruction marcha rapidement. Quant aux habitations, c'était, on s'en souvient, de frêles cabanes, faites de terre glaise et de branchages; elles furent rebâties avec une rapidité merveilleuse, à la diligence de ceux qui devaient les occuper.

Aussi ne s'étonnera-t-on pas que, un peu plus d'une année après les événements de cette histoire, la cité lacustre des Cormorans eût repris l'aspect d'autrefois, tandis qu'à deux ou trois cents pas du lac se dressait le majestueux tumulus-dolmen, dont un gazon naissant revêtait déjà les pentes.

Par une splendide journée d'été, il y eut, pour l'inauguration de ce monument, une fête à laquelle les trois tribus assistèrent. L'inauguration d'une sépulture ne pouvait être que des funérailles ; et, en effet, les ossements d'Orfraie et des gens de sa tribu tués dans le combat, furent transportés dans le nouveau dolmen avec les cérémonies ordinaires. Selon l'usage aussi, il y eut un grand festin à cette occasion ; une prodigieuse quantité de viandes, de pain primitif et de fruits sauvages, fut absorbée par la foule.

Lorsque vint le moment où chacun se dépouillait de ses objets les plus précieux pour les déposer dans la tombe, Pied-Léger présenta, en guise d'offrande, la hache de bronze qui lui avait été rendue après la mort de Nuage-Blanc. Un murmure d'admiration courut dans la foule à la vue d'un don si précieux ; mais on ne fut pas moins surpris quand les filles d'Orfraie vinrent, à leur tour, offrir aux mânes de leur père, l'une ses bracelets, l'autre ses épingles de bronze, et tout le monde jugea qu'Orfraie avait eu de magnifiques obsèques.

Dès que les derniers rites furent accomplis et que Pied-Léger se trouva seul avec Fleur-de-Fraisier et Châtaigne-d'Eau, il leur dit avec un accent de reproche :

— Femmes, pourquoi vous êtes-vous dépouillées de ces ornements, dont vous étiez si fières et que je vous avais apportés au prix de tant de fatigues et de périls ?

— Pied-Léger, répliqua Fleur-de-Fraisier, dont la taille arrondie annonçait qu'elle serait bientôt mère, que m'importent les parures ?... Quand tu m'as connue, quand tu m'as choisie, je ne les avais pas.

Pour toute réponse, son mari lui sourit avec tendresse.

Châtaigne-d'Eau, qui, toujours sombre et abattue, ne quittait plus le croissant mystique, dit en soupirant :

— Que m'importent ces parures ? Il n'est personne maintenant à qui je désire plaire !

Elle ajouta bientôt :

— Pied-Léger, n'as-tu pas dit toi-même que ces objets en métal ont une influence funeste et qu'ils portent malheur ? Les morts seuls peuvent les consacrer par leur possession.

Pied-Léger rêva un moment.

— Qu'il soit fatal ou non, répliqua-t-il, le bronze reparaîtra tôt ou tard dans nos tribus... Il se répandra et marquera l'ère d'un monde nouveau bien différent du nôtre !

Les filles d'Orfraie le regardèrent avec étonnement : elles ne comprenaient pas.

Aujourd'hui, le lac où s'élevaient les cités lacustres des Cormorans et des Castors a disparu et forme une vallée fertile où la charrue heurte parfois des restes de pilotis carbonisés. Le dolmen a été dépouillé de son manteau de terre par une longue suite de siècles; mais « la table » semble indestructible sur ses quatre massifs supports de rochers. Un antiquaire a fait pratiquer récemment des fouilles dans l'ancienne « chambre mortuaire », et il y a trouvé, outre des ossements d'hommes et d'animaux, une hache et des ornements de bronze associés à des haches et à des couteaux de silex, découverte de la plus haute importance archéologique, car elle marque la transition de l'âge de la pierre polie à l'âge des métaux.

IV

LA FONDATION DE PARIS

AGE DES MÉTAUX

I

UN FESTIN GAULOIS

Nous touchons au seuil de l'histoire, et pourtant nous ne ferons usage que très secondairement des traditions recueillies par Amédée Thierry dans Posidonius, Hérodote et César, sur les origines des Gaulois nos ancêtres. Nous donnerons toujours la première place aux faits qui nous sont fournis par la science archéologique, et nous chercherons seulement dans les traditions historiques la confirmation de ces faits. Pour nous, à la race mongoloïde, qui occupa primitivement le sol parisien au temps du mammouth et de la pierre taillée, succéda, après un nombre incalculable de siècles, une nouvelle race d'hommes qui semble, d'après ses ossements, peu différente de la race actuelle et que l'on nomme race arya ou aryenne. C'est elle que nous avons étudiée déjà dans la *Cité lacustre*. On la nomme aussi *peuple à dolmens*, comme nous l'avons dit, parce qu'elle a construit ces dolmens, tombelles, menhirs et pierres-levées, si communs encore en France et en Europe.

Maintenant, nous allons étudier la période de l'humanité caractérisée par un mode nouveau d'inhumation et par l'incinération des morts. Les tombeaux ne sont plus de même nature ; ils ne contiennent plus, comme aux époques précédentes, des corps accroupis, associés à des instruments de pierre et d'os, mais des corps brûlés en tout ou en partie, associés à des urnes en verre ou en terre, à des armes et à des ornements en bronze, en fer et même en or. Cette période comprend une partie de l'âge du bronze, ainsi que l'âge du fer ; et, grâce aux métaux, la civilisation, dont les progrès ont été si lents pendant les époques antérieures, va marcher à grands pas, jusqu'à ce qu'elle ait des fastes et une histoire.

Nous ne saurions dire combien d'années s'écoulèrent entre les événements que nous allons raconter et l'arrivée de César dans les Gaules ; mais, quand ces événements s'accomplirent, les Gaules étaient loin d'avoir la richesse et la puissance dont elles jouissaient lors de l'invasion romaine. Les migrations qui, des plateaux de l'Asie, de la Perse et de la Crimée, se précipitaient incessamment sur l'Europe, se poussant et se déplaçant les unes les autres, se décimaient par des luttes continuelles, bien que toutes paraissent avoir eu une origine commune, l'origine aryenne. Les villes étaient rares ; les populations vivaient en familles ou en tribus, livrées à la culture du sol, à l'élevage des bestiaux et à certains travaux industriels qui s'opéraient dans l'enceinte même des ménages. C'était seulement en cas d'invasion ou de guerre qu'elles se rapprochaient et se formaient en corps de nation. Du reste, des forêts immenses, des marais et des landes couvraient encore la majeure partie du sol. Les routes étaient peu nombreuses, mal percées et mal entretenues ; ce furent les Romains qui établirent ces magnifiques voies de communication, dont on découvre encore les indestructibles restes dans nos campagnes ; et n'eussent été les rivières navigables, le commerce d'échange qui semble avoir été assez actif, même dans ces temps reculés, aurait rencontré des difficultés extrêmes.

A l'époque dont nous parlons, le territoire, où devait s'élever plus tard Lutèce ou Paris, appartenait à la nation des Sénones ou Sénons [1], confinée entre la Loire et la Seine, et qui fut si longtemps la terreur de l'Italie. L'emplacement de la future capitale du monde civilisé offrait toujours l'aspect d'une profonde solitude, tandis que non loin de là, dans une des innombrables sinuosités du fleuve, une localité qui, aujourd'hui, n'est qu'une humble dépendance de la grande ville, semblait être un centre de population assez considérable. Nous voulons parler du bourg d'Argenteuil [2], situé sur la rive droite de la Seine, près de la butte d'Orgemont.

Ce n'était pas qu'Argenteuil dût, comme de nos jours, son importance au petit vin suret que l'on récolte sur ses coteaux. La culture de la vigne n'arrivait pas encore jusqu'au territoire parisien, car cette culture, au temps de César, ne dépassait pas les provinces voisines de la Méditerranée et atteignait à peine les Cévennes. Cependant, un village gaulois d'une certaine étendue existait sur l'emplacement du moderne Argenteuil, où se trouve encore un beau dolmen, à longue allée couverte. Ce dolmen, qui a été ouvert récemment et qui a fourni de nombreuses richesses archéologiques, appartenait à l'époque de la pierre polie [3]. D'ailleurs, il était déjà vieux au temps où remonte ce récit, et, depuis

---

1. Peuple de Sens et des environs.
2. Le nom d'Argenteuil a une étymologie celtique. Il vient des mots celtes *arg* et *ant* qui signifient *haut* et *fertile*.
3. Il contenait notamment des haches en silex poli, emmanchées dans leur gaine en bois de cerf, un bout de lance en silex du Grand-Pressigny, des poteries grossières, des bracelets et des colliers en coquillages et en cailloux percés, etc. Tous ces objets sont conservés au musée de Saint-Germain.

bien des siècles, la verdure se renouvelait chaque printemps sur les flancs arrondis du monticule factice.

A quelque distance, se trouvait le village, dont les huttes étaient isolées ou réunies par groupes au milieu des arbres. Elles avaient l'aspect de grandes ruches d'abeilles. Basses, rondes ou ovales, avec un toit conique percé d'un trou pour le passage de la fumée, elles étaient construites en poutres et en claies, enduites de terre glaise. Leur toiture se composait de bardeaux de chêne, sur lesquels on étendait une couche de chaume. Dans l'intérieur, on voyait au centre une large pierre où se faisait le feu; par dessous l'habitation, était une cavité souterraine, de forme ronde ou ovale, qui tenait lieu de cellier. Ces cavités existent encore dans beaucoup d'endroits en France, et on les nomme des *mardelles* [1].

Le village d'Argenteuil n'était protégé par aucune espèce de fortifications; mais, sans doute, ses habitants possédaient, soit sur la butte d'Orgemont, soit même sur la montagne appelée plus tard mont Valérien, une de ces enceintes fortifiées où les Gaulois se réfugiaient, en cas d'invasion, avec leurs familles et leurs troupeaux. Alentour, on apercevait des champs cultivés, qui s'étendaient jusqu'à la Seine; ils produisaient du blé, de l'orge, du lin, du chanvre, et étaient bordés d'arbres fruitiers. Il y avait aussi des prairies, dont les tapis verdoyants tranchaient sur le jaune d'or des moissons; mais les bœufs et les moutons, les chevaux et les ânes de la bourgade, semblaient plus habitués à vivre dans les bois, sous la garde de bergers farouches, que dans des herbages réguliers. Il ne paraît même pas qu'à cette époque reculée, il ait existé des écuries ou des étables; les animaux domestiques étaient enfermés la nuit dans des parcs en plein air. Quant aux porcs, dont la chair avait une importance considérable dans l'alimentation des Gaulois, on les lâchait en

1. Henri Martin.

pleine forêt, après, sans doute, qu'ils avaient été marqués par leurs propriétaires. Là, ils devenaient sauvages et composaient d'immenses troupeaux qui, au dire des historiens, mettaient parfois en danger les voyageurs isolés.

Bodicea.

Mais nous avons erré assez longtemps autour du village gaulois d'Argenteuil; nous allons y pénétrer avec le lecteur, afin d'observer de plus près les mœurs étranges, les usages barbares de nos ancêtres.

A l'extrémité de ce village, dans une situation pittoresque

non loin de la rivière, on voyait, à l'ombre de quelques vieux chênes, un groupe de trois ou quatre huttes. Elles appartenaient à la veuve d'un guerrier, tué dans une des escarmouches si fréquentes alors entre les diverses tribus. Cette veuve se nommait Bodicea, et elle avait une fille, âgée de dix-huit ans, d'une grande beauté. Outre les huttes qu'elle occupait avec ses esclaves et ses serviteurs, elle possédait des champs, des pâturages, des troupeaux, qui faisaient de sa fille unique la plus riche héritière du canton.

Notons un détail caractéristique. Sur la porte de chaque hutte, étaient clouées une ou plusieurs têtes humaines, décharnées par le temps et conservant à peine quelques restes de cheveux ; c'étaient celles des ennemis que le mari de Bodicea avait tués à la guerre. Outre ces horribles trophées, suspendus à l'extérieur de l'habitation, la veuve en possédait plusieurs autres, qu'elle conservait précieusement dans des coffres, têtes de chefs qui, embaumées et enduites d'huile de cèdre, devaient rappeler à la postérité la vaillance du défunt. Ces trophées étaient, en ce temps-là, comme des titres de noblesse ; pour aucun prix, les familles n'eussent consenti à s'en dessaisir.

Les crânes hideux, noircis par l'air et la pluie, qui décoraient la porte de Bodicea, ne semblaient inspirer aucun dégoût à certains convives de la veuve, le jour où commence cette histoire, et le repas avait lieu en face même de ces repoussants débris.

On était à la fin d'une journée d'été ; le soleil, semblable à un globe de fer rouge, venait de disparaître derrière le mont Valérien. Peut-être était-ce l'excès de la chaleur qui avait déterminé la veuve à faire servir le festin dans l'espèce de cour formée par les huttes, à l'abri des arbres ; toujours est-il que ce festin, malgré le petit nombre des convives, avait un air d'apparat et de solennité.

La table, ronde et très basse, était en planches de chêne grossièrement équarries. Les invités avaient pris place sur des bottes de foin ou de paille, et, à cette époque reculée, on ne semblait pas connaître d'autres sièges. La table, comme on peut croire, n'avait pas de nappe ; mais elle était surchargée de plats de bronze ou de cuivre qui contenaient des viandes fumantes, des quartiers de venaison, du mouton rôti, du porc frais ou salé. On ne faisait usage ni d'assiettes, ni de verres, ni de couteaux, ni de fourchettes. Si un convive trouvait un morceau à sa convenance, il le prenait avec la main dans le plat, le déchirait de son mieux et mordait à même, présentant ainsi les détails dégoûtants des repas à l'époque de la pierre. Quand le morceau était trop dur, les hommes le dépeçaient avec un petit couteau suspendu à la poignée de leur sabre. Une seule coupe, qu'on se passait de main en main, servait à tous les invités. On la remplissait de cette bière gauloise, appelée *cervisia*, ou bien d'hydromel. Le vin, quoiqu'il fût connu, ne pénétrait encore qu'avec une extrême difficulté dans cette partie des Gaules, et, sans doute, dame Bodicea n'avait pu s'en procurer. En revanche, les esclaves, hommes et femmes, se multipliaient pour apporter sans cesse de nouveaux plats et pour remplir la coupe banale, comme si l'on eût voulu suppléer à la grossièreté du festin par l'abondance des mets et des boissons.

Les convives, du moins ceux qui avaient été réellement priés à ce repas, semblaient être des personnages importants de la bourgade, et nous accorderons à chacun d'eux une mention particulière, après, toutefois, que nous aurons dit quelques mots de dame Bodicea, la maîtresse du logis.

La veuve avait une cinquantaine d'années, et ses traits bruns, anguleux, ne gardaient plus aucune trace de beauté ; des tresses de cheveux, grises et peu fournies, retombaient sur ses épaules aux os saillants. Elle avait pour costume une robe de laine, que serrait à la taille une ceinture ornée de plaques d'airain. Ses bras, ses jambes et ses pieds étaient nus, chargés d'une profusion d'anneaux en métal. Plusieurs colliers d'ambre jaune et de coquillages entouraient son col; de lourdes pendeloques de bronze se balançaient à ses oreilles.

Bodicea, lors de la mort de son mari, avait eu beaucoup de peine à se soustraire à la loi qui voulait que la veuve d'un Gaulois fût brûlée vive avec lui, comme autrefois les veuves indiennes, ou lapidée sur sa tombe. Certains arrangements, pris en secret avec les parents du défunt, avaient pu la soustraire à cette nécessité terrible; mais le succès de la négociation était dû surtout au crédit d'une personne, assise en ce moment auprès de la veuve, et pour laquelle Bodicea manifestait des attentions toutes particulières.

C'était un homme de quarante ans environ, à la longue barbe, à la physionomie majestueuse. Il portait une tunique de laine verte; il avait sur la tête une couronne de feuillage, qui se perdait dans sa luxuriante chevelure. A une chaîne de bronze pendait sur sa poitrine un insigne de forme ovoïde, qui inspirait aux assistants la vénération qu'inspirerait de nos jours une sainte relique à de fidèles chrétiens. Cet insigne, appelé « œuf de serpent », et qui semble avoir été une échinite ou pétrification d'oursin, passait alors pour un talisman merveilleux; on lui attribuait la vertu de faire réussir dans toutes les entreprises, d'ouvrir l'accès auprès des rois. Le personnage, porteur de « l'œuf de serpent », était l'*eubage* ou *ovate* de la tribu d'Argenteuil.

Les ovates, prêtres inférieurs du druidisme, formaient le clergé séculier de cette religion, si l'on peut s'exprimer ainsi, et étaient seuls en rapport direct avec la population, les druides, prêtres suprêmes, vivant isolément dans des retraites mystérieuses au milieu des forêts. Ils s'occupaient de la partie matérielle du culte, de la célébration des sacrifices. Ils tiraient des augures en observant le vol des oiseaux et les entrailles des victimes. Ils prédisaient l'avenir, exerçaient la médecine. En toutes circonstances, ils imposaient la volonté des druides, dont ils étaient les représentants, et rien d'important ne pouvait s'accomplir sans leur ministère.

A côté de l'ovate, avait pris place un convive, qui appartenait au troisième et dernier degré du sacerdoce druidique. Celui-là était jeune, et sa figure mobile, aux yeux vifs, expri-

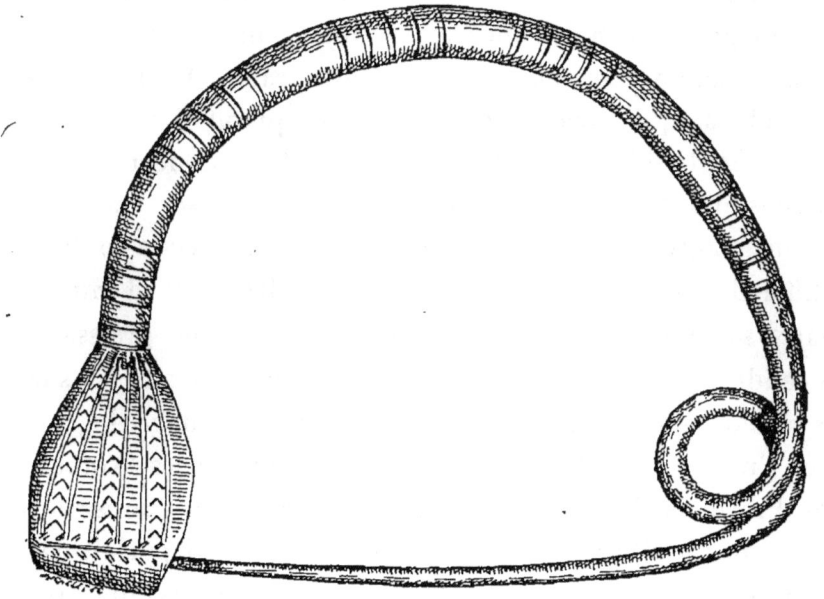

Fibule complète en bronze.

mait à certains moments toute la gaieté gauloise. Il portait une robe bleue. Au-dessus de sa tête, était accrochée à la branche d'un arbre une espèce de guitare, appelée *rotte*, dont, par intervalles, il tirait quelques accords. On a deviné un de ces *bardes* ou poètes, chargés de célébrer dans leurs chants les traditions nationales, d'animer les guerriers au combat, d'exalter leur gloire après le succès ou de les blâmer s'ils avaient failli. Les bardes jouissaient d'une liberté absolue dans leurs paroles, et, outre l'inviolabilité attachée à leur caractère, les chefs et les guerriers éminents devaient les ménager comme dispensateurs de la célébrité et de la gloire.

L'ovate et le barde, assis à la table de Bodicca, appartenaient à la race conquérante des *Kimris*, qui avait importé le druidisme dans les Gaules ; mais le troisième convive était évidemment un *Gall*, et appartenait à la migration ancienne.

Impossible de trouver un plus magnifique échantillon de cette race primitive. Le Gall, âgé de vingt à vingt-deux ans, avait une taille colossale, une force herculéenne, et son équipement guerrier faisait encore ressortir les mâles proportions de sa personne. Cependant, son visage franc et ouvert, ses yeux bleus, qui devenaient étincelants quand il s'animait, exprimaient d'habitude la simplicité et la douceur. Ses longues moustaches étaient rouges, ainsi que ses cheveux, flottant en grosses boucles sur ses épaules ; mais cette couleur artificielle était due, soit à un lessivage fréquent d'eau de chaux, soit à une pommade caustique, composée de graisse et de cendres de frêne. On eût pu remarquer sur ses bras, sur ses jambes, et même sur son visage, quelques tatouages légers, selon l'usage répandu encore aujourd'hui parmi les Arabes. Des bracelets de fer et de bronze entouraient ses bras ; un collier de coquilles cliquetait sur sa poitrine. Il portait des *braies*, sorte de pantalon, et une *saie*, espèce de casaque, qui s'attachait sous le menton par une fibule en métal ; braies et saie étaient rayées de rouge, couleur réservée aux guerriers. Il avait sur la tête un casque de bronze, surmonté de deux cornes de taureau, qui donnaient à sa physionomie un caractère barbare. Son armement consistait en un long sabre sans pointe, à un seul tranchant, enfermé dans un fourreau de bronze et soutenu par un ceinturon de cuir. De plus, il avait déposé contre un arbre, à quelques pas de lui, son *gai* ou épieu, en bois durci au feu, ainsi qu'un bouclier en bois, recouvert de peau mal tannée.

Tels étaient les invités de Bodicea ; néanmoins, l'ovate, le barde et le guerrier ne prenaient pas seuls part au festin. Derrière ces principaux convives, se tenaient debout plusieurs rangs de parasites, qui étaient venus là « conduits par la fumée », et qui, à chaque instant, avançaient le bras, pardessus la tête des invités, afin de saisir dans le plat les morceaux de leur goût. C'étaient des clients, des amis de rang inférieur, ou même de simples passants, qui, selon un usage hospitalier, partageaient ainsi la bonne chère. Ils avaient l'air, par leur attitude silencieuse et pleine de respect, de vouloir racheter leur familiarité ; mais l'ovate, dans sa dignité sacerdotale, le poète, dans sa fierté un peu pédantesque, la supportaient avec peine, tandis que le guerrier, tout en mangeant lui-même comme quatre, s'amusait fort de la voracité des parasites.

La fille unique de la veuve, la belle Mona, n'assistait pas au festin. Cette absence n'était nullement restée inaperçue des convives de Bodicea ; au contraire, elle semblait être pour eux l'objet d'une préoccupation continuelle, et leurs yeux se tournaient fréquemment vers la porte d'une hutte voisine par laquelle on s'attendait à voir paraître Mona. Il sera facile de comprendre cette préoccupation, quand nous aurons dit quel était le motif de la fête.

Les femmes gauloises jouissaient de certains privilèges et d'une certaine indépendance ; parmi ces privilèges, était le droit de choisir elles-mêmes leur mari. Lorsqu'une jeune fille arrivait à l'âge d'être mariée, ses parents réunissaient dans un grand repas tous ceux qui prétendaient à sa main. A un moment déterminé, la future épouse apparaissait portant une coupe, qui contenait de la cervoise, de l'hydromel ou du vin, et le convive auquel elle présentait cette coupe était l'époux de son choix ; il ne restait plus qu'à fixer la dot et à célébrer le mariage. C'était ainsi que, sur les bords de la

Méditerranée, un Grec voyageur, nommé Euxème, avait été choisi par Gyptis, la fille d'un chef gaulois, et avait obtenu en dot le territoire où il fonda Massilia ou Marseille.

Or, c'était pour une cause de ce genre que Bodicea donnait un festin ; l'ovate, le barde et le guerrier sollicitaient également la main de Mona. A qui la vierge gauloise allait-elle présenter la coupe ? Nul ne le savait, et voilà pourquoi les yeux se tournaient sans relâche vers la porte qui devait lui donner passage. La charmante apparition ne se montrait pas, et le regard enflammé des prétendants ne rencontrait que la tête hideuse, fétide et décharnée d'un chef carnute, clouée depuis plusieurs années à la porte ; mais ils ne perdaient pas courage, et chacun d'eux croyait avoir raison d'espérer que la belle Mona lui présenterait la coupe... A moins qu'elle ne jugeât à propos de l'offrir, comme c'était son droit, à quelqu'un de ces affamés qui se pressaient au dernier rang, ou même à l'un de ces esclaves, qui, revêtus d'une saie en écorce de bouleau, s'agitaient pour servir les invités.

II

LA COUPE

Grâce à l'espérance secrète que nourrissait chacun des prétendants de Mona, la conversation n'était pas trop languissante. Le prêtre, tout fier de sa science, de son autorité, parlait avec emphase et par sentences, s'interrompant de temps en temps pour faire des libations aux dieux ou pour observer le vol des oiseaux, qui se jouaient dans les arbres environnants, et en tirer des augures. Le barde, de son côté, prenait des airs inspirés, affectait un langage fleuri et poétique. Parfois, comme nous l'avons dit, il jouait un instant de sa rotte et chantait un morceau afin d'égayer le festin. Ses chants, comme les sentences de l'ovate, s'adressaient évidemment à une personne invisible, et l'un et l'autre comptaient, sans doute, que chants et sentences arrivaient jusqu'à elle.

Dumorix, le guerrier gall, était beaucoup moins bruyant. Il parlait peu, et seulement par interjections nettes et brèves. En revanche, il supportait avec assez d'impatience les airs hautains du druide, les éclats de voix, les gestes fiévreux, les transports lyriques du poète-musicien. Outre que Dumorix, par habitude et par tempérament, estimait plus les actes que les paroles, il ne professait pas le druidisme des Kimris, et restait attaché à l'ancienne religion, sorte de polythéisme qui adorait les grandes forces de la nature, le tonnerre, que les Galls appelaient *Tarann*, le vent d'orage, qu'ils appelaient *Kirk*, les rivières, le soleil, les astres. Ce n'était donc pas sans colère qu'il écoutait les oracles de l'ovate, les paroles sonores du barde; mais il demeurait impassible, et quand sa patience était à bout, il se remettait à manger avec un formidable appétit.

Bodicca, en hôtesse bien apprise, s'efforçait de témoigner à ses invités des attentions égales : sa sollicitude s'étendait jusque sur les parasites, qui devenaient de plus en plus nombreux, autant par curiosité peut-être que par gourmandise. Néanmoins, en dépit d'elle-même, elle laissait voir une préférence pour l'ovate, qui, de tous les prétendants de sa fille, était le plus âgé, mais aussi le plus riche et le plus élevé en dignité. Elle lui montrait le respect qu'une dévote de nos jours aurait pour un évêque, et chaque parole, sortant de la bouche du druide, lui semblait être un arrêt de la sagesse divine.

Au moment où le repas touchait à sa fin, et où, selon l'usage, on pouvait s'attendre à voir s'approcher Mona avec sa coupe, la veuve demanda à l'ovate :

— Prêtre d'Irminsul, j'ai entendu dire que Hatt, le *vergobret*[1] de ce village, est gravement malade. Hatt est plein de jours, mais les dieux ont-ils décidé qu'il passerait bientôt dans le « monde meilleur? » C'est un homme juste, un guerrier vaillant; ne pourrais-tu le rendre à la santé? Ta science est si grande! Tu es si puissant ! Rien ne résiste à ton pouvoir.

L'eubage se redressa majestueusement :

— Bodicca, répondit-il, le pouvoir des dieux seul est sans bornes, et peut-être Hatt est-il déjà condamné. J'ai consulté pour lui le vol des corbeaux, les entrailles des victimes; toujours les augures se sont trouvés des plus sinistres. Aussi, vainement ai-je posé mon « œuf de serpent » sur les lèvres du

---

1. *Vergobret*, chef.

vergobret malade, vainement lui ai-je fait prendre du selago que j'ai recueilli moi-même, selon les rites sacrés. La maladie n'a fait qu'empirer, les augures ne sont pas devenus plus propices, et Hatt ne peut manquer de passer bientôt dans « le monde meilleur ».

— Tente de nouveaux efforts, ovate, je t'en conjure, reprit la veuve avec chaleur ; le vergobret était l'ami du père de Mona... Ma fille et moi, nous serons contentes si ton pouvoir, qui commande aux éléments, rend enfin la santé et la vie au vergobret.

— Il suffit, Bodicea ; je ne veux rien refuser à tes prières, à celles de ta fille... Dès demain, je monterai sur mon char et j'irai trouver le druide vénéré de notre tribu, dans le bois « chaste » qu'il habite, à quelques milles d'ici, au milieu des chênes sacrés. Je lui demanderai un peu de la plante sainte, le gui de chêne qui, coupée avec une faucille d'or, au sixième jour de la lune, guérit toute espèce de maux. Grâce à la plante divine, Hatt reviendra à la santé.

La veuve exprima sa reconnaissance, pour les promesses un peu hasardées de l'ovate, avec une vivacité qui excita la jalousie des deux autres convives.

— Hatt est un noble chef, s'écria le poète avec son enthousiasme lyrique ; il s'est toujours montré généreux envers les bardes ; pour prix de mes chants, il m'a donné un anneau d'or et une coupe de bronze. Mes chants ont un attrait irrésistible ; plus d'une fois, la nuit, le rossignol s'est tu pour les écouter ; l'aigle, qui passe, le jour, dans les nuages élevés, cesse, en m'entendant, de pousser son cri dominateur. J'accorderai ma rotte et j'irai m'asseoir auprès de la couche du vergobret. Mes accents auront tant de vertu, par l'inspiration des dieux, que la maladie, vaincue, s'enfuira et que Hatt se relèvera plus jeune et plus fort.

Dumorix, le guerrier, ne voulut pas rester en arrière :

— Par Circius ! dit-il d'une voix rude, le vergobret Hatt est mon patron et mon ami ; j'ai juré de le suivre à la guerre, de partager ses périls, dussé-je y périr moi-même. Je percerai de mon *gaï* ceux qui lui ont jeté un sort pour le rendre malade ; je ferai manger leurs entrailles aux loups et aux vautours. S'il meurt, je suis Dumorix, le Gall, fils de Calètes ; je prendrai tous les ennemis de mon patron, le vergobret Hatt, pour les égorger devant le bûcher funèbre.

Rien ne saurait rendre l'énergie sauvage du jeune géant en prononçant ces paroles. Ses yeux lançaient des éclairs, sa moustache rousse se hérissait comme celle d'un lion en colère. Il s'était levé par un mouvement impétueux, avait saisi son gaï et son bouclier, et les frappait l'un contre l'autre d'un air de défi. Toutefois, le transport se calma aussi vite qu'il était venu. Bientôt Dumorix remit ses armes à leur place, regagna la table, et demeura les yeux baissés.

La sympathie des parasites, des servants et des esclaves qui formaient la galerie autour des convives, semblait pourtant acquise aux mâles démonstrations du Gall. L'ovate craignit que ce sentiment ne fût partagé par Bodicea ; il se hâta de dire de son ton sentencieux :

— Ni le courage d'un guerrier, ni les mélodies d'un barde ne sauraient rendre la santé au vergobret. Ce pouvoir n'appartient qu'aux dieux, qui le communiquent aux druides et aux ovates... Irminsul a parlé par ma voix à Bodicea ; demain, Hatt prendra du gui de chêne et Hatt sera guéri.

Tout le monde s'inclina respectueusement en écoutant cette promesse formelle, et la conversation avait recommencé sur nouveaux frais, quand elle cessa tout à coup. La porte de la hutte voisine s'était ouverte ; à la place de la tête hideuse et grimaçante du chef carnute, apparaissait la charmante figure de la jeune fille si impatiemment attendue.

Mona avait une taille élégante et élevée, le teint blanc,

les yeux bleus et une abondante chevelure blonde; elle était digne de cette réputation de beauté dont jouissaient alors les femmes gauloises dans le monde entier. Son costume consistait en une tunique blanche qui laissait nus, selon l'usage, ses bras et ses jambes. Un voile de lin, le voile des vierges, re-

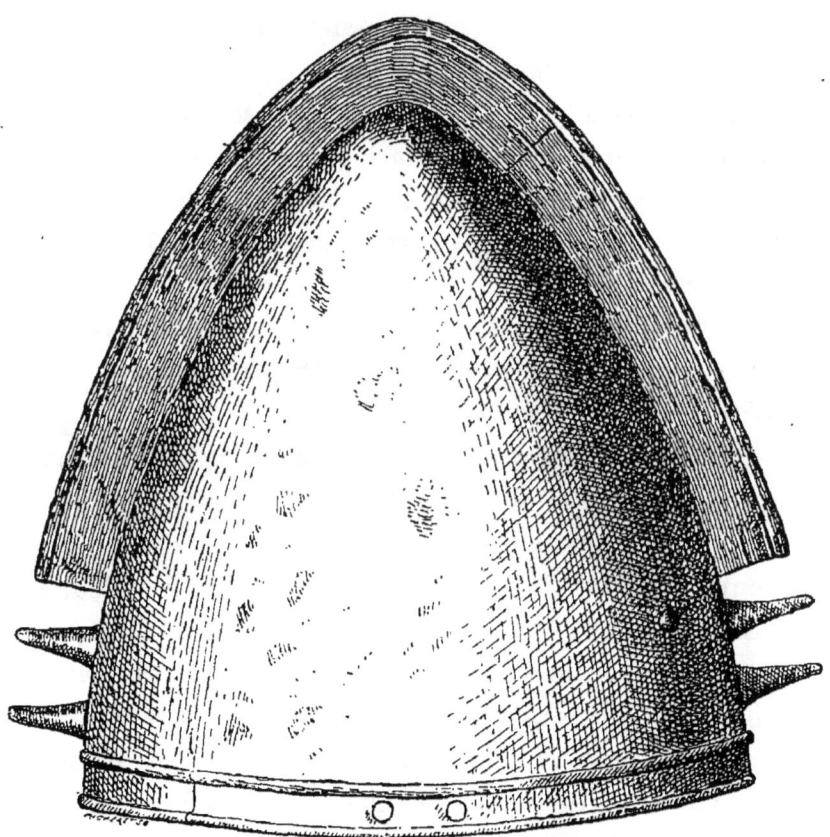

Casque en bronze, provenant des dragages de la Seine
(1/3 de grandeur naturelle, musée de Saint-Germain).

tombait sur ses épaules; ces draperies légères lui donnaient un caractère gracieux et aérien. Elle portait des bracelets et des colliers en ambre et en verre. La fibule qui fermait sa tunique était en or, ainsi que les pendeloques qui se balançaient à ses oreilles, car, circonstance étrange! l'usage de l'or semble, à cette époque antique, avoir précédé l'usage de l'argent.

A la vue de la belle jeune fille, il se fit un profond silence, non seulement parmi les convives, mais encore parmi les assistants. Mona tenait à la main une coupe de bronze, sur laquelle on apercevait quelques ornements de ciselure, car les arts commençaient alors à naître. Elle souriait et rougissait sans lever les yeux.

Peut-être savait-elle bien auquel de ses prétendants elle allait présenter la coupe de mariage; mais soit pudeur, soit malice, elle semblait hésiter. Elle s'arrêta devant la table d'un air d'embarras, et osa enfin promener un regard sur les convives de sa mère.

Chacun d'eux crut, dans ce moment solennel, devoir prononcer quelques mots en faveur de ses prétentions.

L'ovate parla le premier.

— Fille de Bodicea, dit-il avec sa suffisance imposante, je suis le ministre d'Irminsul, d'Esus et de Teutatès. A ma voix les tempêtes s'apaisent; j'accomplis des prodiges, je lis dans l'avenir. Offre-moi la coupe; je te donnerai la grandeur et la puissance.

— O la plus belle des vierges gauloises! s'écria le barde de sa voix harmonieuse, moi seul je pourrai comprendre et célébrer ta beauté incomparable. Mes chants les plus doux seront pour toi. Aux festins des chefs, dans les fêtes publiques, je redirai tes charmes, je louerai tes perfections, et toutes les tribus connaîtront le nom de Bodicea... Offre-moi la coupe, je te donnerai la gloire.

Une petite moue soulevait les lèvres de Mona, qui demeurait immobile et muette.

Dumorix, à son tour, dit avec une mâle simplicité :

— Je t'aime, Mona... Offre-moi la coupe, et je t'aimerai jusqu'à ce que je tombe mort dans un combat.

Cette harangue, un peu laconique, excita l'hilarité de la jeune fille, qui fit entendre un rire frais et argentin ; mais presque aussitôt, toute frémissante, plus rouge qu'une cerise mûre, elle tendit la coupe à Dumorix ; il la saisit en poussant un cri de joie, et la vida d'un trait.

Sans doute le guerrier avait des amis parmi les assistants, car un murmure approbateur accueillit le choix de Mona. Quelques-uns s'éloignèrent précipitamment pour annoncer les premiers dans la bourgade que la fille de la veuve venait d'offrir la coupe au Gall Dumorix, fils de Calètes. Peut-être même l'un d'eux allait-il crier, du haut d'un tertre, la nouvelle aux pâtres et aux laboureurs répandus dans la campagne, afin que, répétée de bouche en bouche, elle volât rapidement jusqu'aux extrémités du territoire de la tribu, comme il arrivait pour les événements d'un intérêt public chez les Gaulois.

En revanche, le barde et surtout l'ovate n'acceptaient pas avec philosophie leur déconvenue. Tandis que Mona s'asseyait à table, et que son fiancé, plein d'orgueil et d'amour, balebutiait quelques mots de gratitude, le barde alla décrocher sa rotte. Pinçant les cordes, il se mit à chanter une satire contre les femmes « qui préfèrent le rauque bruit des armes aux sons suaves de la poésie ».

Quant au prêtre druidique, il n'essayait pas de cacher sa colère et son orgueil offensé. Ses sourcils se fronçaient ; il roulait des yeux furibonds. La veuve ayant voulu excuser à voix basse le choix inconsidéré de Mona, il s'écria :

— Un ministre du tout-puissant Irminsul est au-dessus des caprices d'une enfant frivole. Les dieux offensés vengeront leur prêtre... Regarde, femme ; les augures les plus terribles président à ce mariage. Au moment où ta fille a offert la coupe à ce guerrier, le soleil s'est couché dans un nuage noir aux bords rouges de sang ; la chouette a fait entendre son premier cri, et maintenant encore les chauves-souris croisent leur vol au-dessus de nos têtes... Ces signes annoncent aux époux et à leur race la ruine, le deuil, l'extermination.

Bodicea, épouvantée, supplia l'ovate d'écarter ces lugubres présages ; il demeura inflexible. Sa fureur était encore exaltée par l'attitude des jeunes fiancés qui, assis sur la même botte de paille, causaient tout bas, sans s'inquiéter de ce qui se passait autour d'eux.

Sur ces entrefaites, le crépuscule s'était insensiblement assombri ; la nuit tombait, les travailleurs revenaient des champs. L'ovate et le barde se disposaient à se retirer, quand tout à coup, de l'autre bout du village, s'éleva une grande clameur qui se propageait de proche en proche ; c'étaient des hurlements, des lamentations, des gémissements, comme ceux qui marquaient d'ordinaire une douleur publique.

Cette fois tous les assistants, les nouveaux époux eux-mêmes, prêtèrent l'oreille. Les hurlements devenant plus forts et plus rapprochés, Bodicea fit signe à une esclave d'aller prendre des informations à ce sujet. L'esclave obéit et ne tarda pas à revenir.

— Le vergobret a rendu le dernier soupir, dit-elle ; on entend les femmes et les guerriers qui le pleurent.

Le cérémonial exigeait que toutes les personnes de la tribu prissent part à ces démonstrations de deuil. Aussi Mona, Bodicea, leurs hôtes et leurs serviteurs se hâtèrent-ils de mêler leurs voix à ce concert de gémissements. Le barde se remit à pincer les cordes de sa rotte, et improvisa quelques strophes en faveur du chef défunt. Dumorix frappait de nouveau son gaï contre son bouclier, et disait avec une émotion véritable :

— Hatt, mon patron... mon ami !... Tu es allé dans le monde des forts et des vaillants... Que le dieu Ogmius m'assiste ! Je t'y rejoindrai un jour.

Mona présentant la coupe à Dumorix.

Seul l'ovate ne s'associait pas à cette affliction commandée par l'usage. Il s'était levé; un sourire de joie méchante effleurait ses lèvres.

— Enfants d'Irminsul, dit-il, les dieux punissent déjà l'injure faite à un de ses ministres; leur vengeance retombe sur vous tous. Demain je devais apporter du gui à votre vergobret, et il eût été guéri sur-le-champ, car la vertu du gui de chêne, cueilli au sixième jour de la lune, au premier mois de l'année, est infaillible... Les dieux ne l'ont pas voulu; ils ont retiré la vie au chef, parce que la majesté d'un ovate a été offensée. Maintenant leur colère va s'appesantir sur cette fille sans pudeur, sur sa mère imprudente, sur cet ignorant guerrier qui vit dans l'hérésie des Galls.

On avait cessé de se mêler au chœur de lamentations qui s'élevait de toutes les parties du village, et on écoutait l'eubage dans un silence religieux.

— Ovate, dit Mona les yeux pleins de larmes et en joignant les mains, pardonne-moi... J'ai obéi à la loi des druides et à la loi de mon cœur en choisissant le mari qui me plaît.

— Ovate, épargne-nous! ajouta la mère; j'ignorais... Mona ne m'avait pas dit... Désarme la colère des dieux redoutables, je t'en conjure.

Le Gall s'interposa.

— Femmes, dit-il avec énergie, ne vous alarmez pas... Par Tarann! je vous protégerai même contre les dieux des druides.

— Impie! s'écria l'ovate d'une voix irritée; crains pour toi-même.

Dumorix répondit par cette parole, qui était alors dans la bouche de tous les guerriers gaulois, et qui était devenue une sorte d'axiome :

— Je ne crains qu'une chose, c'est « que le ciel tombe sur la terre. »

L'eubage voulait répliquer; mais l'attitude du jeune Gall était si menaçante qu'il n'osa manifester davantage son indignation. Il se retourna, et sans vouloir écouter la mère et la fille, il s'éloigna.

A peine eut-il disparu que le barde, à son tour, se retira précipitamment. Puis tous les clients et parasites, redoutant l'effet de la colère divine annoncée par le prêtre, se hâtèrent de se disperser, comme s'ils eussent fui une demeure pestiférée.

Restées seules avec Dumorix, Bodicea et Mona ne cessaient de s'abandonner à leurs craintes. Le guerrier voulut les rassurer; plus hardi qu'éloquent, il n'y réussissait guère.

— Mona, dit-il enfin avec chaleur, tu ne te repentiras pas de m'avoir offert la coupe plutôt qu'à cet ovate orgueilleux, ou à ce chanteur insolent... S'il faut mourir pour vous défendre, ta mère et toi, je suis prêt.

Mona, drapée dans ses amples vêtements de lin, appuya sa tête contre l'épaule du guerrier, et répliqua avec tristesse :

— Je sais que tu m'aimes, vaillant Dumorix; mais que pourras-tu contre les dieux?

— Encore une fois, je ne redoute pas les dieux des druides, répliqua le Gall en levant vers le ciel son poing fermé; et quant aux druides, je les défie!

Les deux femmes épouvantées le conjurèrent de se taire.

L'usage exigeait qu'à la suite du festin des fiançailles, un jour prochain fût fixé pour la célébration du mariage; toutefois, la mère et la fille demandèrent que ce mariage s'accomplît seulement après les funérailles de Hatt. Dumorix, qui était attaché au vergobret par les liens du patronage, n'osa se refuser à cet arrangement. D'ailleurs, les funérailles ne pouvaient tarder, et les augures devaient, dès le lendemain, déterminer le jour et l'heure propices pour cette cérémonie solennelle.

III

LES AUSPICES

Dumorix n'était pas né dans le village sénonais d'Argenteuil. Il était venu s'y établir plusieurs années auparavant, avec une vieille femme qui était sa mère, et on assurait qu'ils avaient échappé seuls au massacre de leur famille, dans une querelle de tribu à tribu. Déjà robuste, habile aux armes, le jeune Gall s'était placé sous le patronage, ou, comme on disait alors, s'était fait « l'ami » de Hatt, le vergobret de la bourgade. Il s'engageait par ce pacte à suivre son patron à la guerre, à l'assister en toute circonstance. Hatt, de son côté, avait donné au nouveau client un champ dont la culture pouvait le faire vivre, une hutte et un cheval, moyennant quoi Dumorix, fils de Calètes, n'avait pas tardé à jouer un rôle convenable dans sa tribu d'adoption.

La mère de Dumorix était morte peu de temps avant le jour où commence cette histoire, et le Gall, grâce à son activité infatigable, avait continué de prospérer. Doux et serviable, quoiqu'il eût les passions fougueuses et les habitudes farouches de sa race, il était aimé de tous ceux qui l'approchaient. En diverses circonstances, sa bravoure, sa vigueur et son adresse lui avaient concilié l'affection du vergobret, qui le considérait comme son meilleur guerrier. De plus, il passait pour être chasseur expérimenté; il excellait à manier un cheval, à conduire un bateau sur la rivière, à lancer une flèche ou un javelot. C'était donc un jeune homme accompli, à une époque où l'instruction était nulle, où les Gaulois commençaient seulement à comprendre l'usage de l'écriture, où les druides eux-mêmes n'avaient qu'un enseignement tout verbal, et on s'explique comment le choix de la jolie Mona était tombé sur lui, à l'exclusion de l'ovate et du barde.

Le lendemain du festin, il se rendit chez Bodicea pour y voir sa future épouse. La mère et la fille étant allées dans un bois voisin où l'on devait consulter les augures au sujet des funérailles du vergobret, Dumorix s'empressa de les y rejoindre.

Le bois sacré, ou, suivant l'expression des druides, le bois « chaste » choisi pour cette cérémonie était situé à quelque distance. On y arrivait par un sentier tortueux, dans lequel se pressaient déjà nombre de gens désireux d'assister aux opérations de l'aruspice. Les guerriers, clients du défunt, n'y manquaient pas. Comme Dumorix, ils avaient un casque de bronze surmonté de cornes ou d'espèces d'ailes métalliques, un sabre pesant, un bouclier de bois, et ils brandissaient leur gai à pointe de fer. Les guerriers gaulois quittaient rarement leurs armes, même quand ils se livraient aux travaux de l'agriculture, et l'habitude faisait qu'ils n'en éprouvaient aucune gêne. Toute cette foule était recueillie; on n'entendait plus ces hurlements de douleur qui, la veille, avaient retenti jusqu'aux limites de l'horizon, et qui devaient ressembler au *coronach* ou chant funèbre des clans montagnards en Écosse; ils étaient ajournés au moment des véritables funérailles.

Le sentier ne tarda pas à s'engager au milieu d'arbres séculaires, qui interceptaient les rayons du soleil et ne laissaient passer qu'un jour affaibli. Soit respect religieux, soit influence de cette obscurité, on cessa de causer en se glissant sous ces majestueux ombrages ; et, après quelques détours, on déboucha dans une espèce de clairière où devait avoir lieu la cérémonie.

Cet endroit était un temple pour le culte druidique, car la religion des « hommes des chênes » n'avait d'autres temples que la voûte des bois. Au centre de la clairière, se dressait un arbre mort, dépouillé de son écorce, aux branches desséchées, que l'on ne contemplait qu'avec terreur. Il était consacré à Irminsul, la plus terrible des divinités gauloises, et le vulgaire le considérait comme Irminsul lui-même. Au pied de cet arbre sinistre, dont les racines saillantes et le tronc étaient souillés de sang desséché, on voyait une large table de pierre, sur laquelle se faisaient les sacrifices d'hommes et d'animaux. Quelques vieux chênes portaient de grossiers trophées d'armes et des têtes humaines, sorte d'ex-voto offerts par les croyants au dieu féroce de ce sanctuaire.

Quand Dumorix arriva, l'assemblée était déjà nombreuse. Les assistants les plus notables, c'est-à-dire les guerriers, les ministres du culte à tous les degrés, les hérauts d'armes, vêtus de blanc, un caducée à la main, quelques femmes de rang supérieur, formaient des groupes pittoresques autour d'Irminsul. Les autres, c'est-à-dire les esclaves, les enfants, les gens de condition servile se tenaient modestement à l'écart. Le silence le plus profond régnait dans cette foule recueillie.

Le Gall chercha des yeux sa fiancée et Bodicea. La veuve faisait partie d'un groupe de matrones à ceintures d'airain, aux cheveux épars, dévotes exaltées qui ressemblaient assez à des furies. Mona s'était mêlée à des jeunes filles, vêtues de blanc et couronnées de verveine, qui portaient comme elle le long voile des vierges. Dumorix, confondu parmi les guerriers de la bourgade, essaya d'attirer son attention, et il y parvint ; mais Mona lui adressa un regard si triste, si plein d'effroi, que, malgré sa fermeté d'âme, il en fut vivement troublé.

L'ovate principal, qui devait consulter les présages, était assis sur un trépied de bronze, posé lui-même sur la table de pierre, au pied de l'arbre d'Irminsul. Dans un réchaud de métal, devant lui, brûlait de l'encens dont la fumée odorante se répandait sous les arceaux de la forêt. Deux eubages subalternes se disposaient à égorger un bélier noir, dont les entrailles palpitantes devaient révéler la volonté des dieux. Or, dans l'ovate principal, Dumorix pouvait reconnaître son rival évincé de la veille.

Cependant le simple et honnête Gall ne trouvait rien là qui dût causer les angoisses évidentes de sa fiancée, et il cherchait à se rapprocher d'elle, quand la cérémonie commença.

Les bardes tirèrent quelques accords de leurs instruments, tandis que l'assistance entonnait, sur un rythme lugubre, une invocation à Irminsul; ces chants avaient pour but de demander au dieu des augures favorables. Puis, les deux eubages amenèrent à l'ovate, toujours assis sur son trépied, le bélier noir qu'ils maintinrent avec force, et l'ovate frappa la victime à la gorge avec un couteau de bronze. Le sang, qui coulait à longs flots, était reçu dans un bassin. Le sacrificateur se pencha en avant pour l'examiner, la couleur de ce sang, sa fluidité plus ou moins grande, la direction du jet, étant déjà des signes prophétiques. Sans doute ces signes ne se trouvèrent pas favorables, car les chanteurs ayant fait silence, l'ovate tourna la tête en disant d'une voix lamentable :

— Malheur! malheur! malheur!

La consternation se peignit sur toutes les figures, et notamment sur celles des parents du vergobret qui étaient présents. Néanmoins, les présages les plus décisifs se tiraient habituellement de l'inspection des entrailles de la victime, et on attendit que la suite des observations confirmât ou infirmât les premières.

L'ovate ouvrit d'un coup de couteau le ventre du bélier

La clairière du « Bois sacré ».

et mit au jour les entrailles. Il en étudia avec soin les circonvolutions, la couleur et la forme; mais, cette fois encore, il répéta du même ton :

— Malheur! malheur! malheur!

On attendait toujours en silence. Comme l'aruspice se taisait, un guerrier, qui était fils du défunt, s'approcha brusquement.

— Parle-nous, prêtre d'Irminsul, dit-il; qu'as-tu découvert?

— Malheur! malheur! malheur! répéta l'ovate pour la troisième fois.

Le fils de Hatt ne brillait pas par la patience. Il frappa la terre du manche de son gaï.

— Parle-nous donc, reprit-il; quel malheur annonces-tu?

L'ovate parut de nouveau se recueillir.

— Les mânes de Hatt sont irritées, dit-il enfin avec un accent solennel; les entrailles de la victime m'annoncent que le vergobret n'est pas encore entré dans le monde des bienheureux, où il commandera des guerriers invincibles, où il abattra des cerfs et des aurochs, où il retrouvera ses amis et ses clients... Son ombre erre encore dans les déserts arides qui précèdent le pays des âmes.

— Elle n'errera plus quand nous lui aurons fait des funérailles magnifiques, répliqua impétueusement le guerrier; dis-nous donc vite, prêtre d'Irminsul, quand doivent avoir lieu ces funérailles.

— Demain, au milieu de la nuit, sur la lande qui s'étend derrière le dolmen... Hatt, selon l'usage, sera revêtu de ses armes, et son cheval de guerre sera égorgé sur sa tombe, afin qu'il le retrouve dans le monde supérieur.

— Ce sont là, interrompit le guerrier avec impatience, les rites ordinaires... Mais quelles victimes expiatrices faudra-t-il immoler? Veux-tu trois taureaux blancs et trois taureaux noirs qui n'auront jamais subi le joug?

L'ovate étendit le bras par un geste imposant, et l'œil fixe, le sourcil froncé, comme s'il ressentait une inspiration surnaturelle, il dit d'une voix sourde et profonde, dont cependant aucune intonation n'était perdue :

— Fils de Hatt, ce n'est ni le sang des taureaux ni celui des béliers qui apaisera les dieux terribles. Irminsul a été offensé par cette tribu, il se venge sur l'âme du vergobret.... Irminsul aime le sang humain... Il demande une victime humaine.

Les assistants écoutaient, retenant leur souffle.

Le fils de Hatt ne s'émut nullement de la prétention de sa farouche divinité.

— Si Irminsul demande du sang humain, il en aura, répondit-il avec rudesse; je te donnerai un esclave qui sera sacrifié sur la tombe de Hatt.

— Irminsul ne veut pas d'esclave pour victime.

— Que veut-il donc? Un guerrier? En ce cas, je m'offre moi-même en sacrifice. Si ce n'est pas assez pour désarmer la colère d'Irminsul, il y a là, parmi les clients de mon père, plus d'un homme vaillant qui consentira à se laisser égorger sur la tombe du vergobret.

— Moi! moi! s'écrièrent aussitôt, avec ce mépris profond des Gaulois pour la mort, tous les guerriers présents.

L'ovate ne répondit pas d'abord. Il se pencha de nouveau afin d'examiner les entrailles de l'animal et dit, après un assez long silence :

— Irminsul ne demande pas le sang d'un guerrier... Les guerriers sont destinés à défendre leur sol natal et la religion vénérée des druides. Il veut qu'une jeune fille... une vierge.... belle et de grande naissance.... soit amenée sur la tombe de Hatt, écrasée de pierres par la tribu assemblée, et que ses restes soient enterrés avec ceux du chef.

Un frémissement de terreur courut parmi les jeunes filles au voile blanc, qui formaient un groupe timide dans un coin de la clairière.

— Explique-toi plus clairement, ovate... Indique-nous la

jeune fille qui doit mourir lapidée sur la tombe de mon père.

— Les augures ne disent pas son nom, répliqua le druide les yeux baissés ; mais il s'agit d'une vierge... de grande naissance... fille d'une veuve et fiancée à un guerrier.

Quoique l'ovate n'eût pas prononcé le nom de la victime désignée, les indications étaient si nombreuses, si précises, qu'il n'y avait pas à s'y méprendre.

— C'est Mona ! s'écria-t-on de toutes parts.

La malheureuse enfant poussa un cri de douleur, tandis que Bodicea disait :

— Ma fille ?... C'est ma fille que réclame Irminsul !

Dumorix s'avança dans le cercle. Ses yeux brillaient de colère, tous les muscles de son mâle visage étaient crispés.

— Ovate, dit-il, tu as mal vu dans les entrailles de ce bélier ; ce n'est pas Mona, ma fiancée, que réclame ton Irminsul. Irminsul aime le sang des hommes courageux, il dédaigne le sang des jeunes filles. S'il faut une victime à ton dieu, prends-moi. J'ai déjà tué plus d'un ennemi ; je suis Dumorix, fils de Calètes, le client du vergobret... Laisse aller Mona, te dis-je, et prends-moi... Tiens, veux-tu que je t'épargne la peine de me frapper ?

Il tira son sabre du fourreau et en posa la pointe sur sa poitrine.

L'ovate sourit avec dédain.

— Les signes sont infaillibles, dit-il ; encore une fois, Irminsul ne demande pas le sang des guerriers... Gall, retire-toi, et ne trouble pas davantage nos rites sacrés.

— Je ne permettrai pas, s'écria Dumorix hors de lui, que l'on tue ma femme... Prêtre d'Irminsul, tu es un imposteur ! Tu voulais épouser Mona, et c'est parce qu'elle ne t'a pas offert la coupe...

Cette insulte sacrilège était un fait si monstrueux pour cette population fanatique, qu'une clameur immense s'éleva dans l'assemblée. On entoura Dumorix qui, l'œil en feu, la bouche écumante, se fût élancé sur l'eubage si les guerriers ne l'avaient contenu; mais, comme ils étaient ses compagnons habituels,

Mona.

ils n'exercèrent contre lui aucune violence et s'efforcèrent de le calmer par des représentations amicales.

A l'autre extrémité de l'enceinte, Mona, affolée d'épouvante, continuait de pousser des cris déchirants. Nous avons parlé de dévotes matrones, aux ceintures garnies d'airain, aux cheveux épars, qui formaient un groupe assez nombreux. Ces femmes, dont Bodicea faisait partie, avaient certaines attributions dans les cérémonies religieuses. Dès qu'elles surent que Mona était désignée par les présages, elles voulurent s'emparer d'elle pour la garder à vue jusqu'au moment du sacrifice. La pauvre enfant s'attachait à ses compagnes, qui pleuraient ; elle appelait le ciel et la terre à son secours. Mais les matrones s'étaient jetées sur elle avec rage.

— Mère ! mère ! s'écria-t-elle en se débattant, viens à mon aide... J'aime Dumorix, et je ne voudrais pas mourir !

Cet appel touchant ne produisit pas l'effet qu'elle en attendait. Bodicea elle-même était une fanatique, et les intérêts de sa religion passaient bien avant les sentiments de son cœur. Elle répondit avec dureté, quoique en détournant les yeux :

— Ton choix était funeste ; Irminsul l'a désapprouvé... Que sa volonté s'accomplisse !

Une semblable réponse était trop dans les mœurs et les idées de cette génération barbare pour ne pas exciter l'assentiment général ; elle fut applaudie même par les mères.

Comme les matrones entraînaient Mona, celle-ci s'écria avec désespoir :

— Dumorix, protège-moi !

En ce moment, six hommes robustes tentaient de désarmer le vigoureux Gall et de maîtriser ses mouvements. Ils étaient sur le point d'y parvenir, lorsque les accents de cette voix chère et suppliante arrivèrent jusqu'à lui. Le jeune géant parut trouver tout à coup une force surhumaine. Il se dégagea par un effort prodigieux et s'élança vers Mona, qui allait disparaître avec ses gardiennes sous les voûtes ténébreuses du bois sacré ; mais, dans ses mouvements désordonnés, il se heurta avec tant de violence contre un tronc d'arbre, que, sans le casque de bronze qui protégeait sa tête, il se fût brisé le crâne. Il demeura étourdi du choc et chancelant ; on profita de l'occasion favorable pour le saisir de nouveau et le renverser.

Heureusement, comme nous l'avons dit, Dumorix était aimé et estimé de ses adversaires, car dans cette lutte acharnée il eût fort risqué de recevoir un coup de gaï ou de sabre, porté par quelqu'un des irascibles guerriers. On se contenta de lui enlever ses armes et de le réduire à l'impuissance, jusqu'à ce que le groupe de femmes qui emmenait Mona fût éloigné. Cette modération, assez peu ordinaire chez les Gaulois, était due surtout à l'influence du fils de Hatt qui connaissait les grandes qualités de Dumorix.

La cérémonie des augures ayant pris fin, la foule se dispersa. L'ovate avait quitté l'enceinte et était, sans doute, allé cacher dans quelque lieu ignoré la joie que lui causait sa vengeance satisfaite. Il ne restait plus dans la clairière que les guerriers qui gardaient Dumorix. Le fils de Hatt dit alors :

— Gall, mon père t'aimait parce que tu es vaillant et fidèle. Ne t'obstine pas dans une lutte sacrilège contre les dieux... Reprends tes armes ; si tu osais jamais troubler les funérailles de Hatt, tu mourrais toi-même... Va.

Et il s'éloigna de quelques pas avec ses compagnons.

Dumorix, soit qu'il fût encore étourdi par l'effroyable choc, soit qu'il fût absorbé par un travail mystérieux de sa pensée, gardait le silence. Cependant il s'empressa de ramasser son sabre, son épieu et son bouclier. Quand il se trouva armé de nouveau, il jeta un regard menaçant autour de lui, et on crut qu'il allait recommencer le combat. Il n'en fut rien ; après un moment de réflexion, il marcha à pas lents vers un sentier qui devait le conduire à sa hutte.

On le suivait des yeux, comme si l'on eût toujours redouté de sa part quelque tentative désespérée. Il ne songea même pas à se retourner, et on fut convaincu qu'il avait complètement renoncé à une résistance inutile.

Le fiancé de Mona disait, en se glissant sous les sombres arceaux de la forêt :

— Demain... au milieu de la nuit... dans la lande du dolmen... Je la sauverai, ou bien il y aura deux victimes humaines sur la tombe du vergobret !

IV

L'APPARITION

Pendant le reste de cette journée et la journée suivante, Dumorix sembla éviter toute espèce de rapports avec les habitants du village. Il occupait une hutte isolée au bord de la Seine, et, habitué à se suffire à lui-même, il avait peu de communications avec ses voisins. Durant ces deux jours, les gens qui erraient dans la campagne le virent plusieurs fois de loin, soit dans son bateau sur la rivière, soit monté sur un vigoureux cheval qu'il avait dressé et qui obéissait docilement à sa voix. Il paraissait chargé d'objets assez volumineux, que la distance empêchait de reconnaître; et on prétendait que, même la nuit, le Gall n'avait pas discontinué ses allées et venues. Mais, comme on ne pouvait croire que Dumorix eût sérieusement l'intention de résister à la peuplade entière, on ne s'inquiéta plus de lui, et chacun ne songea qu'à faire ses préparatifs pour la cérémonie funèbre.

Elle devait avoir lieu, on s'en souvient, sur la lande du dolmen. Longtemps avant le milieu de la seconde nuit, heure fixée pour le commencement des obsèques, les habitants du village, tenant à la main des torches allumées, se dirigèrent vers la lande. Le corps du vergobret, revêtu de ses plus beaux habits et de ses armes, ne tarda pas à prendre le même chemin, porté suivant la vieille coutume, sur un brancard de feuillage, par six guerriers choisis parmi les plus vaillants de la tribu. Puis, venaient les parents et les amis du défunt, poussant par intervalles ces hurlements et ces lamentations qui faisaient partie des rites mortuaires.

Une fosse avait été creusée au milieu des bruyères, non loin d'un bois épais qui était une ramification de la forêt druidique. Cette fosse avait un revêtement en pierres brutes et sans ciment. On voyait à côté plusieurs dalles pour la recouvrir, lorsque le mort y aurait été déposé, et un énorme amas de pierres de moindre dimension, ramassées dans les champs voisins. Ces pierres devaient être jetées par les assistants sur la tombe, de manière à former un tas ou *kairn*, et nous savons qu'elles avaient encore une autre et terrible destination. Tout près de la sépulture, était préparé un vaste bûcher, orné de guirlandes de fleurs et de feuillage, sur lequel on étendit respectueusement le corps du chef regretté.

Bientôt la lande se remplit de monde. La nuit était très noire, mais, à la lueur mouvante des flambeaux, des groupes nombreux se formaient çà et là. D'un côté se tenaient les femmes, d'un autre les guerriers, plus loin des vieillards graves et recueillis; les gens de condition servile accouraient avidement partout où il y avait quelque chose à voir. A cette période, on n'avait pas encore renoncé à l'habitude des repas funèbres, et, en effet, au coin de la lande, des esclaves s'empressaient autour d'un feu et semblaient apprêter un festin.

De tous ces groupes, le plus bruyant était celui des matrones que nous connaissons déjà ; elles s'agitaient sans cesse, secouant les anneaux d'airain qui chargeaient leurs jambes et leurs bras, poussant des cris sauvages qui se prolongeaient dans le silence de la nuit.

Ce n'était pas seulement pour obéir à l'usage que ces mégères faisaient un tel vacarme; mais au milieu d'elles se trouvait la pauvre Mona, qu'elles avaient parée de ses plus riches habits et de ses ornements les plus précieux ; leurs clameurs avaient surtout pour but d'empêcher d'entendre ses plaintes. Mona ne cessait de se lamenter devant l'appareil sinistre des obsèques. Ses gardiennes l'avaient forcée de s'asseoir sur la bruyère et surveillaient avec défiance tous ses mouvements. En vain les implorait-elle ; en vain invoquait-elle sa mère qui, exaltée par la superstition, non seulement demeurait sourde à ses prières, mais encore se montrait glorieuse du sacrifice qui allait s'accomplir. Mona ne paraissait pas non plus avoir renoncé à l'espérance du côté de son fiancé Dumorix ; elle le cherchait des yeux, elle l'appelait de toutes ses forces. Dumorix ne répondait pas ; il ne s'était même pas montré dans l'assemblée, et, sans doute, convaincu de son impuissance à empêcher un événement inévitable, il avait quitté la bourgade.

Tout était prêt pour la cérémonie, mais elle ne pouvait commencer avant l'heure précise marquée par les augures. L'ovate, qui était présent avec ses subordonnés et les bardes, examinait le ciel parsemé d'étoiles, attendant que le cours des astres annonçât le milieu de la nuit, et les connaissances assez étendues que possédaient les druides en astronomie lui fournissaient le moyen de déterminer ce moment avec exactitude.

Enfin, l'heure arriva, et l'ovate, prenant une torche, s'avança vers le bûcher sur lequel était déposé le corps du chef. Il se fit un profond silence parmi les spectateurs, et on n'entendit plus que les gémissements de Mona. Le druide toucha de sa torche les matières combustibles préparées à la base du bûcher. Une petite flamme brilla ; les branches sèches pétillèrent. La flamme grandit rapidement, et, s'élevant au-dessus du cadavre, forma une gerbe immense qui fit pâlir la lumière des flambeaux et illumina la foule, puis les champs, les forêts, la rivière, d'un reflet mobile presque égal à l'éclat du jour.

Alors les hurlements recommencèrent avec une vigueur nouvelle. A cet effroyable concert, les guerriers joignaient le bruit de leurs sabres qu'ils frappaient en cadence contre leurs boucliers, tandis que les bardes chantaient, en s'accompagnant de leurs instruments, les éloges du vergobret défunt et les délices de la vie bienheureuse qui allait commencer pour lui.

Comme le cadavre venait de disparaître tout entier au milieu du feu, d'où s'exhalait une fumée noire et fétide, on se mit à jeter des offrandes dans le bûcher. Les eubages livrèrent aux flammes de l'encens, du pain, de la cire; les femmes leurs bracelets et leurs colliers, leurs parures d'os, de verre ou de bronze; les guerriers leurs armes, des épées et des lances, des arcs et des boucliers. Parmi ces hommages faits au mort, se trouvaient aussi des haches et des outils de pierre, bien qu'alors les armes offensives fussent déjà en bronze ou en fer, sauf les pointes de flèches qui étaient en silex comme aux temps antérieurs. Du reste, toutes les offrandes n'étaient pas jetées dans le feu; on en réservait une bonne part pour être enfermées au dernier moment dans la fosse avec les cendres du défunt, ou même pour être mêlées à la terre qui devait recouvrir la tombe.

La flamme du bûcher, après s'être élevée à une grande hauteur, s'abaissa avec rapidité, et il n'y eut bientôt plus qu'un brasier rouge. Le cadavre n'était pas complètement consumé et on pouvait encore en distinguer nettement la forme; mais les tombes de cette période nous montrent que l'incinération restait toujours très imparfaite, et on jugea convenable de ne pas pousser plus loin la combustion. Les eubages et les servants commencèrent donc à écarter les charbons ardents; on poussa le corps à demi calciné vers la fosse, et on recueillit, dans des vases de terre, les ossements qui tombaient en poudre. Les vases et tous les objets offerts en hommage qui n'avaient pas été détruits par le feu furent aussi déposés dans la fosse, en même temps qu'on y jetait de nouvelles haches votives, des armes et des bijoux.

D'après les rites ordinaires, il n'y aurait plus eu qu'à fermer la tombe, mais il fallait encore accomplir la formidable sentence prononcée contre la fiancée de Dumorix. La malheureuse jeune fille devait être lapidée par les assistants et enterrée avec le guerrier [1].

La foule se taisait, et tous les regards s'étaient tournés vers le groupe de femmes qui entouraient Mona. Bientôt on l'aperçut elle-même ; elle s'avançait à pas lents, soutenue par deux matrones. Comme nous l'avons dit, elle était soigneusement parée. Une couronne de verveine, plante sacrée chez les druides, retenait son voile de vierge, et elle était aussi blanche que son voile. Mona n'essayait ni de résister ni de fuir ; chancelante, anéantie, elle n'avait même plus la force d'invoquer la pitié. A qui se fût-elle adressée d'ailleurs ? Une des matrones qui la soutenaient, et qui semblaient avoir plutôt pour mission de la garder que de lui prêter appui, était sa propre mère.

Cette circonstance qui, d'après nos idées modernes, eût dû exciter une réprobation universelle, ne produisait aucune impression sur l'assemblée. Le mépris de la mort, le fanatisme religieux étaient si puissants que, loin de blâmer le stoïcisme contre nature de Bodicea, on semblait tout disposé à l'admirer, à l'imiter au besoin.

Mona atteignit ainsi le centre du cercle, où quelques torches et les derniers tisons du bûcher répandaient une lumière incertaine. Partout autour d'elle des figures menaçantes, des yeux farouches. Quand elle fut au bord de la fosse, on l'obligea de s'arrêter ; ses gardiennes lui dirent quelques mots à voix

---

[1]. Si horrible que soit un pareil fait, on sait, par l'examen de tombes nombreuses, qu'il s'est produit fréquemment à cette époque.

basse, sa mère eut même le triste courage de la baiser sur le front en signe d'adieu. Mona n'avait ni senti ce baiser, ni entendu les paroles qu'on prononçait. Les deux femmes se retirèrent précipitamment, et elle resta debout, tremblante, éperdue, paraissant douter encore de l'affreuse réalité.

La foule s'était ruée sur le tas de pierres, et chacun avait saisi celle qui se trouvait sous sa main. Cependant on attendait, pour porter le premier coup à l'innocente victime, que l'ovate eût donné le signal du martyre.

L'ovate ne se pressait pas de mettre fin à la tragédie. Il contemplait avec une satisfaction cruelle la pauvre fille qui l'avait dédaigné; il se délectait de son humiliation, de ses souffrances, de ses terreurs. Peut-être espérait-il que Mona lui adresserait des supplications, et, dans ce cas, il eût encore trouvé plaisir à les repousser avec mépris. Son attente fut vaine; Mona ne parut songer ni à lui parler, ni même à le regarder. Elle ne remarquait pas non plus ces fanatiques de tout sexe et de tout âge, qui, les mains pleines de pierres, apprêtaient son supplice. Le druide, trompé dans sa haine, allait donc déchaîner par un geste cette bande impitoyable, quand Mona, la tête penchée sur sa poitrine, dit d'une voix éteinte :

— Ah! Dumorix, toi par qui je souffre, tu m'as aussi abandonnée!

Cette plainte, bien qu'elle n'eût été entendue que des personnes les plus proches, sembla produire un effet merveilleux. De cette pointe de bois dont nous avons parlé, et qui ne se trouvait guère à plus de cinquante pas du bûcher, s'éleva un cri rauque, puissant, semblable au rugissement d'un lion. Les spectateurs tressaillirent, et l'on vit se dégager du feuillage un guerrier à cheval, qui s'élança, rapide comme la foudre, vers l'assemblée.

Le cheval volait sans bruit à la surface de la lande, et on

ne put qu'entrevoir dans l'ombre, pendant cette course vertigineuse, le guerrier qui le montait. Ce guerrier, dont la taille gigantesque et le casque élevé se profilaient sur le ciel, brandissait un sabre nu dont s'échappaient de fauves éclairs. Il dirigeait comme par la seule action de la volonté sa fougueuse monture, qui n'avait ni selle, ni bride, ni mors, et qui bondissait, les naseaux ouverts, la crinière au vent.

Du reste, les assistants n'eurent que quelques secondes pour observer cavalier et monture. Ils demeuraient stupéfaits, convaincus qu'il s'agissait d'une apparition surnaturelle. C'était certainement un dieu qui se montrait ainsi tout à coup, dans des circonstances si extraordinaires; l'étonnement, le respect et l'effroi les empêchaient de faire un mouvement, de pousser un cri.

L'apparition était pourtant une réalité, et on ne tarda pas à en avoir la preuve. Le cheval fondit avec une impétuosité inouïe sur la foule immobile, renversant, écrasant ce qui se rencontrait sur son passage. De son côté, le cavalier, avec une rage indicible, frappait de son sabre tout ce qui lui faisait obstacle. Une large trouée fut ouverte, en un instant, dans les rangs pressés des spectateurs. Les blessés poussaient des cris lamentables; l'ovate lui-même, renversé par un coup de poitrail, se démenait, en vociférant, sans égard pour sa dignité.

Nul ne pensait à résister ni même à se mettre en défense; une sorte d'horreur religieuse avait glacé les âmes. Le mystérieux cavalier entra dans le cercle, où Mona se reconnaissait sans peine à ses vêtements blancs, malgré l'obscurité. Le cheval, obéissant à la pression des genoux de son maître, s'approcha, toujours bondissant, de la jeune fille, et s'arrêta. L'inconnu se pencha par un mouvement brusque, enleva d'une main Mona qu'il plaça devant lui, tandis que de l'autre main il imprimait un mouvement de rotation à son redoutable sabre. Puis, il fit exécuter au cheval un saut prodigieux, qui le porta à dix pas, et il le lança de nouveau sur la lande; cavalier et monture se perdirent dans les ténèbres avec Mona qui ne cessait de pousser de faibles gémissements.

Tout cela s'était passé si vite que personne, nous le répétons, n'avait eu le temps de réfléchir, de s'opposer à ces violences sacrilèges. Bien plus, l'inconnu put fuir avec sa proie sans qu'on tentât de le poursuivre. Quand il se fut éloigné, il y eut encore dans cette nombreuse assemblée un moment de stupeur. Un des assistants dit d'une voix émue :

— Un dieu est venu pendant que nous célébrions les funérailles de Hatt... C'est, sans doute, Teutatès, l'inventeur de tous les arts, le dieu que le vergobret adorait de préférence !

— C'est plutôt Esus lui-même, le dieu de la guerre et des batailles, dit un autre; ses yeux étaient comme deux fournaises, son épée flamboyait comme une épée de feu.

— Et pourquoi, reprit le fils de Hatt, ne serait-ce pas l'ombre de mon père descendue du pays des âmes, pour chercher une victime qui lui était agréable? A sa haute taille, à son air imposant, à son ardeur guerrière, on ne saurait s'y tromper... C'était Hatt, mon père valeureux !

Cette croyance naïve fut partagée par un certain nombre de personnes.

— Oui, oui, c'était Hatt, notre vergobret ! s'écrièrent plusieurs assistants.

— C'était le Gall Dumorix, dit une voix nouvelle; qu'il soit maudit !

En même temps l'ovate, qui venait de se relever tout froissé et couvert de contusions, s'avança en boitant.

— Oui, oui, c'est Dumorix ! répéta le barde qui avait reçu lui-même un coup de pied de cheval; honte et malheur sur ce contempteur des dieux, des druides et des bardes !

Cette affirmation des deux personnages les plus éminents

L'enlèvement de Moua.

de l'assemblée donna un cours nouveau à l'opinion, et on se regarda d'un air confus.

En toute autre circonstance, l'ovate, avec la finesse ordinaire de sa caste, eût profité de l'occasion pour admettre comme véritable une intervention divine, une apparition surnaturelle. Mais, à cette heure, il était trop irrité de sa propre mésaventure, trop impatient de s'en venger, pour dissimuler le fait. Il reprit donc avec énergie :

— Enfants d'Irminsul, pour cette fois, ni les dieux, ni les âmes des morts ne se sont manifestés à vous; ce guerrier était bien un guerrier mortel; c'était ce Gall impie, Dumorix, qui, entraîné par son amour pour la fille de Bodicea, a voulu la dérober au vergobret... Comment n'a-t-il pas été foudroyé dans l'accomplissement de son acte sacrilège? Comment la terre ne s'est-elle pas ouverte pour engloutir cet insensé qui a violé la majesté des dieux, outragé les mânes des morts, attenté à l'autorité sacrée des druides?

Une explosion de cris furieux et d'imprécations accueillit ces paroles. L'ovate commanda de nouveau le silence, et prononça contre le coupable l'excommunication druidique, tout aussi redoutable que l'excommunication chrétienne au moyen âge.

— Le Gall Dumorix, fils de Calètes, dit-il, en donnant à sa voix un accent formidable, est l'ennemi des dieux et des hommes. Qu'il soit maudit dans tout son corps et dans tous ses membres; qu'il soit maudit dans son père et sa mère et tous ses ancêtres; dans les enfants, qui pourront naître de lui et dans les enfants de ses enfants, jusqu'à la génération la plus reculée. Qu'on lui refuse l'eau, le feu et la lumière; que nul ne lui prête assistance, ne l'approche ni ne lui parle autrement que pour le maudire et le frapper. Qu'après sa mort il demeure sans sépulture pour être dévoré par les chiens et les corbeaux, et que son âme, au lieu d'entrer dans le monde meilleur, aille animer pendant de longs siècles le corps des animaux les plus vils et les plus immondes; qu'elle passe dans le corps du crapaud visqueux, du porc qui se vautre dans la fange, de l'insecte fétide que le pied écrase... Et que tous ceux qui l'aimeront, qui l'assisteront, qui le toucheront, qui lui adresseront une autre parole qu'une injure ou une menace, soient maudits de même, maudits dans leur personne et dans leur famille, jusqu'à l'extermination de leur lignée!

Cet anathème avait été écouté avec épouvante par les assistants. Comme ils restaient saisis d'horreur, l'ovate poursuivit :

— Qu'attendez-vous maintenant pour punir ce crime inouï? Le coupable s'enfuit avec sa complice, maudite comme lui; les laisserez-vous échapper?... Guerriers, à vos armes! à vos chevaux!... Suivez ces profanateurs téméraires des choses saintes, saisissez-les, et nous terminerons dignement les funérailles du vergobret en les sacrifiant l'un et l'autre sur sa tombe... A vos chevaux, vous dis-je! Irminsul veut du sang, les mânes de Hatt réclament leur victime!... Celui de vous qui périra pour cette cause sacrée se couvrira d'une gloire immortelle et entrera triomphant dans le séjour bienheureux!

Cette sauvage allocution inspira aux auditeurs une sorte de frénésie. Les guerriers se mirent à courir çà et là, en poussant des cris forcenés, et se dispersèrent afin de retrouver les traces de Dumorix.

Beaucoup de temps avait été perdu et la nuit était très sombre; d'ailleurs, il fallait aller chercher dans leurs parcs les chevaux de la tribu. Un espace assez long s'écoula donc avant que l'on se mît en campagne.

Aussi ne s'étonnera-t-on pas que les plus actives et les plus patientes investigations demeurassent sans résultat. En vain cavaliers et piétons coururent-ils à la hutte de Dumorix, à toutes les habitations où il eût pu trouver asile; en vain battit-on, en s'éclairant avec des torches, les avenues du bois, les halliers, les bords de la Seine, on ne découvrit rien; le Gall et sa fiancée, ainsi que le cheval qui les portait, semblaient s'être évanouis comme des fantômes. Un des guerriers prétendit bien avoir entendu de loin un clapotement dans les eaux de la rivière; mais on jugea tout à fait impossible qu'un cheval, chargé du poids de deux personnes, eût traversé la Seine fort profonde en cet endroit, et le guerrier finit par croire qu'il s'était trompé.

Quand la foule se trouva de nouveau réunie sur la lande, autour de la fosse encore béante du vergobret, les premières lueurs de l'aurore ne devaient pas tarder à paraître. Or, les rites du culte druidique s'accomplissaient toujours la nuit, et il était urgent de terminer au plus vite la cérémonie funèbre. Le prêtre, violemment irrité du non-succès de la poursuite, eût voulu attendre encore; le fils de Hatt, qui venait d'arriver couvert de sueur et de poussière, lui dit avec rudesse :

— Ovate, les restes de mon père ne peuvent rester exposés aux profanations. Les étoiles commencent à pâlir; le ciel blanchit du côté de l'Orient. Hâtons-nous de rendre au vergobret les derniers honneurs, selon les formes consacrées. Il est impossible pour le moment d'immoler sur sa tombe la jeune vierge désignée par les augures. Mais j'en jure par Irminsul, par Teutatès, par tous les dieux que nous révérons, je ne rentrerai pas dans ma hutte que je n'aie tué Dumorix et Mona... Je les tuerai, à moins que je ne meure moi-même à la peine, et alors, sans doute, mon âme rejoindra celle de mon père!

Ces sortes de vœux étaient assez ordinaires chez les Gaulois.

L'ovate, connaissant la force, l'audace et la ténacité du guerrier qui parlait, dit avec satisfaction :

— Fils de Hatt, les dieux et les hommes ont entendu ton serment... Tu le tiendras pour la gloire de ton père et la tienne.

On s'empressa de terminer les obsèques. On plaça au-dessus de la fosse les dalles destinées à la couvrir ; puis chacun des assistants prit une pierre et vint à son tour la jeter sur la sépulture. Ces pierres formèrent un monceau qui, revêtu ensuite de terre, devait constituer une sorte de tumulus fort différent, comme nous voyons, de ceux que nous ont laissés les races primitives.

Grâce au nombre et à l'activité des travailleurs, l'ouvrage marcha vite. Lorsque le monticule atteignit une certaine élévation, on vit approcher deux esclaves, conduisant à grand'-peine un magnifique cheval noir, qui avait autrefois servi de monture au chef. Le fougueux animal se cabrait, enlevait les gardiens suspendus à sa crinière. Néanmoins on l'amena au pied du tumulus ; un coup frappé à l'improviste, avec toute l'habileté des sacrificateurs antiques, le renversa sur la tombe de son maître, et la terre s'abreuva de son sang.

On laissa le corps encore palpitant à cette place, où il devait servir de pâture aux chiens du village, aux loups et aux oiseaux de proie ; puis, on se réunit pour le repas funèbre ; ce fut la dernière cérémonie.

Tout était terminé au moment où les rayons du soleil levant vinrent se refléter dans les eaux de la rivière, et l'assemblée se divisa en petits groupes, qui regagnèrent en silence leurs habitations.

Quant au fils de Hatt, il ne songea pas à retourner chez lui. Il donna certaines instructions à ses parents et amis ; après quoi, seul, sans autres armes que son gai, sa grande épée celtique et son bouclier, il marcha vers le fleuve, étudiant, avec la sagacité d'un peau-rouge et d'un chasseur, des traces de cheval qui suivaient cette direction.

Il commençait l'accomplissement du vœu qu'il avait fait de ne pas franchir le seuil de sa demeure avant d'avoir tué Dumorix et Mona.

V

LA PIROGUE

On se souvient que le Gall Dumorix avait eu une existence très agitée, malgré sa jeunesse; aussi était-il habitué, dans les cas les plus difficiles, à ne compter que sur lui-même. Après la cérémonie des augures, il avait conçu pour la délivrance de sa fiancée un plan, dont il s'était hâté de préparer l'exécution. Il avait employé la journée et la nuit précédentes à prendre certaines dispositions dont nous verrons bientôt le résultat. Pendant les funérailles, il s'était tenu caché dans le bois qui avoisinait le lieu de sépulture, épiant l'occasion d'accomplir son audacieux dessein, et nous savons par quel concours de circonstances il avait eu le bonheur de réussir.

Quand il avait ainsi enlevé Mona au milieu de la tribu assemblée, la malheureuse enfant, plus morte que vive, ne se rendait nullement compte de ce qui lui arrivait. Emportée avec une rapidité vertigineuse, elle s'abandonnait en fermant les yeux et se demandait si elle était au pouvoir d'un homme ou d'un être surnaturel. Cependant, comme elle se sentait soutenue doucement et avec des précautions infinies, elle se rassura peu à peu et finit par ouvrir les yeux. L'obscurité était trop profonde pour qu'elle pût reconnaître le cavalier; mais une sorte d'instinct ne lui permettait pas de se méprendre.

— Dumorix, murmura-t-elle, est-ce bien toi?

Le Gall se pencha jusqu'à ce que sa moustache rousse touchât le front pâle de la jeune fille.

— Mona, dit-il avec énergie, *ils* ne t'auront pas !

— C'est bien, répliqua-t-elle ; ma mère m'a reniée, je n'ai plus de parents, plus d'amis, plus de tribu... Garde-moi donc ; j'étais déjà ta femme.

— Je te garde... Ils ne t'auront pas ! répéta Dumorix.

On arrivait au bord de la rivière, et, sur un mot de son maître, le cheval entra dans l'eau sans hésiter. Vu la largeur et la profondeur de la Seine à cette place, il semblait impossible, comme l'avaient pensé les Gaulois d'Argenteuil, qu'un cheval pût la traverser, chargé du poids de deux personnes. Dumorix appréciait mieux sa noble monture ; au bout d'une minute, le robuste animal était déjà à la nage, et fendait le courant en ligne droite pour gagner la rive opposée.

Mona, en sentant tout à coup le froid de l'eau, ne put retenir un cri ; une légère pression du bras de Dumorix l'avertit que le silence était de nécessité rigoureuse, et elle se tut. En effet, de nombreuses lumières couraient sur la rive que l'on venait de quitter, et on entendait encore distinctement des voix animées.

Malgré la difficulté de l'entreprise, le cheval atteignit bientôt l'autre bord. Après avoir pris terre, il ne s'arrêta pas pour respirer et s'élança au galop à travers la campagne, laissant derrière lui une traînée humide.

On se trouvait, en ce moment, dans la plaine qui s'étend entre deux grandes sinuosités du fleuve et qui devait s'appeler plus tard la plaine de Gennevilliers. Cet espace était déjà en partie cultivé ; des mugissements, des bêlements trahissaient des troupeaux parqués dans les pâturages. Dumorix connaissait très bien les endroits fréquentés et savait les éviter. Son cheval galopait sans bruit au milieu des champs. Quoique les fugitifs eussent mis la Seine entre eux et les Gaulois d'Argenteuil, ils ne pouvaient bannir toute précaution, car ils s'attendaient à être poursuivis avec acharnement.

On traversa obliquement la plaine, de manière à gagner la place, alors déserte, où devait s'élever, des milliers d'années plus tard, le village d'Asnières. Là, se présenta de nouveau le fleuve. Mona, qui avait recouvré toute sa présence d'esprit, s'imagina qu'on allait le passer comme la première fois; mais Dumorix retint sa monture, déposa sur ses pieds la jeune fille, toute glacée dans ses vêtements mouillés, et sauta lui-même à terre.

Le cheval, débarrassé de son double fardeau, demeurait immobile, l'œil ouvert et l'oreille attentive, comme s'il eût attendu de nouveaux ordres de son maître. Celui-ci flatta de la main la bête à demi sauvage, et dit avec un accent de mâle émotion :

— Ton travail est fini, va-t'en... Nous ne nous reverrons plus!... Ton corps est animé sans doute par l'âme d'un guerrier vaillant[1] et fidèle, qui a commis des méfaits... Puissent les dieux te protéger!

En même temps, il fit entendre une interjection dont l'animal savait la signification précise. Le cheval poussa un hennissement joyeux, et, se retournant tout à coup, partit au galop, sans doute pour regagner les pâturages où il s'ébattait d'habitude.

— Dumorix, dit timidement Mona, peut-être ce cheval nous eût-il encore été nécessaire... Je suis bien faible pour marcher, surtout si notre course doit être longue!

Le Gall l'enleva dans ses bras.

— Chère Mona, répliqua-t-il, on nous poursuit et les pas d'un cheval laissent des traces; nous allons prendre une autre voie pour atteindre la retraite que j'ai choisie.

---

1. On se souvient que les Gaulois de ce temps-là, surtout ceux des premières migrations, croyaient à la métempsycose.

— Je t'appartiens, murmura la jeune fille en appuyant sa tête sur l'épaule du guerrier; peu importe où nous irons, pourvu que tu ne me quittes plus.

Le bord de la rivière était couvert de roseaux parmi lesquels s'engagea Dumorix, sans s'inquiéter s'il avait de l'eau jusqu'à mi-jambes. Tout à coup, de ces touffes mobiles, partit un grondement sourd, comme celui qui précède l'aboiement d'un chien de forte taille. Dumorix s'empressa de dire :

— Paix! Astor, paix!... c'est moi.

Il ne tarda pas à découvrir, cachée dans les herbes, une longue et lourde barque, faite d'un seul tronc d'arbre, comme aux temps antérieurs, et il y déposa Mona. La pirogue était remplie de provisions, d'ustensiles de toutes sortes; il s'y trouvait notamment plusieurs peaux d'aurochs et d'ours, bien précieuses en ce moment pour la jeune fille transie de froid. Le tout était sous la garde d'Astor, et à voir la grosse tête, les dents formidables du gardien, on comprenait qu'il n'eût pas été prudent de l'approcher en l'absence du maître.

Dumorix établit avec sollicitude sa fiancée sur les peaux moelleuses, et l'en enveloppa tout entière pour la réchauffer; puis, il installa deux avirons, et, après s'être assuré que le silence le plus complet régnait autour de lui, il dégagea sa barque des roseaux.

Bientôt il se trouva au milieu de la rivière et se mit à la remonter. Par malheur, le courant était fort, et, malgré la vigueur du batelier, la pirogue, mal construite et très chargée, n'avançait pas vite. D'autre part, Dumorix éprouvait des distractions fréquentes, et oubliait parfois le travail des rames pour regarder, à la lueur des étoiles, sa charmante compagne. Elle était calme, et le remerciait de ses soins par un regard, par un sourire, par un mot affectueux. Succombant aux émotions et à la fatigue, elle finit par s'assoupir, et Dumorix, qui comprenait le prix de ce sommeil, ne songea plus qu'à ramer avec énergie.

Plusieurs heures se passèrent, et quand apparurent les premières teintes de l'aurore, Dumorix était encore très loin du lieu destiné à lui servir de retraite. Il ne craignait rien pour lui-même ; mais la présence de Mona le rendait timide, et des deux rives on eût pu voir la pirogue, dans ce canton encore si rapproché du village. Il continua de remonter le courant, tant que l'obscurité lui permit de se glisser inaperçu à l'ombre des hautes berges ; le jour grandissant, il songea à trouver une cache pour son embarcation.

On côtoyait maintenant une île longue et étroite, couverte de broussailles et bordée de saules. Dumorix remarqua une petite anse, au fond de laquelle le courant avait creusé la berge. Ce fut dans cette espèce de grotte naturelle qu'il abrita sa barque et tout ce qu'elle contenait. Pour comble de précaution, il coupa des branches de saule et en forma un berceau au-dessus de la pirogue. De la sorte, elle ne pouvait être aperçue de la rive, et quiconque eût passé en bateau n'eût vu qu'un massif de feuillage semblable aux massifs voisins. Cette ruse, usitée chez certains sauvages de l'Amérique, mettait les deux jeunes gens à l'abri d'une surprise, et ils pouvaient attendre en cet endroit que le retour de la nuit leur permît de continuer leur route.

L'œuvre achevée, ils s'arrangèrent pour passer tranquillement la journée qui commençait. Mona, ranimée par quelques heures de sommeil, avait recouvré tout son courage et même sa gaieté. Ses vêtements s'étaient séchés ; les rayons du soleil, se glissant à travers le berceau de feuilles, achevèrent de la réchauffer. Les jeunes époux se mirent à déjeuner avec les provisions que contenait la pirogue ; et ils ne paraissaient plus avoir conscience des périls auxquels ils venaient d'échapper, de ceux auxquels ils étaient exposés encore.

Tout à coup Astor, couché aux pieds de son maître, fit entendre le murmure sourd qui précédait d'ordinaire ses aboiements. Dumorix s'empressa de poser sa main sur la large tête du dogue, pour lui imposer silence, car quelqu'un approchait.

Comme il cherchait, à travers les branches de saule, qui pouvait être le rôdeur importun, on poussa, sur la rive, en face de lui, ce cri particulier, au moyen duquel les Gaulois avaient l'habitude de s'appeler, quand ils voulaient se communiquer un avertissement.

Nous avons dit avec quelle rapidité, grâce à cet usage, les événements se propageaient dans le pays. Une nouvelle volait ainsi de bouche en bouche, en quelques heures, à la distance de cent soixante milles, c'est-à-dire plus de cinquante lieues.

Ce ne pouvait pourtant pas être une de ces nouvelles, dignes d'intéresser les nations voisines, qu'avaient à se transmettre en ce moment les campagnards ; il s'agissait plutôt de quelque fait local, qui touchait seulement les gens des environs. Dumorix aperçut bientôt au sommet d'une berge, de l'autre côté de l'eau, celui qui avait poussé ce cri d'appel. C'était un vieux pâtre, n'ayant pour tout vêtement que des braies en peau de chèvre, et appuyé sur un épieu à pointe de silex. La personne avec laquelle il désirait communiquer, et qui avait répondu de la manière accoutumée, était invisible, et se trouvait sur l'autre rive ; sans doute c'était encore un pâtre.

Quoi qu'il en fût, Dumorix avertit Mona d'être attentive ; lui-même prêta l'oreille. On cria avec lenteur et avec des intonations spéciales, qui permirent d'entendre distinctement chaque mot :

— Aux funérailles du vergobret, le Gall Dumorix a enlevé Mona, blessé plusieurs personnes et renversé l'ovate lui-même. Le fils de Hatt s'est mis en campagne et a juré de ne

Mona et le Gall arrivant dans l'île.

pas rentrer dans sa hutte avant d'avoir tué Dumorix et Mona.

Le premier pâtre se tut, et le second, après avoir fait connaître par un signe convenu que la nouvelle avait été comprise, s'éloigna pour aller la répéter dans une autre direction.

Dumorix ne s'était nullement ému de cette annonce, qui le touchait à tant de titres; mais Mona en parut fort effrayée, et sitôt qu'elle osa parler, elle dit :

— As-tu entendu, Dumorix? Le fils de Hatt est un vaillant guerrier, et il nous cherche pour nous tuer tous les deux.

Le jeune géant sourit; passant sa main sur les tresses blondes de Mona, il répondit avec une assurance naïve :

— Le fils de Hatt ne nous trouvera pas; et s'il nous trouve, si vaillant qu'il soit, ce sera moi qui le tuerai.

Telle était la confiance de Mona dans l'adresse, la force et le courage de son mari, qu'elle ne douta pas de sa parole et se montra tout à fait rassurée.

La journée se passa donc beaucoup plus agréablement pour les jeunes gens qu'on n'eût pu le croire dans la position périlleuse où ils étaient. Ils dormirent assez longtemps, car Dumorix devait avoir une rude besogne de rameur la nuit suivante, et, pendant leur sommeil, Astor fit bonne garde.

Du reste, rien ne troubla le calme profond de cette solitude. Certaines parties du pays étaient complètement désertes. De loin en loin, on apercevait un berger gardant son troupeau, un laboureur ouvrant des sillons avec une informe charrue. Les chemins, où apparaissait parfois un grossier chariot traîné par des bœufs, étaient à peine tracés. Quelques bateaux, il est vrai, passèrent à une courte distance de la pirogue, mais les bateliers n'avaient souci que d'avancer le plus possible avec leur chargement, à une époque où le commerce se faisait uniquement par eau.

Quand le crépuscule du soir commença de tomber, Dumorix débarrassa la barque des branchages qui la cachaient; et, installant de nouveau les avirons, il se mit à remonter le courant avec ardeur.

La nuit entière s'écoula sans qu'il fût parvenu au terme du voyage. D'heure en heure, Mona, qui sommeillait légèrement sur sa couche de peaux, relevait la tête et demandait :

— Sommes-nous arrivés?

Dumorix lui répondait toujours, en appuyant sur les rames :

— Pas encore, ma bien-aimée; dors paisiblement.

Enfin, comme l'obscurité faisait de nouveau place à la lumière, on atteignit un endroit où quatre à cinq îlots, de grandeurs différentes, embarrassaient le cours de la Seine. Le plus grand de ces îlots était couvert d'arbres et de broussailles; il devait contenir plus tard « la cité » de Paris et avait, dit-on, la forme d'un navire.

Ce fut vers celui-là que se dirigea Dumorix et il l'aborda par le petit bras, encombré d'herbes aquatiques, de vase et limon. En face s'étendaient les vastes marais de la Bièvre, dont nous avons parlé déjà, et que les légions de Labiénus, lieutenant de César, ne purent traverser. De l'autre côté de la rivière, se trouvaient encore des marais, à peine moins considérables, formés par l'embouchure de plusieurs ruisseaux. Le pays était inhabité et presque inhabitable aux environs. Sauf quelques huttes espacées sur le flanc du mont Lucotitius au milieu des châtaigniers, il eût fallu peut-être aller jusqu'au village gaulois d'Argenteuil, jusqu'à la Varenne Saint-Hilaire, où l'on a découvert depuis peu les traces d'un village remontant à l'âge de la pierre, pour rencontrer un centre de population de quelque importance.

Dumorix fit entrer sa pirogue dans une échancrure du rivage au milieu des joncs. Mona, en apprenant qu'on était arrivé à l'endroit où ils devaient trouver l'un et l'autre sécurité et repos, sauta lestement à terre, et se mit à regarder autour d'elle avec avidité.

Comme nous l'avons dit, l'île était couverte de grands arbres et d'épais taillis ; au premier aspect, il semblait impossible de pénétrer dans cette espèce de forêt vierge. La lisière en était défendue par des amas de roseaux desséchés, par des ronces et des épines portant encore, à une certaine hauteur, des touffes de foin qu'y avaient laissées les dernières inondations. Tout cela ne paraissait pas très attrayant, et la fille de Bodicéa ne put retenir une légère grimace devant cette solitude inhospitalière.

Dumorix ne le remarqua pas et chargea Mona de divers objets. Pour lui, il prit un fardeau trois ou quatre fois plus lourd, sans compter ses armes ; puis, laissant la pirogue et ce qu'elle contenait encore à la garde du chien, il invita sa compagne à le suivre.

Dans le fourré, il ne tarda pas à trouver un sentier tortueux, qui semblait lui être familier, et vraiment il avait fallu une sorte d'instinct pour le découvrir au milieu des hautes herbes. Les deux jeunes gens eurent bientôt leurs vêtements trempés par la rosée que le feuillage versait libéralement sur eux ; mais ils ne s'inquiétaient guère d'un inconvénient aussi mince, et continuaient de pénétrer au cœur de cette espèce de bois sacré, dont les faibles gazouillements des oiseaux troublaient seuls le silence majestueux.

VI

LA SOLITUDE

Après quelques instants de marche, Dumorix et Mona arrivèrent dans un espace découvert, à peu près au centre de l'île. Cette place était peu étendue, en revanche le sol en paraissait assez élevé pour être au-dessus des inondations. Des arbres centenaires, aux racines saillantes, l'entouraient comme d'un rempart.

Au pied d'un de ces arbres s'élevait une hutte gauloise, très vieille, très délabrée, et qui semblait abandonnée depuis longtemps. On avait refait tout récemment la toiture en joncs, mais on n'avait pas songé encore à boucher avec de la terre glaise les larges crevasses du clayonnage, et la porte vermoulue tombait en morceaux. Près de cette ruine, il était facile de reconnaître les traces d'un petit enclos ou jardin, qui devait rester en friche depuis bien des années.

Hâtons-nous de dire que Dumorix ayant traversé l'île, un jour qu'il poursuivait un cerf blessé, avait découvert cet ermitage. Quel était le solitaire misanthrope qui avait autrefois établi sa demeure dans ce lieu désert? Etait-il mort de vieillesse ou par accident? Avait-il quitté sa hutte avec l'espoir d'y revenir? On l'ignorait. Seulement l'habitation, sans aucun doute, n'avait plus de maître, et quelques meubles, qu'elle contenait encore, paraissaient hors d'usage. En apprenant, deux jours auparavant, de quel danger sa chère

Mona était menacée, Dumorix avait songé à la conduire dans cet endroit inconnu après l'avoir délivrée. Il y était venu la veille sur son cheval apporter certaines choses indispensables, et commencer à la cabane les réparations les plus urgentes. Le reste de ses richesses (pauvres richesses!) avait été chargé dans sa barque et conduit à l'emplacement d'Asnières, pour éviter un trop long trajet sur la Seine. Nous avons vu le succès de son plan.

Mona, élevée comme une petite maîtresse de l'époque, était habituée à un bien-être que cette ruine, ouverte à tous les vents, ne promettait pas de lui procurer ; aussi, en entrant dans sa nouvelle demeure, manifesta-t-elle encore une impression qui ne ressemblait pas tout à fait à de la joie.

— Dumorix, dit-elle, cette hutte est bien vieille et cet endroit bien triste !

— Tout le pays est contre nous, Mona, répliqua Dumorix avec sa simplicité mâle, et l'on ne viendra pas nous chercher dans cet îlot ignoré. Je réparerai la maison, je construirai autour une muraille. Je te nourrirai du produit de ma chasse et de ma pêche. Réjouis-toi donc, ma bien-aimée ; dans cette solitude, nous serons heureux.

— Il suffit, je suis contente, répondit Mona subitement raccommodée avec sa situation.

Et elle se mit en devoir d'allumer du feu, sur la pierre ronde placée au milieu de la hutte. Elle couvrit le sol, après l'avoir nettoyé, de peaux d'aurochs qui devaient servir de lit. Elle disposa sur des rayons deux ou trois vases de terre et des provisions qu'on avait apportés. Tandis qu'elle se livrait à ces devoirs d'active ménagère, Dumorix la suivait des yeux avec complaisance, et un sourire de bonheur s'épanouissait sur ses lèvres. Mais les nécessités du moment ne permettaient pas une longue contemplation, et le Gall dut s'arracher à la sienne.

— Je vais jusqu'à la pirogue chercher le reste de nos bagages, dit-il enfin.

Mona n'avait pas la timidité puérile d'une jeune fille de nos jours ; cependant, à la pensée de demeurer seule dans ce lieu sinistre, elle ressentit un certain effroi. N'osant l'avouer, elle dit avec embarras :

— Dumorix, reviens bien vite... Le druide et le fils de Hatt te guettent peut-être.

Dumorix haussa les épaules.

— J'ai mes armes, répliqua-t-il en montrant son sabre et un javelot.

— Prends aussi ton bouclier.

Le Gall fit un léger mouvement d'impatience ; il mit pourtant son bouclier à son bras gauche et partit.

Restée seule, Mona, pour donner le change à sa frayeur, poursuivit son travail d'installation. Elle se rassurait peu à peu, quand des aboiements lointains se firent entendre, mêlés à des accents humains. Elle écouta ; croyant reconnaître la voix de son mari, elle bannit tout à coup ses craintes féminines, saisit une lance qui se trouvait à côté d'elle, et courut dans la direction du bruit.

Voici ce qui s'était passé :

Dumorix, en prenant son bouclier, avait voulu seulement obéir au caprice d'une femme aimée et pensait n'avoir plus aucun péril à craindre. Il se dirigeait tranquillement vers l'endroit où il avait laissé sa pirogue, lorsque les aboiements subits d'Astor lui firent doubler le pas, et il se trouva bientôt hors du taillis.

Un homme, un guerrier gaulois, comme on en jugeait à la couleur rouge rayée de ses vêtements, venait de traverser le petit bras de la Seine, qui était fort étroite et fort basse en cet endroit. Quoiqu'il fût aussi chargé de ses armes, il semblait avoir accompli ce trajet avec facilité, et, lorsque

Dumorix se montra, il était en train de tordre ses braies et sa saie. C'était le fils de Hatt.

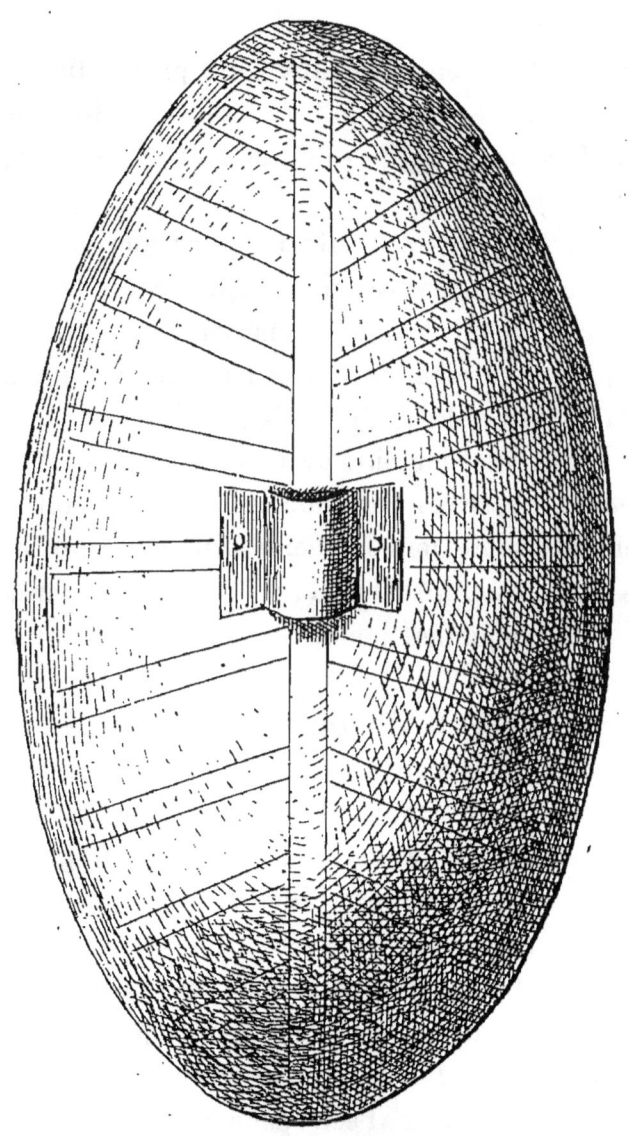

Bouclier gaulois (1/9 de grandeur naturelle).

Le premier sentiment que Dumorix éprouva fut un profond étonnement. Par quel miracle le guerrier avait-il pu rejoindre les fugitifs, après les précautions minutieuses qu'on avait prises afin de rendre la poursuite impossible ? Néanmoins Dumorix recouvra aussitôt son sang-froid et poussa un cri de défi.

Le fils de Hatt, en entendant cette provocation, se mit en garde et répéta le cri de guerre à son tour. Bientôt les deux hommes furent à vingt pas l'un de l'autre, et se regardèrent un moment en silence.

Astor, averti par son instinct que ce nouveau venu était un ennemi de son maître, grinçait des dents et faisait mine de s'élancer sur lui. Dumorix, obéissant aux sentiments chevaleresques de sa race, ne voulut point d'un semblable allié.

— Paix ! Astor, dit-il d'un voix impérieuse.

Et le dogue alla, toujours grondant, se ranger derrière lui.

Les deux guerriers continuaient de s'observer ; mais ce n'étaient pas seulement les héros d'Homère qui se défiaient par de longs discours ; les Gaulois, avec leur fanfaronnade native, ne manquaient jamais de s'injurier avant d'engager le combat.

— Le fils de Hatt, dit Dumorix dédaigneusement, a dû employer quelques sortilèges pour m'atteindre si vite ; aucun sortilège ne le préservera de la mort qui l'attend.

— Ce ne sont pas des sortilèges, répliqua le guerrier avec arrogance, mais tes propres imprudences qui m'ont permis de suivre ta trace. Comme j'errais hier au soir au bord de la rivière, je t'ai vu remontant le courant dans ta barque, et le bruit des rames a servi à me guider pendant l'obscurité de la nuit. Tout à l'heure, tu as abordé ici, et je me suis empressé de traverser l'eau pour te rejoindre. Je viens venger les mânes de mon père que tu as outragé en lui enlevant Mona, la victime qui lui appartient ; c'est pourquoi je vais te tuer d'abord, et puis je tuerai Mona.

— Tuer Mona ! s'écria Dumorix en grinçant des dents.

Il saisit son javelot par la ganse de cuir, qui était fixée

vers le milieu de l'arme et que les Romains appelaient *amentum*, le balança une ou deux fois et finit par le lancer avec une force étonnante contre son adversaire.

Le javelot s'enfonça dans le bouclier en bois du guerrier et le partagea en deux. Prompt à la riposte, le fils de Hatt lança à son tour son javelot, qui vint s'implanter dans le bouclier de Dumorix, sans toutefois y pénétrer aussi profondément.

Ce poids nouveau ne fit pas fléchir le bras du gigantesque Gall ; cependant Dumorix jeta sa targe, tandis que le guerrier se débarrassait des débris de la sienne, et tous deux, tirant leurs sabres, fondirent l'un sur l'autre avec furie.

L'art de l'escrime n'était pas alors très développé ; il se résumait en quelques feintes, à la suite desquelles la vigueur prévalait habituellement sur l'adresse. Aussi Dumorix porta-t-il bientôt à son adversaire un coup formidable qui devait le fendre en deux parts, comme, d'après les vieux poèmes, s'en portaient les paladins du moyen âge. Le fils de Hatt baissa la tête instinctivement, et le coup frappa son casque de bronze. Or, on sait que les Gaulois n'avaient pas des épées de la meilleure trempe, et que la mauvaise qualité des armes leur fut souvent défavorable dans leurs luttes contre les Romains. Le sabre de Dumorix, rencontrant un sérieux obstacle, s'ébrécha et se tordit, ce qui était pour le Gall un désavantage considérable.

Le fils de Hatt ne put d'abord en profiter ; étourdi du coup terrible qu'il venait de recevoir, il chancelait sur ses jambes. Néanmoins, il reprit vite ses esprits et attaqua à son tour. Dumorix, avec sa lame à demi brisée, avait quelque peine à se défendre ; et, malgré sa force herculéenne, on ne pouvait prévoir comment finirait le combat ; il lui vint tout à coup de l'aide.

Les Gaulois habituaient leurs chiens à combattre avec

eux dans la mêlée, et plus d'une fois les robustes dogues dont ils étaient suivis avaient contribué à leur victoire. Peut-être Astor avait-il été dressé dans ce but; en tout cas, le brave chien, voyant son maître en danger, ne tint plus compte des recommandations antérieures, et sauta sur le fils de Hatt, qui ne s'attendait pas à cette charge furieuse.

Il demeura ferme comme un roc, tandis que le dogue lui enfonçait ses crocs formidables dans la jambe. Dumorix, à qui la colère faisait oublier sa générosité chevaleresque, profita de cette diversion et plongea son sabre jusqu'à la garde dans la poitrine du guerrier. Celui-ci agita les bras, tourna sur lui-même et tomba à la renverse, en se débattant et en inondant de son sang les herbes aquatiques.

Le Gall ne songeait pas à l'achever. Toute sa fureur se tournait maintenant contre le malencontreux Astor, qui lui avait rendu un si grand service, et il le poursuivait de son épée tordue, en jurant par Tarann, par Circius et par les divinités les plus redoutables de sa religion barbare.

Peut-être le chien eût-il payé cher sa désobéissance, si Mona, sa lance à la main, ne fût sortie du bois en ce moment. Dumorix, en la voyant s'avancer toute rose, les cheveux épars, animée d'une ardeur belliqueuse, laissa fuir Astor. Il marcha vers elle en souriant, désigna du doigt le vaincu, qui s'agitait dans les convulsions de l'agonie, et dit avec une joie presque enfantine :

— Regarde, Mona, j'ai tenu ma promesse ; j'ai tué le fils du vergobret.

Mona ne fut certes pas aussi impressionnée de ce spectacle que le serait une femme de notre époque. Cependant elle détourna les yeux.

— Mon Dumorix est un guerrier brave et fort, dit-elle ; j'ai trouvé en lui un noble défenseur et un digne maître.

Ces éloges chatouillèrent agréablement l'orgueil du jeune

Gall, et il retourna vers le fils de Hatt, étendu sur l'herbe, pour le dépouiller de ses armes. Il cherchait aussi à lui arracher ses bracelets et ses colliers, quand le moribond murmura avec un accent de haine inexprimable :

— J'ai été vaincu par DEUX CHIENS !

Et il expira.

Dumorix, sans s'émouvoir,

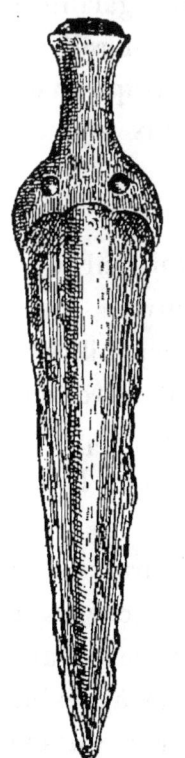

Poignard en bronze (Musée de Saint-Germain), 1/4 de grandeur naturelle.

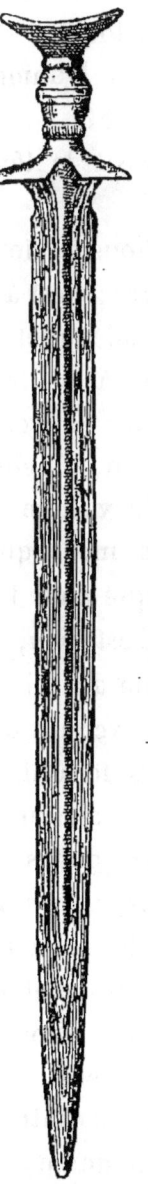

Epée à poignée de bronze (Musée de Saint-Germain), 1/5 de grandeur naturelle.

lui coupa la tête, selon l'usage des Gaulois. Puis, il poussa du pied le corps, qui n'avait plus que ses braies et sa saie, le lança dans le courant de la rivière, et dit avec gaieté :

— Retourne à ton village maudit, et apprends à tes amis comment Dumorix, fils de Calètes, se venge de ceux qui l'outragent.

Il saisit la tête par les cheveux et vint la présenter à Mona.

— Nous la clouerons, dit-il, sur la porte de notre nouvelle demeure ; c'est à toi, ma bien-aimée, que je la donne.

Ce cadeau était alors un de ceux qu'un guerrier offrait souvent à sa femme ou à sa fiancée. Mona ne parut pas apprécier convenablement une pareille galanterie.

— Non, dit-elle ; cette tête me rappellerait sans cesse les gens du village que je hais, les parents qui m'ont abandonnée, la mère qui m'a reniée... Je veux tout oublier et ne vivre que pour toi.

— C'est bien, répliqua Dumorix.

Il jeta au loin la tête sanglante, qui tournoya en l'air et tomba avec un bruit sourd dans le fleuve.

Alors le Gall remit à Mona les dépouilles du guerrier mort, tandis que lui-même se chargeait du reste des bagages ; puis, les jeunes époux, riant et babillant, reprirent le sentier du bois, suivis du dogue Astor qui, tout honteux de son escapade, marchait l'oreille basse.

Par un effet du hasard, le souhait ironique de Dumorix se réalisa. Trois jours plus tard, des pêcheurs d'Argenteuil découvrirent, engagé dans des roseaux, le cadavre sans tête du fils de Hatt. On n'eut pas de peine à deviner qui était l'auteur de ce meurtre ; mais on chercha vainement Dumorix et sa compagne pour venger l'injure faite à la peuplade, et peu à peu cette tragique aventure parut être mise en oubli.

VII

LOUTOUHEZI

Plus de vingt ans s'étaient écoulés.

Pendant cette longue période, aucun changement notable ne semblait s'être produit dans l'île et les alentours. Quelques huttes de nouvelle construction se montraient bien çà et là sur les flancs du mont Lucotitius [1] et dans la plaine qui s'étendait au delà des marais de la Bièvre ; il y avait aussi quelques défrichements de plus qu'autrefois dans la campagne. Mais, en général, le pays conservait le même aspect qu'autrefois, et l'île était encore couverte de bois épais, en apparence impénétrables.

Néanmoins, dès les premiers temps, on eût pu reconnaître à certains signes que cette solitude n'était pas réelle. Fréquemment de la fumée s'élevait au-dessus du feuillage touffu, qui faisait de l'île comme un massif de verdure. Du côté du grand bras de la rivière où passaient les bateaux voyageurs, le rideau d'arbres cachait toute trace de culture ou d'habitation ; mais du côté du petit bras, fort peu fréquenté, se glissaient parfois des formes humaines ; on entendait des bruits de hache s'abattant contre les vieux troncs, des mugissements de bestiaux. On rencontrait assez souvent un

---

[1]. On voit qu'ici, comme dans tout le reste de l'ouvrage, nous sommes obligé, pour la clarté du récit, de conserver les noms romains qui furent donnés aux diverses localités plusieurs siècles plus tard ; mais le lecteur comprendra que ces anachronismes étaient à peu près inévitables.

homme de grande taille, tantôt pêchant aux filets sur une pirogue, tantôt errant dans les marais, en compagnie d'un chien, pour chasser les sangliers. Mais, à cette époque où les relations sociales étaient rares et difficiles, où les mœurs étaient rudes, on ne s'inquiétait guère des affaires d'autrui. D'ailleurs, le solitaire n'était pas sans doute d'humeur communicative, et comme on ne jugeait pas prudent de le troubler par une curiosité importune, on le laissait volontiers à sa misanthropie.

Un jour vint pourtant où ce qui se passait dans ce lieu dut fixer l'attention des gens du voisinage. Pendant plusieurs années, on avait entendu dans les bois, en diverses circonstances, des clameurs joyeuses, comme en produisent des enfants turbulents, et quand l'habitant de l'île allait à la pêche ou à la chasse, il était accompagné d'un ou deux jeunes garçons qu'il exerçait sans doute à ses travaux. Enfin, peu de temps avant l'époque où nous sommes arrivés, il se montra escorté de cinq jeunes gens, dont le moins âgé avait quatorze ans à peine, mais tous robustes, alertes et endurcis à la vie sauvage. Aussi, la petite colonie, qui s'était formée insensiblement dans l'île, ne semblait-elle plus chercher à dissimuler sa présence. Elle possédait maintenant un troupeau nombreux et plusieurs pirogues. Les jeunes gens dont nous avons parlé allaient et venaient sans cesse, pêchant ou chassant, pleins de confiance en eux-mêmes ; et leurs allures, de plus en plus hardies, témoignaient qu'ils croyaient pouvoir agir en pleine liberté.

Quelques personnes ayant, par curiosité ou par hasard, pénétré dans l'intérieur de l'île, avaient entrevu des plantations et des défrichements d'une certaine étendue. Au milieu de ce terrain cultivé, une espèce d'enclos, palissadé comme une forteresse, paraissait contenir plusieurs habitations ; mais on n'avait pu se livrer à un examen bien approfondi. Toujours, pendant que le curieux regardait cette ferme si soigneusement cachée, avait surgi de quelque coin, soit un de ces vigoureux jeunes gens que nous connaissons et qui ne sortaient jamais sans leur sabre ou leur arc, soit même leur père, encore plus robuste et d'aspect plus farouche ; et certains regards, certaines attitudes, avaient fait comprendre à l'étranger les inconvénients d'une observation trop prolongée. Aussi les récits n'étaient-ils pas très nets, et ils étaient souvent contradictoires ; nous saurons bientôt à quoi nous en tenir sur ce point.

Alors existaient, et existèrent bien longtemps plus tard, deux îlots de sable, situés un peu au-dessous de l'île de la Cité, et qui y furent joints pour former le terre-plein du Pont-Neuf. Chaque hiver, dans les grandes eaux, ils étaient complètement submergés, et on n'y voyait que des herbes marécageuses, égayant avec un peu de verdure l'uniformité de cette plage de gravier.

Or, par une chaude journée d'été, tandis que les eaux de la Seine étaient fort basses, une barque, assez lourdement chargée, s'engagea dans le canal étroit, à courant rapide, qui séparait les deux îlots. Cette barque n'était déjà plus la pirogue, creusée dans un seul tronc d'arbre, des temps primitifs. Vu le développement rapide du commerce, les embarcations, employées à transporter les denrées de diverses sortes, avaient pris des dimensions considérables, et celle dont il s'agit était une des plus grandes alors en usage. Elle n'avait pourtant que deux rameurs ; mais, comme on descendait le courant et comme il s'agissait seulement de la diriger suivant le fil de l'eau, la tâche n'excédait pas la force de deux hommes.

A l'arrière se tenait un passager, cantonné tant bien que mal au milieu des marchandises. Ce devait être un personnage assez important, car on avait pris quelque souci de son bien-être ; un cuir de bœuf, étendu sur deux perches au-dessus de sa tête, formait une tente qui le préservait des rayons ardents du soleil. Il demeurait immobile sous son abri et ne semblait s'inquiéter nullement de la manœuvre des bateliers.

Une circonstance se produisit pourtant où son secours eût été fort nécessaire. Les rameurs, par nonchalance ou par inexpérience, avaient laissé leur barque entrer dans l'étroit canal, où bientôt elle échoua. En vain essayèrent-ils de la dégager ; le courant la poussait toujours, et elle finit par s'incruster dans le sable. Il était impossible de la faire avancer ou reculer, sans la décharger à peu près complètement, ce qui présentait beaucoup de difficultés.

Les pauvres bateliers, après s'être épuisés en efforts superflus, promenèrent leurs regards autour d'eux afin de chercher assistance. La campagne et les marais semblaient déserts. Sur la rivière, on n'apercevait qu'une pirogue dans laquelle un jeune gars, de douze à quatorze ans, relevait des nasses, en faisant entendre une sorte de mélopée gutturale.

Les bateliers l'appelèrent ; il n'avait pas l'air d'entendre et continuait sa besogne en fredonnant toujours. Ils s'irritèrent, lui montrèrent le poing ; il ne s'en émut pas davantage. Seulement il s'assura que sa fronde était à sa ceinture et qu'une demi-douzaine de pierres rondes et polies, placées au fond de la pirogue, se trouvaient à portée de sa main.

Tout à coup le cuir, qui formait un abri à l'arrière du bateau, se souleva et le passager apparut. A sa robe verte, à sa couronne de chêne, il était facile de reconnaître un de ces ovates ou eubages si respectés des Gaulois. Celui-ci était encore dans la force de l'âge, quoique des fils d'argent commençassent à sillonner son épaisse barbe noire. Sans doute il comptait sur l'effet que sa présence devait produire, car il adressa au petit sauvage des signes impérieux, convaincu qu'on allait s'empresser d'obéir.

On n'obéit pas. Le jeune garçon se contenta de regarder le nouveau venu avec des yeux effarés, sans donner aucune marque de respect ou de crainte. Évidemment il n'avait pas la moindre idée de ce que pouvait être l'homme en robe verte.

Celui-ci, malgré sa gravité, crut devoir changer de tactique envers une personne dont il avait besoin. Il se mit donc à sourire, prit à côté de lui un panier de merises rouges, sans doute réservées à son usage, et le montra au pêcheur, en indiquant par gestes que le panier était à sa disposition.

Le jeune gars hésita d'abord ; dès qu'il eut compris, il poussa un cri de joie, ses yeux roux brillèrent de convoitise. Il saisit les rames et, maniant sa pirogue avec dextérité, il la conduisit bord à bord avec le bateau. Là, il s'empara du panier et commença de manger les merises à pleines mains.

Pendant qu'il se livrait à sa sensualité, l'ovate l'examina à loisir. C'était presque un enfant, et comme tout son vêtement consistait en des braies assez courtes, on pouvait admirer dans ses magnifiques proportions ce corps juvénile, bruni par le soleil et le grand air. Agile et fort, le petit sauvage avait des allures décidées, mais qui trahissaient une simplicité naïve.

Le panier de merises touchait à sa fin, quand l'ovate demanda de son ton imposant :

— Enfant, quel est ton nom ?

— Clodic, fils de Dumorix, répliqua le jeune pêcheur, la bouche pleine.

— Où demeures-tu ?

— Là, dit Clodic en étendant le bras vers l'île de la Cité.

— Comment s'appelle cet endroit ?

— Loutouhezi [1].

---

1. *Loutouhezi*, qui signifie en langue celte *habitation au milieu des eaux*, est le nom primitif de Paris. Il est la véritable étymologie du nom latin *Lutetia*, et du nom français *Lutèce*.

— Avec qui demeures-tu à Loutouhezi ?

— Avec mon père, ma mère et mes quatre frères. Mon père est un guerrier ; mes frères sont grands et vaillants. Ils tuent des sangliers et des aurochs; ils pourraient tuer des hommes. Bientôt je ferai comme eux.

— Où sont en ce moment ton père et tes frères ?

— A la chasse des bœufs sauvages... ensuite, ils pousseront peut-être jusqu'à la grande forêt, où est campée la tribu des Kimris-Belges... Aussi ma mère Mona se trouve-t-elle seule à la hutte et je vais la rejoindre.

Clodic laissa retomber le panier, qui était vide, et voulut reprendre ses avirons ; l'ovate lui demanda encore :

— Ainsi ton père s'appelle Dumorix et ta mère Mona ?

Le jeune pêcheur fit un signe affirmatif.

— Écoute-moi, enfant, reprit l'ovate avec son accent majestueux ; je ne parle jamais en vain, et nul ne saurait me résister... Je suis druide... tu sais sans doute qu'on doit obéissance à un druide jusqu'à la mort ?

— Je ne connais pas de druides, répliqua Clodic avec hardiesse, et je n'obéis qu'à mon père.

L'ovate leva les mains au ciel, comme s'il eût pris en pitié tant d'ignorance.

— Les druides, poursuivit-il, sont les représentants des dieux sur la terre. Si tu m'offensais, tes moissons seraient détruites, tes bestiaux mourraient de maladie, tes huttes seraient brûlées, ton île serait ravagée par l'inondation. Ton père, ta mère, tes frères et toi-même vous pourriez périr par un seul signe de ma volonté... Ces hommes, que tu vois là, diront si je t'en impose !

Et il désignait les deux bateliers qui, désespérant d'obtenir aucun secours, travaillaient activement pour dégager leur barque et semblaient devoir y réussir. Ils étaient esclaves de l'ovate, et, interrompant leur besogne, ils renchérirent encore sur le pouvoir surnaturel de leur maître.

Clodic écoutait tout cela, bouche béante. Crédule comme les enfants et les sauvages, il finit par se montrer intimidé et dit en détournant les yeux :

Clodic.

— Que veux-tu de moi ?

Les traits de l'ovate s'adoucirent.

— Voici mes ordres, répliqua-t-il : pendant que mes serviteurs allégeront la barque, je ne peux rester exposé à ce soleil de feu. Je vais donc entrer dans ta pirogue, et nous irons à ta demeure, où tes parents m'accorderont pendant quelques instants l'hospitalité.

Clodic secoua la tête.

— Jamais un étranger n'a franchi le seuil de notre demeure, dit-il ; excepté pourtant, ajouta-t-il aussitôt, le chef des Kimris-Belges qui est venu récemment à Loutouhezi.

— Je ne suis pas un homme ordinaire... Ma présence sera pour ta hutte une cause de prospérité. Toutes les personnes de ta famille seront exemptes de maladies ; vos brebis vous donneront chaque année des agneaux ; vos chasses seront heureuses ; vos silos se rempliront de blé et vos celliers de cervoise, car je porte bonheur partout où je m'arrête.

Clodic aurait pu répondre que le voyage, si désagréablement interrompu, ne témoignait pas de tant de bonheur et de tant de puissance chez le prêtre d'Irminsul ; mais cette observation était trop subtile pour son intelligence. Comme il hésitait encore, l'ovate ajouta :

— Enfant, l'hospitalité que je demande ne sera pas sans récompense... Accepte ceci en souvenir d'un druide.

Il tira d'un sac de peau un objet de petit volume et le donna à Clodic, qui le retourna machinalement entre ses doigts.

On commençait alors à voir dans les Gaules, surtout dans les provinces méridionales qui avoisinaient l'Italie, des pièces de monnaie en bronze, en or et même en argent. Ces pièces, dont le développement du commerce rendait déjà l'usage nécessaire, étaient fort rares et, dans le Nord, on les connaissait à peine. Or, l'objet que l'eubage venait de remettre à Clodic était une de ces monnaies de bronze, dont on a découvert quelques échantillons dans les débris des cités lacustres. Clodic, n'ayant aucune idée de son utilité, continuait de la retourner dans sa main, quand l'eubage lui fit remarquer les grossières empreintes que portait ce morceau de métal. Sur une des faces on voyait une figure barbue, avec d'énormes boucles d'oreilles ; sur le revers était le « cheval cornu » qui devint l'emblème des Gaules et que l'on retrouve sur tant de médailles gauloises.

Clodic examina ces merveilles, et rien ne saurait rendre sa stupéfaction, puis son ravissement, quand il distingua les figures informes qui lui semblaient être la perfection de l'art. Il se mit à danser, à pousser des cris de joie. Enfin il s'écria précipitamment :

— Je vais montrer *ceci* à ma mère... Mes frères seront jaloux ; mais je ne *le* laisserai prendre qu'à mon père.

Ne sachant où mettre la pièce de monnaie, il la glissa dans sa bouche, et se disposa à regagner l'île qui, du reste, était seulement à quelques pas. Sa préoccupation, son impatience d'arriver, l'empêchèrent de s'apercevoir que l'eubage, après avoir donné des instructions aux bateliers, avait passé de la grande barque dans la pirogue et s'était assis à côté de lui. D'ailleurs, comment eût-il refusé d'obéir à cet être majestueux, supérieur, tout-puissant, qui lui faisait un pareil cadeau ?

En quelques coups de rame, on atteignit l'île, et le jeune garçon sauta sur le rivage, sans trop s'inquiéter de l'ovate. Celui-ci ne demeura pas en arrière et le suivit dans le sentier qui serpentait à travers le fourré.

VIII

LA VISITE

Ce sentier était beaucoup plus praticable et plus fréquenté qu'autrefois. Il était aussi beaucoup moins long, car, au bout d'une centaine de pas, on se trouva dans de vastes champs bien cultivés. Au centre, s'élevait l'habitation qui avait l'aspect d'une véritable forteresse, comme nous l'avons dit. Pour en approcher il fallait traverser un abatis d'arbres, dont les branchages entrelacés, les troncs vermoulus, ne laissaient qu'un sinueux passage, facile à obstruer en cas d'attaque. Les murailles de l'enceinte étaient construites selon le système gaulois, c'est-à-dire par assises successives de pierres et de poutres, si bien qu'elles pouvaient résister également à la sape et au feu. Leur hauteur permettait à peine d'apercevoir les toits coniques de plusieurs huttes; la porte, faite d'énormes madriers, était flanquée de pierres qui donnaient le moyen de la murer avec rapidité, le cas échéant.

L'ovate, à la vue de cette demeure si bien fortifiée, n'éprouva pas autant de surprise qu'on pourrait croire. A cette époque, où la guerre était en permanence, non seulement de nation à nation, mais encore de tribu à tribu et de famille à famille, ces forteresses rustiques étaient fort répandues. Chaque Gaulois notable en avait une, qu'il habitait d'une manière permanente ou seulement dans les moments de danger. D'ailleurs, ces solides murailles pouvaient aussi avoir été construites pour protéger les habitations contre les envahissements de la rivière qui, en hiver, inondait souvent une partie de l'île.

Clodic, à mesure qu'il approchait, redoublait de vitesse et appelait sa mère, à laquelle il était impatient de montrer son trésor. Comme on ne répondait pas, il franchit la porte massive qui se trouvait ouverte, et l'eubage la franchit derrière lui.

L'enceinte fortifiée, où croissaient quelques beaux arbres, était assez vaste pour contenir, en cas de guerre, tous les troupeaux et toute la richesse de la famille. En face de l'entrée, s'élevaient trois ou quatre huttes rondes, couvertes en chaume ou en joncs, selon l'ordinaire. De l'une d'elles, affectée aux usages de la cuisine, sortait en ce moment un bruit monotone, désagréable, qui avait sans doute empêché d'entendre les appels de Clodic; il provenait d'un moulin à bras, formé de meules de grès superposées, que deux femmes manœuvraient pour écraser du grain.

La plus âgée de ces femmes était une esclave qui avait fui d'un village carnute, afin d'éviter d'être lapidée ou brûlée sur la tombe de son ancien maître. Dumorix, dans une de ses excursions, l'avait rencontrée, mourante de fatigue et de faim, au milieu des bois, et l'avait amenée à Loutouhezi pour servir de compagne et de servante à Mona. L'esclave s'était montrée reconnaissante de ce bon office par son dévouement et sa fidélité. Elle avait aidé à élever les enfants, et était considérée comme faisant partie de la famille.

Dans l'autre femme, on a deviné la maîtresse du logis, Mona elle-même.

Mona, comme on peut croire, n'était plus la jeune fille élancée que nous avons vue au début de cette histoire, mais une forte matrone, encore belle, qui, dans le désordre de sa toilette, apparaissait avec ses formes sculpturales et majestueuses. Quoique occupée en ce moment des plus humbles soins du ménage, elle avait cette dignité de la Gauloise qui partageait l'autorité avec son mari. L'antique déférence des Celtes pour leurs épouses et leurs mères est peut-être l'origine du culte chevaleresque de la femme au moyen âge, culte qui a été un des principaux éléments de la civilisation moderne.

Mona, en voyant entrer le plus jeune et par conséquent le plus chéri de ses enfants, quitta son travail pour venir au-devant de lui. Clodic, tout haletant, avait déjà retiré de sa bouche la pièce de bronze et la montrait avec une joie naïve, quand la vieille esclave poussa un cri de surprise et de crainte. Mona retourna la tête et aperçut, sur le seuil de la porte, l'ovate, fort remarquable à sa robe verte et à sa couronne de chêne.

Elle le regarda fixement; sans doute, après tant d'années, elle le reconnut, car elle bondit comme une panthère, saisit une hache qui se trouvait dans un coin de la hutte, et se posa, superbe d'indignation, de haine et de menace, devant le prêtre d'Irminsul, en disant à son fils :

— Qu'as-tu fait, Clodic?... C'est l'ovate d'Argenteuil!

Ces paroles avaient une signification précise pour le jeune garçon; il s'empara d'une lance et se rangea auprès de sa mère, tandis que l'esclave s'armait d'un rouleau de pierre, dont elle se servait un moment auparavant pour un autre usage.

L'ovate ne s'émut pas de ces démonstrations hostiles, et s'assit sur une botte de joncs dans l'intérieur de la hutte.

— Mona, dit-il, je suis l'hôte de Dumorix et le tien.

Telle était alors la sainteté de l'hospitalité, que Mona cessa de menacer son mortel ennemi. Cependant ses yeux étincelaient toujours, et elle reprit, frémissante de colère :

— Quoi! prêtre d'Irminsul, oses-tu t'asseoir dans la demeure d'un homme que tu as déclaré infâme? Tu l'as maudit ainsi que sa famille, ses amis, ses serviteurs, ses troupeaux et ses biens, son toit et son foyer... Pourquoi es-tu entré dans cette hutte du proscrit excommunié?

L'ovate répondit : — Les commandements imposés au vulgaire sont au-dessous de moi. Un druide est dépositaire du pouvoir divin ; les malédictions qu'il a prononcées, il peut les révoquer... Tout à l'heure, le hasard m'a fait apprendre que tu étais ici avec ton mari Dumorix, et j'ai voulu te voir. Tu es la fille de cette femme vénérable Bodicéa, qui adore les dieux et honore les druides. Bien souvent elle m'a parlé de toi, et je sais que secrètement elle t'aime malgré tes fautes... C'est à cause de Bodicéa que je suis entré dans ta maison.

Le nom de sa mère produisit sur Mona une impression très vive. Elle laissa tomber sa hache et fondit en larmes.

— Ovate, s'écria-t-elle, est-il vrai que ma mère existe encore ?

— Quoi ! l'ignores-tu en effet ? Elle vit, bien qu'elle soit chargée d'ans et qu'elle décline d'heure en heure... Je lui rendrai de la force, en lui apprenant que cette fille, qu'elle a perdue, n'a pas succombé sous la malédiction divine.

Mona n'essayait plus de se contraindre et donnait cours à ses sanglots.

— Est-il possible ? murmurait-elle ; Bodicéa est de ce monde, et elle m'aime toujours !... Ovate, je t'en conjure, quand tu la rejoindras, dis-lui que, moi aussi, je n'ai cessé de penser à elle depuis notre séparation. Malgré la malédiction que tu as appelée sur nos têtes, les dieux m'ont donné un mari courageux et bon, des enfants beaux, vigoureux, qui me respectent, qui entretiennent autour de moi la joie et l'abondance. Cependant, au milieu de ces prospérités, deux idées m'ont occupée sans relâche : Ma mère me hait-elle encore ? et... je voudrais revoir Bodicéa, ne fût-ce qu'un instant !

Une satisfaction cruelle brilla dans les yeux de l'ovate. Il ne se hâta pas de répondre ; ce fut seulement après une pause qu'il reprit doucement :

— Le temps, Mona, adoucit bien des passions, calme bien

des colères; peut-être aussi désarme-t-il la vengeance d'Irminsul. D'ailleurs, une génisse blanche a été sacrifiée à ta place sur le tombeau du vergobret et les mânes du chef ont été apaisés par ce sacrifice. Pourquoi donc ne te déciderais-tu pas à visiter Bodicéa, qui te désire, qui t'appelle, qui voudrait t'embrasser une dernière fois avant de passer dans le monde meilleur ?

Mona tressaillit et releva la tête.

— Que dis-tu, ovate ? s'écria-t-elle ; je pourrais retourner au village de la tribu ?

— Oui... et ma protection te mettrait à l'abri de toute offense.

— J'irai donc, répliqua la Gauloise avec résolution ; dès que Dumorix et mes fils rentreront, je leur annoncerai mon désir d'aller embrasser ma mère une dernière fois.

— Pourquoi tant tarder, Mona ? Je te le répète, Bodicéa est bien vieille. Si tu ne te hâtes, peut-être arriveras-tu trop tard. Écoute : le bateau qui m'a conduit ici doit maintenant être remis à flot. Veux-tu me suivre ? Nous allons partir ; les esclaves et les clients de ta mère te ramèneront à Loutouhezi.

Mona paraissait vivement tentée. Les sentiments les plus divers se partageaient son âme. Elle dit avec effort :

— J'irai voir Bodicéa ; mais je serai accompagnée de Dumorix et de deux de mes fils.

— Je ne saurais étendre ma protection sur eux comme je suis prêt à l'étendre sur toi. Les guerriers de notre tribu soupçonnent que le fils de Hatt a été tué par Dumorix, et la famille de Hatt a encore de nombreux amis. Sans doute mon autorité serait insuffisante pour contenir les rancunes que la présence de ton mari pourrait déchaîner... Maintenant, accepte ou refuse ; un druide ne parle jamais en vain.

Et il se leva comme pour se retirer. Mona se décida tout à coup.

— Je me fie à toi, ovate, s'écria-t-elle et je vais te suivre.

Elle prit un grand voile de lin, dont elle s'enveloppa tout entière, posa sur son bras un manteau de peau fine et souple, qui devait au besoin la garantir du vent et de la pluie ; puis elle dit d'un ton ferme :

— Conduis-moi, ovate ; je suis impatiente de voir Bodicéa.

Le même sourire de haine satisfaite se montra sur le visage austère du druide. Comme on se dirigeait déjà vers la porte, Mona fut arrêtée par Clodic, qui s'attacha à elle et s'écria, en retenant avec peine ses larmes :

— Mère, mère... ne t'en va pas.

Monnaie gauloise (Indépendance de la Gaule).

De son côté, la vieille esclave murmura timidement :

— Mona, que dira Dumorix, ton maître et le mien, quand il rentrera dans sa maison et qu'il ne te trouvera plus ?

Mona déposa un baiser sur le front de Clodic.

— Je reviendrai bientôt, enfant, reprit-elle avec indulgence ; ne t'alarme pas... Tu aimes ta mère ; dois-tu t'étonner que j'aime la mienne ?

Elle donna ses ordres à l'esclave sur ce qu'il faudrait dire aux chasseurs quand ils reviendraient à l'habitation, et, craignant peut-être que son courage ne finît par fléchir, elle ajouta brusquement :

— Ovate, je suis prête.

Ils allaient sortir de la hutte; un bruit subit, semblable à la course impétueuse de plusieurs personnes, les obligea de se rejeter en arrière. Dumorix et ses quatre fils, dont la taille gigantesque était à peine inférieure à la sienne, entrèrent comme une trombe. Tous avaient des vêtements de peaux d'une coupe étrange; ils étaient armés de gais, de javelots, d'arcs et de flèches. Le père, dont le visage brillait de fureur, tenait à la main son sabre nu et, sans prononcer une parole, il le leva sur l'ovate épouvanté. Mona lui retint le bras en s'écriant :

— Dumorix, il est ton hôte!

Cette considération apaisa Dumorix, comme elle avait apaisé Mona elle-même. Le Gall se détourna pour s'assurer que ses fils, qui semblaient partager sa colère, ne céderaient pas, de leur côté, à quelque entraînement de haine.

— Mona parle sagement, dit-il avec effort; quoique cet ovate, en s'introduisant dans notre demeure, n'ait eu que des intentions perfides, nous ne pouvons nous souiller de son sang.

Les sabres et les lances s'abaissèrent. Un chef de famille avait alors droit de vie et de mort sur ses enfants, et les fils de Dumorix étaient habitués à une obéissance absolue. L'ovate, qui avait pâli d'abord, ne tarda pas à reprendre courage.

— Pourquoi ces violences, Dumorix, fils de Calètes? demanda-t-il. Oubliant tes sacrilèges passés, oubliant l'anathème qui pèse sur ta famille et sur toi, je me suis assis à ton foyer en voyageur et en homme de paix; pourquoi m'abordez-vous la menace à la bouche et les armes à la main?

— N'est-ce donc pas toi, prêtre d'Irminsul, s'écria Dumorix, qui as prononcé contre nous l'anathème? Heureusement, ajouta-t-il avec ironie, tes dieux n'ont pas exaucé cette effroyable malédiction. Regarde comme Mona est belle, comme ses enfants sont forts et beaux ! Nous ne te craignons plus, nous ne craignons pas davantage la tribu ennemie qui nous a reniés ; mais ce qui excite ma défiance, ce sont tes artifices. Tout à l'heure, en revenant de la chasse, mes fils et moi, nous avons rencontré, à la pointe de l'île, la barque qui t'appartient et qu'un accident a forcée de s'arrêter ici. J'ai questionné tes esclaves, et ils m'ont annoncé ta présence dans ma demeure. Alors, sachant qui tu étais et quelles ruses abominables tu pouvais employer contre Mona, nous sommes accourus pour la protéger... Il te fût arrivé malheur si tu n'avais invoqué les droits de l'hospitalité !

L'ovate, malgré son orgueil, perdait contenance et se taisait. Mona crut devoir intervenir.

— Dumorix, dit-elle, tu avais tort de soupçonner l'ovate... Il voulait seulement contenter ma mère Bodicéa, qui me pardonne et qui m'appelle de tous ses vœux... Aussi m'avait-il décidée à partir avec lui quand vous êtes entrés.

Elle fut épouvantée de l'effet que ces paroles produisaient sur son mari. Dumorix, saisi d'un nouvel accès de rage, leva son sabre sur l'ovate ; Mona, avec la hardiesse de la femme aimée qui connaît son pouvoir, se précipita encore pour arrêter le bras du guerrier.

— Dumorix, s'écria-t-elle, vas-tu donc, malgré tes promesses, répandre le sang de ton hôte ? C'est volontairement que je me suis déterminée à le suivre pour embrasser ma mère Bodicéa.

— Et Bodicéa est morte depuis un mois ! répliqua Dumorix.

— Que dis-tu ? Comment peux-tu savoir ?.. Nous ne parlons à personne du pays !

— Le hasard m'a révélé le fait. Il y a un mois environ que j'entendis un pâtre crier à un de ses compagnons, placé à quelque distance de l'endroit où j'étais : « La vieille Bodicéa est morte, et elle a donné ses biens à l'ovate. » L'autre alla répéter plus loin la nouvelle ; moi, je ne t'ai rien dit, de peur de t'affliger.

Mona pleura de nouveau : — Ainsi, ma mère est morte, murmura-t-elle, et je ne la verrai plus!

Mais aussitôt l'indignation l'emporta sur la douleur :

— Ovate, tu le savais! s'écria-t-elle; pourquoi voulais-tu m'emmener d'ici?

Le druide, confondu, sentait que devant cette famille à demi sauvage, si violemment et si justement irritée, sa vie ne tenait qu'à un fil. Il balbutia avec embarras :

— J'ignorais la mort de Bodicéa... Je suis en voyage depuis longtemps; c'est sans doute pendant mon absence...

— Il n'y a pas plus de huit jours que tu as quitté ta tribu, interrompit Dumorix en frappant du pied; les bateliers me l'ont dit tout à l'heure. Tu es allé à Mélodunum[1] prendre les ordres de l'archidruide dont tu dépens, et la mort de Bodicéa t'était connue bien avant ton départ.

L'ovate, convaincu de mensonge, essaya de se réfugier dans son orgueil de caste :

— Appartient-il à un profane ignorant tel que toi, reprit-il avec hauteur, de juger la conduite d'un prêtre d'Irminsul et d'Esus?

Mona ne se payait pas de subterfuges.

— Ovate, répéta-t-elle, puisque ma mère est morte, que voulais-tu de moi en me ramenant à la tribu?

— J'obéissais à l'ordre des dieux.

— Et sais-tu, Mona, ce que voulaient les dieux des druides? s'écria Dumorix avec une ironie farouche; je crois le deviner maintenant... Les bateliers m'ont appris encore (car je les eusse tués s'ils ne m'avaient dit toute la vérité) ce que l'ovate est allé faire à Mélodunum. Les Kimris d'Argenteuil, afin de témoigner leur ferveur à Irminsul, ont demandé un sacrifice humain, et ils ont préparé la grande statue d'osier, dans

---

1. *Mélodunum*, Melun.

laquelle on enferme habituellement les victimes pour les brûler vivantes. Aucune victime ne s'étant offerte, l'ovate a

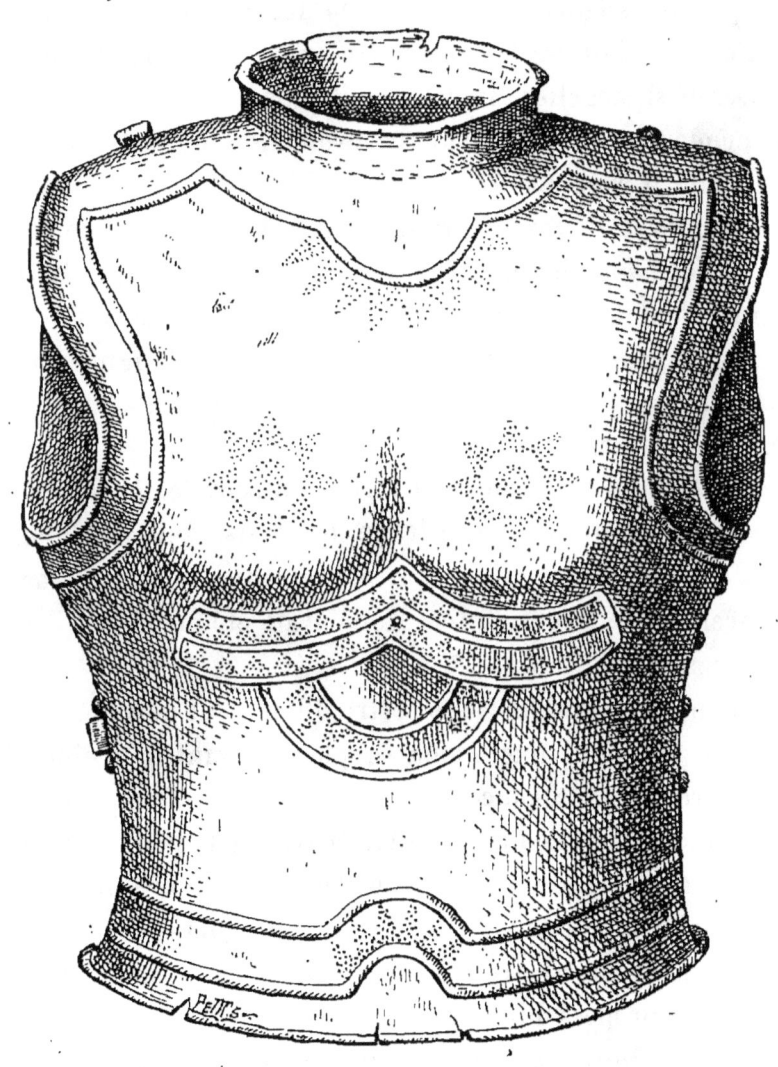

Cuirasse en bronze battu (1/5 de grandeur naturelle, musée de Saint-Germain).

réclamé de l'archidruide un de ces malfaiteurs que le collège des druides tient en réserve pour les circonstances de ce genre. On n'a pas voulu satisfaire à sa demande, et c'est toi, Mona, toi, la mère de mes fils, que cet ovate avait choisie sans doute pour remplacer la victime qui lui manque !

Un profond silence accueillit cette accusation. On pensait que l'ovate allait protester contre ces intentions si monstrueuses et si cruelles ; mais il était plus orgueilleux encore que prudent. Comptant sur la protection de la mère de famille, il dit avec dédain :

— Dumorix et ses fils sont Galls ; ils ne respectent pas Irminsul et Esus, les dieux des druides ; ils adorent Kirk, Tarann, Teutatès[1], et ne sauraient comprendre les terribles volontés auxquelles je dois obéir... Mona a été désignée pour victime, il y a plus de vingt ans ; croit-on que les dieux ne puissent réclamer leur proie tôt ou tard ?

Cette espèce d'aveu porta la fureur au comble. Non seulement Dumorix, mais encore les jeunes gens, qui assistaient attentifs et sombres à cette scène, poussèrent des cris de rage en apprenant de quel supplice Mona avait été menacée. Tous s'élancèrent sur l'ovate.

— Tuons-le, criaient-ils ; le prêtre d'Irminsul doit mourir !

Pour la troisième fois, Mona se plaça devant le druide et lui fit un rempart de son corps.

— Dumorix... mes fils, dit-elle, épargnez-le pour l'amour de moi... épargnez-le, je vous en conjure... Souvenez-vous qu'il est notre hôte et qu'il a été l'ami de ma mère !

Les jeunes gens obéirent ; comme Dumorix hésitait, Colman, l'aîné, proposa humblement :

— Père, si Mona ne veut pas qu'il meure, gardons-le du moins comme otage.

---

1. Nous rappelons de nouveau que, parallèlement au druidisme, professé dans les Gaules par les Kimris, existait un polythéisme professé surtout par les anciens Galls. Les divinités de ce polythéisme furent assimilées plus tard par Auguste aux dieux de la Grèce. Ainsi *Teutatès* devint Mercure, *Tarann* devint Jupiter, etc. Les bas-reliefs en pierre trouvés à Paris, dans les fondations de Notre-Dame, constatent d'une manière positive cette assimilation.

— Non, non, pas même cela ! s'écria Mona ; Dumorix, je te le demande avec instance, qu'il sorte librement de ta demeure comme il y est entré.

Et elle appuya sa prière d'un de ces regards auxquels le fils de Calètes, malgré sa rudesse apparente, ne savait pas résister. Il dit brusquement à l'ovate :

— Va-t'en, puisque Mona le désire... Sans doute tu vas ameuter contre nous les Kimris du pays ; mais nous sommes assez forts pour défendre Mona contre toi et contre eux ; si nous n'y parvenons pas, nous mourrons !

— Oui, oui, nous mourrons ! répétèrent les jeunes gens en se groupant autour de leur mère.

Mona les remercia par un sourire d'orgueil et de joie. Comme l'ovate, partagé entre le sentiment de sa dignité et la conscience du péril, ne bougeait pas, Dumorix perdit patience.

— Va-t'en donc, homme ! s'écria-t-il ; es-tu las de la vie ?

L'ovate se décida enfin.

— Je reviendrai ! murmura-t-il.

Il se drapa dans sa toge, et sortit à pas lents, sans s'apercevoir que Clodic lançait après lui la pièce de monnaie qu'il avait reçue en cadeau.

Comme il franchissait l'enceinte fortifiée, Dumorix appela d'un signe deux de ses fils :

— Acco, et toi, Dumnac, leur dit-il, suivez-le de loin jusqu'à ce que vous l'ayez vu remonter dans sa barque... Surtout, résistez à la tentation de lui envoyer une flèche ou un javelot ; je vous l'ordonne.

Les deux robustes jeunes gens se mirent à rire, comme si leur père eût fait une excellente plaisanterie, et ils s'empressèrent de suivre l'ovate.

Le chef de famille resta un moment rêveur. Mona l'ayant remercié doucement de sa condescendance, Dumorix s'approcha de Colman, son confident et l'exécuteur habituel de ses volontés.

— Fils, dit-il d'un air de réflexion, le courage ne doit pas exclure la prudence... Il faut nous attendre à être attaqués bientôt par les guerriers d'Argenteuil.

— Nous les combattrons.

— Par Tarann ! je n'en doute pas ; mais il s'agit de défendre Mona et nous ne pouvons prendre trop de précautions... J'ai une mission à te confier ; es-tu prêt ?

— J'attends les ordres de mon père, répliqua Colman en saisissant sa lance et son bouclier.

— Tu vas, poursuivit Dumorix, te rendre dans la forêt qui s'étend non loin d'ici, du côté du levant ; tu y chercheras cette petite tribu de Kimris-Belges, que la guerre a forcée de quitter son pays et qui campe dans les bois... Tu la connais bien, ainsi que son chef Tasget?

— Oui, oui ! père, s'écria le jeune homme avec un empressement joyeux.

— Tu demanderas le chef, et tu lui montreras ceci, afin qu'il sache que tu viens de ma part.

Il tira de son doigt un gros anneau de fer, dont le chaton portait certaines figures bizarres grossièrement gravées, et le remit à son fils.

— Quand donc tu auras trouvé Tasget, tu lui diras : « Mon père Dumorix, fils de Calètes, accepte tes conditions, et comme il est menacé par de nombreux ennemis, envoie-lui sur-le-champ six de tes guerriers. Ainsi commenceront entre ta tribu et la nôtre des relations d'amitié, qui ne finiront plus. » As-tu bien compris mes paroles ?

Colman se hâta de répéter mot pour mot le message, afin de prouver qu'il saurait le rapporter exactement. Il ajouta, les yeux baissés, avec une timidité que son mâle visage et sa barbe touffue rendaient encore plus singulière :

— Mon père, les filles de cette tribu sont bien belles!
Dumorix sourit.

— Mona voudra-t-elle des brus? dit-il en regardant sa femme, qui écoutait avec déférence cette conversation entre son mari et son fils aîné.

La Gauloise sourit à son tour, et Colman partit allègrement pour s'acquitter de sa mission.

IX

LES ALLIÉS

Trois jours plus tard, l'habitation fortifiée de Loutouhezi n'avait plus son aspect paisible et solitaire. Les troupeaux de bœufs, de moutons, de chèvres, qui erraient habituellement dans les pâturages de l'île, avaient été ramenés dans l'enclos; leurs mugissements, leurs bêlements, mêlés aux aboiements des chiens à demi sauvages qui étaient préposés à leur garde, produisaient jour et nuit un vacarme assourdissant. On avait rentré de même les meules de blé, éparses naguère dans la campagne, et il semblait qu'on eût pris toutes les mesures pour ne rien laisser exposé aux déprédations des ennemis extérieurs.

On avait aussi complété les fortifications. De nouveaux abatis fermaient les chemins et les rendaient impraticables pour les chevaux. Devant l'unique porte de l'enceinte, était creusé un fossé profond, sur lequel on avait jeté quelques planches mobiles. Des pieux aiguisés, des palissades, en rendaient l'abord très difficile et très périlleux.

Le nombre des habitants de Loutouhezi s'était beaucoup accru. Dumorix et ses cinq fils avaient pris leurs harnais de guerre; le petit Clodic lui-même avait campé sur sa tête un casque énorme, qui l'écrasait et lui couvrait presque les yeux. Il se promenait, armé de son arc et de sa fronde, avec un air martial qui égayait fort sa pauvre mère, bien qu'elle ne manquât pas de soucis en ce moment.

Parmi les défenseurs de Loutouhezi, se trouvaient une demi-douzaine de jeunes gens, équipés comme les fils de la maison, sauf que leurs braies étaient beaucoup plus larges, ce qui semblait être le signe distinctif de leur nation. Ils avaient pour chef un guerrier d'un âge avancé, quoique vert encore, auquel ils témoignaient un grand respect. Ce guerrier était Tasget, qui s'était rendu à l'appel de Dumorix avec ces jeunes gens et avec quelques vieilles femmes esclaves, chargées d'assister dame Mona pendant le siège que l'on prévoyait.

Ces nouveaux venus appartenaient, comme nous l'avons dit, à la nation des Kimris-Belges occupant tout le nord des Gaules jusqu'à la mer. Elle se composait de petites peuplades, qui se faisaient entre elles une guerre acharnée; aussi, la peuplade vaincue se trouvait-elle parfois obligée d'émigrer et d'aller former au loin un établissement nouveau. Tel avait été le sort de la tribu de Tasget, qui, échappée au fer de ses ennemis, s'était réfugiée sur les confins de la nation des Sénones, dont dépendait l'Ile-de-France. Cette partie du pays n'ayant pas alors beaucoup d'habitants, Tasget était en instance auprès du sénat des Sénones pour obtenir l'autorisation de s'y établir d'une manière définitive. En attendant, il campait avec son monde dans la forêt, qu'on appela plus tard forêt de Bondy, et où Dumorix, en chassant avec ses fils, l'avait rencontré. Quoique le Gall n'entretînt aucun rapport avec les gens du voisinage, il n'avait pas craint d'entrer en relation avec ces étrangers dont la situation ressemblait assez à la sienne. Une sorte d'intimité s'était établie entre sa famille et la tribu des Kimris-Belges, qui se composait tout au plus d'une centaine de personnes; des projets d'alliance avaient été ébauchés entre les deux chefs; et, au moment où il s'était cru menacé d'une attaque, Dumorix n'avait plus hésité à conclure cette alliance.

Depuis trois jours donc, Tasget et quelques-uns de ses guerriers habitaient Loutouhezi. Des tentes avaient été dressées pour eux, et, tout en achevant les travaux de défense, les jeunes Kimris-Belges se livraient avec les fils de Dumorix aux exercices en usage parmi les Gaulois, le saut, la course, le tir de l'arc, le maniement du sabre et du javelot. Nous devons ajouter que les chefs s'arrangeaient pour être présents quand cette bouillante jeunesse s'ébattait ainsi, afin de prévenir des querelles toujours prêtes à éclater sous le moindre prétexte.

Le troisième jour, vers le soir, Tasget et Dumorix, assis sur des bottes de jonc, devant une hutte, buvaient de l'hydromel dans des coupes de corne, tout en causant à demi-voix de leurs projets futurs. Tasget était un beau vieillard, aussi calme et aussi froid que Dumorix se montrait encore vif et emporté. Ils avaient déposé à terre leurs pesants casques de bronze, tandis que Clodic, toujours chargé du sien, au grand détriment de sa nuque et de son front, rôdait à quelques pas, une pique à la main, et semblait monter auprès d'eux une garde d'honneur. Au fond de l'enclos, on apercevait un groupe de guerriers, qui mettaient à leurs flèches des pointes de silex, en employant le bitume pour cet usage, selon la mode antique.

Le bruit rauque d'une corne se fit entendre au dehors.

— Voilà sans doute Colman que j'ai envoyé à la découverte, dit tranquillement Dumorix.

En effet, un des jeunes gens préposés à la garde de la porte alla reconnaître la personne qui s'annonçait ainsi, et ramena Colman épuisé de fatigue. On accourut afin d'apprendre les nouvelles dont il devait être porteur,

— Père, dit Colman, *ils* viennent... Je *les* ai vus !

— Ils viennent ! s'écria le petit Clodic ; tant mieux... où sont-ils ?

Des rires bruyants accueillirent l'exclamation belliqueuse

de l'apprenti guerrier, et Clodic furieux voulut battre les rieurs, ce qui redoubla l'hilarité.

Néanmoins, les deux chefs étaient demeurés graves. Colman poursuivit :

— *Ils* remontent la Seine dans une vingtaine de pirogues... L'ovate et le barde sont avec eux... J'ai traversé plusieurs

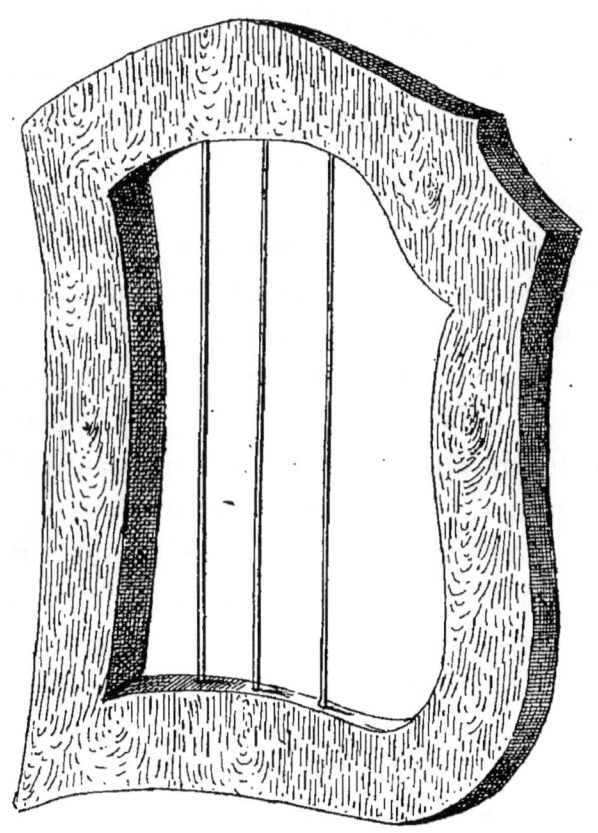

Rotte gauloise (1/6 de grandeur naturelle).

fois la rivière à la nage pour les devancer, et comme ils ont un grand détour à faire, ils ne peuvent être ici avant demain matin.

— Ils seront fatigués d'avoir ramé toute la nuit, dit le chef des Kimris-Belges, et leur ardeur à combattre sera moins grande.

— Ainsi donc, reprit Dumorix, l'ovate a tenu parole et

il a pu armer contre nous sa tribu où je comptais tant d'amis autrefois ?... Il suffit, mon fils Colman..., à présent mange, bois et repose-toi, afin d'être dispos pour l'heure où ils arriveront... Quant à vous, ajouta-t-il en s'adressant aux jeunes gens qui se pressaient autour d'eux avec curiosité, songez à faire bonne garde... Un guerrier peut être vaincu ; il ne doit jamais se laisser surprendre !

Chacun retourna donc à ses occupations. La certitude d'une attaque causait à tous une joie extrême ; pendant le reste de la soirée, les jeux bruyants, les rires et les plaisanteries ne cessèrent plus.

Dumorix et Tasget étaient demeurés seuls, en face d'un grand pot d'hydromel où ils puisaient de temps en temps.

— Gall, dit Tasget d'un air soucieux, nous sommes frères à présent, et quelle que soit la cause de tes querelles, ce qui reste de ma malheureuse tribu et moi, nous sommes prêts à te défendre jusqu'à la mort. Cependant l'affaire présente me trouble et m'inquiète, je l'avoue.

— Chef, interrompit Dumorix avec dignité, si le péril te semble trop grand, tu peux encore te retirer ; mes fils et moi, nous saurons bien seuls...

— Tu m'offenses, Dumorix, et tu ne m'as pas compris... Nous avons uni nos mains, bu dans la même coupe ; nous sommes frères, te dis-je, et nous combattrons ensemble contre tes ennemis. Nous repousserons ceux qui viennent pour t'enlever Mona, pour dévaster ta demeure ; mais as-tu songé qu'ils appartiennent à la puissante nation des Sénones, et qu'après la victoire, les Sénones pourront nous demander, à toi et à moi, compte du sang versé ?

— Tu dis vrai, chef, et cette idée s'est déjà présentée à mon esprit. J'espère pourtant que le sénat d'Agendicum[1]

---

1. *Agendicum*, Sens.

comprendra que les guerriers de l'ovate sont les agresseurs et que nous sommes dans la nécessité de nous défendre.

Tasget secoua la tête.

— Ne mets pas ta confiance en ce point, répliqua-t-il ; les Sénones écoutent docilement les druides, et on les convaincra sans doute que le sacrifice de Mona serait agréable aux dieux. D'autre part, on pourra s'offenser que moi, qui sollicite pour ma tribu la permission de s'établir sur le territoire des Sénones, j'aie pris part à un combat contre une tribu sénonaise. Apprends donc ce que j'ai fait : mon frère Divitiac a étudié longtemps pour être druide, et bien qu'il n'ait pas été initié à ce haut sacerdoce, il a conservé de nombreuses relations avec les membres du collège druidique. Je l'ai envoyé déjà une fois auprès de l'archidruide de Mélodunum, pour solliciter sa protection en faveur de ma tribu, et j'espère que ma demande ne sera pas repoussée. L'autre jour, quand j'ai reçu ton message, j'ai dépêché de nouveau Divitiac à Mélodunum, afin de représenter l'injustice de l'agression qui te menace et la nécessité où je me trouvais de te secourir. Divitiac n'est sans doute pas encore de retour ; mais il est habile, insinuant ; de sa bouche, comme de celle de Teutatès, sortent des chaînes d'or..... Pourquoi la voix de mon frère ne serait-elle pas écoutée ?

— Et qu'attends-tu de ce message ? demanda Dumorix avec intérêt.

— Peut-être l'archidruide, prévenu par Divitiac, enverra-t-il des ordres à l'ovate d'Argenteuil pour que l'attaque n'ait pas lieu.

Un nuage se montra sur le front basané de Dumorix.

— Puisse ton espoir être faux, chef ! dit-il avec colère : je serais chagrin de n'avoir pas l'occasion de combattre avec le sabre et la lance cette peuplade méchante, qui persécute Mona !

Toutefois, le premier mouvement passé, Dumorix, chez qui la réflexion de l'âge mûr commençait à dominer les instincts du guerrier, revint à des sentiments plus sages ; et les deux amis discutèrent tranquillement la possibilité d'une intervention supérieure, dans la lutte armée qui se préparait.

Sur ces entrefaites la nuit arriva, et les habitants de Loutouhezi, après un repas substantiel, ne négligèrent aucune précaution pour mettre la petite place de guerre à l'abri d'un coup de main. Des sentinelles furent posées aux postes importants ; les heures de garde furent indiquées à chaque guerrier ; puis, les deux chefs, au lieu de se retirer dans les huttes, se couchèrent sur des bottes de paille en plein air, afin d'être prêts à la moindre alarme.

Un peu après le retour du soleil, Clodic qui, toujours avec son casque, avait grimpé au sommet d'un des arbres de l'enclos, annonça qu'un grand nombre de pirogues abordaient dans l'île. On entendait le bruit des rames et le clapotis des eaux causé par l'approche d'une flottille. Il s'éleva du rivage un murmure sourd de voix et de pas ; puis, comme si les arrivants eussent voulu annoncer leur présence, ils poussèrent tous ensemble ces hurlements féroces, qui étaient le cri de guerre des Gaulois.

Les défenseurs de Loutouhezi coururent aux armes. De distance en distance, étaient pratiquées dans la muraille des meurtrières, d'où l'on pouvait lancer des flèches, et les jeunes guerriers se placèrent devant ces ouvertures, tandis que Clodic demeurait à son observatoire élevé, au vif regret de sa mère.

Les hurlements cessèrent bientôt ; des craquements dans le bois trahissaient la marche d'un grand nombre de personnes au milieu des taillis. Enfin les sons d'une rotte se firent entendre, et un barde, vêtu d'une tunique bleue, couronné de verveine, s'avança vers la porte fortifiée. Les bardes, à leurs autres fonctions officielles, joignaient souvent les fonctions de parlementaires, et celui-ci, qui était l'ancien

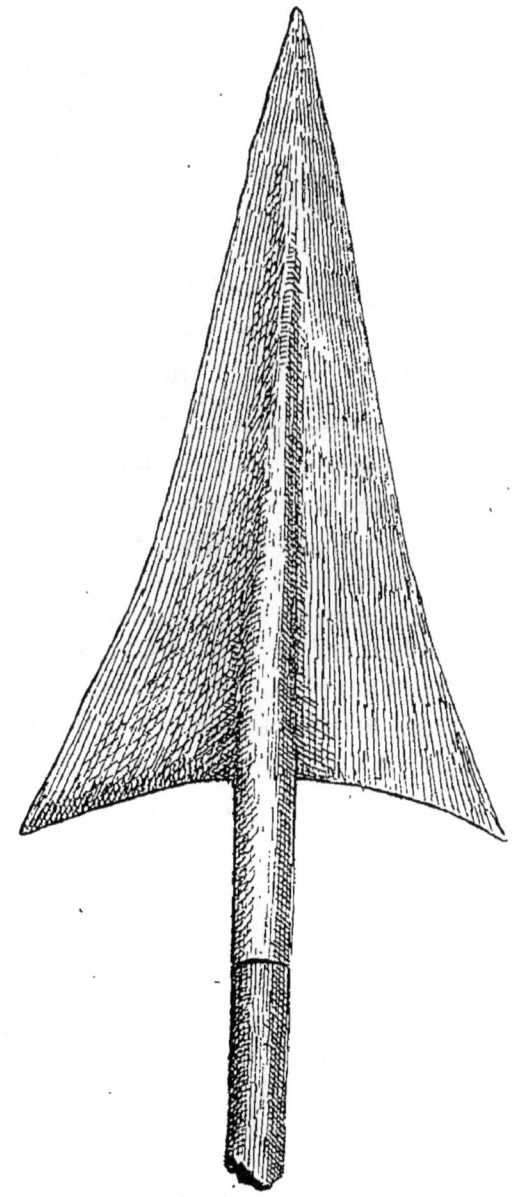

Gaï (épieu), 1/3 de grandeur naturelle.

prétendant de Mona, s'arrêta au revers extérieur du fossé. Là, il tira encore quelques sons de sa rotte, et appela par trois fois.

Dumorix répondit, d'une voix mâle et ferme, à travers une meurtrière. Le barde, assuré qu'on l'écoutait, fit d'un ton imposant la sommation suivante :

— Au nom des dieux et des druides, remettez-nous sur-le-champ Mona, fille de Bodicéa, ou vous périrez tous. Vos demeures seront livrées aux flammes, vos corps seront la proie des corbeaux, la malédiction divine tombera sur vous et votre race.

Dumorix, invisible, répliqua froidement :

— Mona est l'épouse d'un guerrier, elle est mère de guerriers... A quel titre exigez-vous qu'elle vous soit livrée ?

— Les volontés des dieux sont immuables, dit le barde avec emphase ; jadis Mona a été désignée par les augures comme une victime chère aux mânes des morts et à Irminsul... Irminsul a parlé dans le chêne druidique ; il demande le sang de Mona.

Une voix grêle, qui semblait venir des nuages, riposta avec l'accent de l'indignation :

— Ah ! tu veux tuer Mona, chanteur ?... Tiens !

Clodic fit tourner sa fronde du haut de l'arbre où il était juché, et, malgré le malaise de sa situation, la pierre fut lancée avec tant de précision qu'elle atteignit le malencontreux héraut d'armes. C'en était peut-être fait de lui, si le projectile n'eût rencontré la rotte, qu'il brisa en mille pièces avec un bruit plaintif.

Des clameurs et des rires, s'élevant de l'intérieur de l'enceinte, accueillirent l'action du brave enfant qui avait voulu porter le premier coup pour la défense de sa mère. Le barde resta un moment stupéfait, puis il tourna le dos et se dirigea vers le bois, en criant de toute sa force :

— Vengeance ! enfants d'Irminsul... On outrage la majesté des dieux... Les impies ont frappé un barde, dont la personne est sacrée ! Vengeance !

Dumorix et surtout Tasget voulaient blâmer Clodic de sa précipitation étourdie ; ils n'en eurent pas le temps. Aussitôt que le barde eut disparu derrière le feuillage, les hurlements recommencèrent avec une force nouvelle ; de chaque arbre parut sortir un guerrier, et la lutte s'engagea.

Comme à l'ordinaire, ces guerriers étaient armés de gais, de javelines, d'arcs et de flèches ; mais, outre leurs casques et leurs boucliers, quelques-uns avaient des cottes de mailles en fer ou même des cuirasses en bronze. L'usage de ces armes défensives commençait à se répandre parmi les Gaulois, qui s'étaient fait longtemps un point d'honneur de se présenter presque nus au combat. Les assaillants paraissaient pleins d'ardeur, et le fanatisme religieux, inspiré par l'ovate, enflammait leurs regards.

Une partie d'entre eux fit pleuvoir des sagettes sur les fortifications, tandis que les autres, formant différents groupes et se couvrant de leurs boucliers, s'élançaient pour donner l'assaut. Les assiégés, postés aux meurtrières, lancèrent des flèches à leur tour, et comme ils pouvaient viser tout à l'aise, leurs coups étaient redoutables.

Néanmoins, les assaillants continuèrent d'avancer et, parvenus au pied de la muraille, se hissèrent les uns sur les autres avec adresse pour l'escalader. Plusieurs en atteignirent la cime ; mais alors on se rua sur eux avec une telle impétuosité qu'ils furent culbutés, précipités du rempart. Vainement se relevaient-ils pour revenir à la charge ; deux fois ils furent repoussés, et finirent par regagner le bois, en emportant leurs blessés et leurs morts.

Les jeunes défenseurs de Loutouhezi poussèrent des cris de victoire. Dumorix et Tasget, qui ne s'étaient pas épargnés pendant l'action, les avertirent que ces démonstrations venaient trop tôt, car, selon toute apparence, l'attaque allait se renouveler plus furieuse que jamais.

En effet, au bout de quelques instants, les assiégeants débouchèrent encore de la forêt, non plus disséminés en tirailleurs comme précédemment, mais formant un bataillon compact. Outre leurs armes, ils portaient des fascines et des poutres, dans l'intention de combler le fossé et d'assaillir la porte. Au milieu d'eux marchait l'ovate, qui était l'âme de cette expédition. Une branche de chêne à la main, l'air fier et menaçant, il semblait convaincu que son caractère sacerdotal le mettait à l'abri de tout péril.

En un instant, le fossé fut comblé. Puis, tandis que les plus avancés des assaillants faisaient « la tortue » avec leurs boucliers pour protéger leurs compagnons, ceux-ci attaquaient la porte avec leurs haches et avec des poutres qui, balancées en forme de bélier, produisaient un effroyable vacarme par-dessus les cris forcenés des deux partis.

De leur côté, les assiégés se défendaient vaillamment. Du haut des remparts, de chaque meurtrière, ils lançaient sans relâche traits et javelines sur l'ennemi. Les femmes de la maison elles-mêmes ne demeuraient pas inactives, suivant l'habitude des Gauloises en pareille circonstance. Elles apportaient de grosses pierres, réunies pour cet usage dans un coin de l'enclos, et les précipitaient sur les guerriers de l'ovate. Elles ne s'occupaient pas des flèches qui sifflaient autour d'elles, des cris effroyables qui retentissaient de toutes parts. Mona allait et venait sans cesse, exhortant son mari et ses enfants à tenir ferme, quoique peut-être elle se félicitât en secret de les voir encore sans blessure.

La porte solide résistait aux assaillants, dont plusieurs étaient déjà fort maltraités. Néanmoins, ceux qui restaient debout ne paraissaient pas disposés à battre en retraite et essayaient toujours de briser les planches épaisses qui servaient de clôture. On reconnut bientôt qu'ils avaient compté sur un autre moyen de succès.

X

LE PACTE

Pendant que les défenseurs de Loutouhezi étaient occupés du côté de la porte, une nouvelle troupe de guerriers sortit du bois sans bruit et se glissa vers une partie écartée du rempart. L'un d'eux, grimpant sur les épaules de ses compagnons, atteignit le faîte de la muraille, et se mit en mesure d'aider les autres à le rejoindre. Quelques minutes plus tard, ils devaient se trouver tous dans l'enceinte fortifiée, et alors, chargeant par derrière les gens de Dumorix, qui étaient peu nombreux, comme nous savons, ils ne pouvaient manquer de s'emparer de la place.

Une sentinelle vigilante avait vu le danger; c'était le petit Clodic. Toujours perché sur son arbre, malgré les flèches qui sifflaient autour de lui, il avait remplacé par un arc la fronde, dont il faisait si bon usage. Il poussa des cris aigus pour donner l'alarme, et lui-même lança une sagette, qui alla s'implanter dans le bouclier d'un des assaillants.

Dumorix se retourna et, voyant de quoi il s'agissait, fit signe à Tasget de le suivre. L'un et l'autre coururent vers l'endroit où l'on tentait l'escalade. Les femmes de l'habitation, Mona en tête, coururent avec eux, armées de tout ce qui leur était tombé sous la main.

Deux guerriers d'Argenteuil avaient déjà pénétré dans l'enceinte, tandis qu'un troisième montrait la tête au-dessus de la muraille. Dumorix et Tasget, quoique n'ayant d'autres armes que leurs lourdes épées à un seul tranchant, choisirent chacun un ennemi et le renversèrent à leurs pieds. Puis, Dumorix frappa d'un coup terrible la tête qui déjà surmontait le rempart, et l'homme à qui elle appartenait disparut brusquement. Au même instant, Mona et ses compagnes firent grêler les pierres sur les autres ennemis, qui durent battre en retraite, poursuivis par les huées des femmes victorieuses.

Le premier adversaire de Dumorix avait eu la poitrine traversée, et était bien mort. Mais l'adversaire de Tasget, protégé par son casque et par une épaisse cotte de mailles, n'avait pas été atteint aussi grièvement. Il n'était qu'étourdi, et quand Dumorix descendit de la muraille, il vit Tasget le soulever avec précaution.

— Il respire encore, dit-il tranquillement; hâte-toi de lui couper la tête pour l'achever.

— Non, non, frère Dumorix, répliqua Tasget, il sera toujours temps d'en venir là. Ce guerrier est le vergobret de la tribu ; gardons-le comme prisonnier et comme otage.

— Il t'appartient, frère Tasget, répondit Dumorix avec indifférence.

Réellement le guerrier vaincu commençait à reprendre ses esprits. Sur l'ordre de Tasget, une femme apporta des courroies avec lesquelles on garrotta le prisonnier, après lui avoir enlevé ses armes. Cela fait, Tasget allait l'interroger ; une clameur plus puissante, plus lamentable que les autres, s'éleva du dehors et annonça un nouvel événement.

Nous savons que l'ovate, confiant dans le caractère sacré qui le rendait inviolable pour les deux partis, se tenait au premier rang des assiégeants et les animait au combat. Jusque-là, soit par hasard, soit par suite du respect qu'il inspirait, il avait bravé impunément les traits et les javelines ;

mais cela ne faisait pas le compte de Clodic, qui voyait dans le druide un mortel ennemi de sa mère. Aussi l'apprenti guerrier avait-il choisi sa flèche la plus acérée, l'avait posée sur son arc, et, après avoir ajusté longtemps, l'avait décochée sur l'ovate. Celui-ci, atteint mortellement à la gorge, tomba en poussant des cris de douleur.

C'était ce fait, inouï parmi les Gaulois et considéré comme un effroyable sacrilège, qui causait une si violente agitation. Une voix s'éleva qui disait :

— Les maudits ont tué le prêtre d'Irminsul... Déjà ils avaient tué le vergobret de la tribu... Vengeance pour l'ovate! vengeance pour le vergobret! A l'assaut! à l'assaut!... Exterminons ces impies; exterminons-les tous, hommes, femmes et enfants!... Irminsul veut du sang!... Quiconque fera un pas en arrière sera maudit comme eux!

— Oui, oui, vengeance! s'écrièrent les guerriers au comble de l'exaspération; à l'assaut!

On vit sortir du bois un grand nombre d'hommes, dont on n'avait pas soupçonné la présence, et qui, joints aux premiers combattants, composaient une force à peu près irrésistible. S'élançant sur tous les points de l'enceinte à la fois, ils commencèrent à escalader les murailles avec un entrain merveilleux. En vain les défenseurs de Loutouhezi essayèrent-ils de les repousser; comment faire face à tant d'ennemis que le fanatisme et le désir de vengeance exaltaient jusqu'au délire? En un instant les guerriers d'Argenteuil apparurent au-dessus du rempart, et la place ne pouvait plus manquer de tomber en leur pouvoir.

Les deux chefs avaient échangé rapidement quelques mots à voix basse. Tout à coup, Dumorix prit dans ses bras le vergobret prisonnier, l'emporta vers une terrasse qui dominait la muraille et d'où l'on pouvait être aperçu de tous les environs. Tasget le suivit, agitant son sabre nu.

Dumorix éleva en l'air le Gaulois et s'écria d'une voix retentissante :

— Guerriers, votre chef n'est pas mort ; il n'est même pas sérieusement blessé... Mais, si vous ne vous éloignez sur-le-champ de ma demeure, j'en jure par Tarann, la tête du vergobret sera détachée de ses épaules !

L'attention se tourna vers le groupe formé par le vergobret et les deux amis. L'attitude de chacun d'eux était assez significative : Dumorix maintenait le vergobret garrotté, et Tasget brandissait son sabre flamboyant.

De part et d'autre le combat fut interrompu. Les assaillants, voyant le danger de leur chef, se consultaient des yeux, tandis que les défenseurs de Loutouhezi, en présence de cette scène extraordinaire, demeuraient immobiles.

Le vergobret était fort aimé de sa tribu, et peut-être, pour racheter sa vie, ses gens allaient-ils se retirer ; lui-même se chargea de les rappeler au devoir.

— Guerriers, leur cria-t-il, ne vous souciez pas de moi... Qu'importe que je meure, pourvu que vous me fassiez de sanglantes funérailles ?... Frappez les maudits avec le gaï, avec le javelot, avec la lance... A l'assaut ! vengez les dieux ! vengez l'ovate, vengez-moi !

Un certain nombre de guerriers ne semblaient pas vouloir obéir à cette injonction ; d'autres, cédant à leur fougueuse ardeur, firent mine de recommencer la lutte. Tasget, de son côté, impitoyable comme le destin, élevait son épée pour trancher la tête au chef, ainsi que Dumorix l'avait annoncé.

En ce moment, une musique douce, composée de chants et d'instruments à cordes, se fit entendre dans le bois et se rapprocha lentement. On vit s'avancer, à travers l'abatis d'arbres dans lequel on avait pratiqué de larges brèches, un cortège majestueux dont la vue frappa les assiégeants de sur-

La fondation de Paris.

prise, de respect et de crainte. En tête marchaient des bardes, vêtus de robes bleues, qui chantaient un hymne sacré en s'accompagnant de leurs rottes. Puis, venaient des jeunes gens, aspirant aux dignités druidiques et que l'on appelait « disciples ». On remarquait parmi eux un héraut d'armes, vêtu de blanc ; il était coiffé d'un chapeau surmonté de deux ailes, et portait un caducée fait d'une branche de verveine et de deux serpents. Enfin venait le personnage principal de la troupe, beau vieillard en robe blanche, couronné de chêne et tenant à la main une branche de gui. A sa ceinture était suspendue une faucille d'or, attestant sa haute dignité dans la hiérarchie druidique.

Une certaine quantité d'eubages en robe verte, quelques guerriers en costume rouge rayé, formaient au personnage à la faucille d'or une escorte d'honneur.

Tout ce monde venait d'arriver dans des bateaux qui avaient abordé à l'extrémité de l'île, et son apparition, comme nous l'avons dit, était un motif d'étonnement pour les assiégeants comme pour les assiégés. Dès que le cortège fut parvenu devant la porte de l'habitation, il s'arrêta, les chants cessèrent, et le héraut d'armes, ayant pris les ordres du personnage à la robe blanche, s'écria au milieu du silence général :

— Au gui-l'an-neuf! que le sang cesse de couler, que les guerriers déposent les armes... Voici le très illustre et très vénérable archidruide de Melodunum qui va juger vos différends, et il fera connaître les volontés d'Irminsul, qui lui a parlé dans le chêne druidique.

Cette adjuration était tellement puissante, tellement sacrée, que pas un des Gaulois d'Argenteuil n'eut la pensée d'y résister. Ceux qui étaient déjà sur le rempart en descendirent précipitamment ; les sabres rentrèrent dans les fourreaux, les flèches dans les carquois. Les guerriers, devenus timides et humbles, se dirigèrent vers l'archidruide.

La soumission ne fut pas aussi prompte et aussi complète parmi les défenseurs de Loutouhezi. Les fils de Dumorix et les Kymris-Belges se regardaient avec hésitation, ne sachant quelle attitude garder dans des circonstances si nouvelles. Le Gall lui-même semblait profondément embarrassé ; mais Tasget qui, du haut de la terrasse, n'avait perdu aucun détail de cette scène, dit rapidement :

— Dumorix, n'hésite pas à accepter l'arbitrage du grand-prêtre de Melodunum... Ses intentions sont bienveillantes, j'en ai la certitude. Parmi ceux qui l'accompagnent, je viens de reconnaître mon frère Divitiac, qui me faisait des signes de paix... Ouvre donc ta porte à l'archidruide, témoigne-lui confiance et respect, nous n'aurons pas lieu de nous en repentir.

— Cependant s'il s'obstinait à réclamer Mona ?

— Nous la défendrons, je te le promets, nous la défendrons jusqu'à la mort ; mais nous ne devons rien craindre de pareil.

Dumorix avait eu déjà mainte occasion de reconnaître la prudence du vieux chef des Kymris-Belges. Cette fois encore, il céda à l'influence que Tasget exerçait sur lui.

— Je me fie à toi, répondit-il ; tu as vécu longtemps, et nous aurons la même fortune.

Ils s'avancèrent vers la porte à demi brisée, et, après en avoir enlevé les solides fermetures, l'ouvrirent toute grande.

Cette marque de soumission envers le haut dignitaire sembla produire un excellent effet sur les guerriers d'Argenteuil. Dumorix s'approcha du druide et lui dit :

— Grand-prêtre d'Irminsul, ma maison n'est fermée qu'à mes ennemis, à ceux qui se présentent les armes à la main. Entres-y et sois juge entre ces hommes et moi. Je me soumettrai à ton jugement, car tu es sage et les dieux parlent par ta bouche.

L'archidruide, à son tour, fut flatté de cette obéissance d'un homme, qu'on lui avait sans doute présenté comme indomptable. Il fit un signe d'assentiment, marcha à côté de Dumorix d'un pas grave, et, pénétrant dans l'enceinte fortifiée, alla s'asseoir sur une pierre devant les huttes.

Son cortège l'avait suivi, ainsi que la plupart des assié-

L'archidruide.

geants, et l'on fit un vaste cercle autour de lui. L'escorte et les guerriers d'Argenteuil occupaient le côté de la porte, tandis que les fils de Dumorix et les Kymris-Belges se tenaient dans la partie intérieure de l'enceinte. Au fond, les femmes, parmi lesquelles on reconnaissait Mona, formaient un groupe modeste et silencieux. Tasget et Dumorix, avec leurs casques aux cimiers élevés, étaient seuls dans le cercle, en qualité de chefs. Par la porte béante, on voyait au dehors une grande quantité de guerriers de rang inférieur, appuyés sur leurs boucliers ou leurs lances.

Un calme profond s'était établi dans cette nombreuse assemblée. Le vieil archidruide, dont les mouvements étaient lents et les manières solennelles, dit avec majesté :

— Gall, tu peux parler... Je t'écoute.

Dumorix raconta simplement, mais non sans une sorte de rustique éloquence, l'histoire de Mona et la sienne, depuis le jour où Mona avait été désignée par les augures pour être immolée sur la tombe de Hatt, l'ancien vergobret.

L'archidruide, après avoir écouté d'un air impassible le récit de ces événements qui, du reste, devaient déjà lui être connus, ne se pressa pas de prononcer son jugement. Ce fut seulement après une assez longue pause qu'il demanda :

— Le vergobret actuel d'Argenteuil est-il encore vivant?

— Illustre archidruide, répliqua Dumorix, j'aurais pu lui couper la tête, comme c'est mon droit, quand il venait détruire mon foyer et massacrer ma famille... Cependant il vit encore.

— Amène-le-moi.

Dumorix eut un léger mouvement d'hésitation ; mais Tasget s'empressa d'aller chercher le prisonnier, et le conduisit devant l'archidruide.

— Que le vergobret soit libre, dit le vieillard.

Aussitôt Tasget délivra le prisonnier de ses liens. L'archidruide reprit avec emphase, en s'adressant à l'assemblée :

— Fidèles enfants d'Irminsul, le Gall Dumorix avait enlevé une victime aux mânes du vergobret Hatt ; il rend la vie à votre vergobret actuel, quand cette vie lui appartient par le droit de la guerre ; la justice est satisfaite... D'ailleurs, peut-être l'ovate d'Argenteuil avait-il mal interprété la volonté des dieux en désignant Mona pour victime expiatrice, en frappant d'anathème Mona, Dumorix et tous leurs proches. Si les dieux avaient ratifié cet anathème, Dumorix et Mona seraient morts misérablement depuis longtemps, écrasés par la malédiction. Nous les voyons au contraire, l'un et l'autre, comblés de biens et de prospérités... Irminsul n'a donc pas approuvé l'interdiction prononcée contre eux, et moi je la lève pour toujours.

On voit que le vieux druide, avec une habileté remarquable, avait trouvé moyen de justifier certains faits que ses crédules sectateurs eussent pu interpréter contre l'infaillibilité sacerdotale.

A la suite de cette sentence, qui terminait la guerre en réintégrant Dumorix et sa famille dans la condition commune, un murmure de satisfaction courut parmi les assistants des deux partis. Toutefois, le héraut d'armes, qui semblait avoir dans ses attributions la garde des rites et des coutumes, s'avança au milieu du cercle et dit respectueusement :

— Vénérable archidruide, ta sagesse égale ta science divine. Souviens-toi pourtant que l'ovate d'Argenteuil vient d'être tué par un des guerriers de Dumorix, et que notre loi est inexorable... Celui qui a tué un ovate doit mourir dans les tourments.

Peut-être l'archidruide, en secret, n'aimait-il pas l'ovate, auquel il avait refusé, quelques jours auparavant, une victime humaine et qu'il venait de désavouer d'une manière si précise ; mais la loi, alléguée par le héraut d'armes, existait, et le haut dignitaire, malgré sa puissance presque souveraine, ne pouvait refuser de la reconnaître devant le peuple assemblé. Aussi répliqua-t-il avec sa majesté habituelle :

— Le meurtre d'un prêtre d'Irminsul est le plus grand crime qu'un mortel puisse commettre. Qu'on m'amène donc le sacrilège, et que, selon la loi, il périsse dans les tourments.

Une vive agitation se manifesta parmi les défenseurs de Loutouhezi. On ignorait qui était l'auteur de la mort de l'ovate, et chacun cherchait à qui cet acte pouvait être imputé. Une voix aiguë se fit entendre dans les airs :

— Celui qui a tué le méchant ovate, disait-on, c'est moi... Me voici.

Et Clodic, dégringolant lestement de l'arbre qui lui avait servi de poste de combat, tomba sur ses pieds nus, à quelques pas de l'archidruide. Il avait la figure et les mains écorchées par les rugosités du tronc; ses vêtements étaient en piteux état; mais il conservait son arc, sa fronde, et avait fièrement repris ce casque énorme qui lui donnait une mine si grotesque.

Comme il s'approchait en redressant sa petite taille, une exclamation douloureuse partit du groupe des femmes.

— Clodic!... Mon cher Clodic! s'écria Mona.

Elle voulait s'élancer pour protéger son jeune fils; on la retint et on l'entraîna à l'écart.

A la vue de Clodic, un murmure de colère courut dans la foule, tandis que la crainte s'emparait des parents et des amis du coupable. L'archidruide lui-même fronça ses sourcils d'une blancheur de neige.

Le malheureux enfant semblait perdu et déjà des mains menaçantes se levaient sur lui. Tasget, que sa présence d'esprit n'abandonnait pas, saisit Clodic, lui arracha son casque, et montra à tous les regards les traits juvéniles et imberbes du soi-disant guerrier. Puis, il partit d'un bruyant éclat de rire qui, pour être un peu forcé, n'avait pas moins chance de trouver de l'écho.

En effet, on eut une preuve nouvelle de cette légèreté, de cette mobilité d'impressions qui faisait le fond du caractère des Gaulois et qui devait plus tard caractériser leurs descendants. La mine effarée de Clodic, son affectation de dignité et de stoïcisme, excitèrent un rire immense, qui se propagea jusqu'aux spectateurs les plus éloignés sur la limite du bois.

Ce rire, qui exaspéra le meurtrier de l'ovate, venait de l'absoudre. L'archidruide se leva.

— C'est un enfant, dit-il avec une indulgence dédaigneuse ; la colère des dieux, la vengeance des guerriers ne sauraient descendre jusqu'à lui... Que l'on rende cet enfant à sa mère !

Et Clodic, malgré ses protestations, passa dans les bras de Mona, enivrée de joie.

Les envahisseurs de Loutouhezi semblaient n'avoir plus qu'à remonter dans leurs barques et à partir ; mais l'archidruide, qui venait d'échanger quelques mots avec Divitiac, frère de Tasget, n'avait pas encore accompli la mission pour laquelle il avait quitté sa résidence ordinaire de Melodunum. Il fit signe de la main ; l'assemblée redevint attentive.

— Enfants d'Irminsul, dit-il à haute voix, écoutez ce que le collège des druides et le sénat des Senones, résidant à Agendicum, ont décidé : Le Gall Dumorix, fils de Calètes, et Tasget, chef d'une tribu de Kimris-Belges, nous ont appris qu'ils comptaient ne faire qu'une seule tribu et ont sollicité la permission de s'établir pour toujours sur le territoire où nous sommes. Les druides et le sénat ont accueilli favorablement la demande des deux chefs... Toi, Dumorix, et toi, Tasget, voulez-vous prendre, devant moi et devant ces guerriers, l'engagement d'être pour toute la nation des Senones des amis fidèles, des alliés pleins de dévouement ?

Un profond silence régnait toujours.

— Vénérable archidruide, répliqua Dumorix, je puis être à l'avenir pour mes voisins un ami aussi fidèle que j'ai été, un ennemi implacable quand on m'a persécuté... Mais voici mon frère Tasget qui répondra pour moi... Nous sommes déterminés, l'un et l'autre, à ne faire désormais qu'une seule famille... Ses filles doivent présenter la coupe à mes fils ; nous vivrons sous les mêmes toits, nous adorerons les mêmes dieux.

Tasget prit la parole à son tour :

— Grand-prêtre d'Irminsul, dit-il, mon frère bien-aimé Divitiac a dû te faire comprendre combien il est important pour la nation des Senones d'avoir, sur ces frontières désertes et comme abandonnées, une peuplade active et belliqueuse, qui opposera une forte barrière à ses turbulents voisins les Carnutes ; cette peuplade, ce sera la nôtre. L'alliance de nos familles avec la famille de Dumorix sera féconde. Il était proscrit, nous étions exilés ; de communs intérêts, une commune affection nous ont rapprochés… Nous serons, dans le présent, comme dans l'avenir, de loyaux confédérés pour l'hospitalière nation des Senones.

— Alors elle vous adopte pour ses enfants, dit l'archidruide avec solennité. Chef des Kimris-Belges, quel nom portait ta tribu dans le pays que les malheurs de la guerre t'ont forcé de quitter?

— Illustre archidruide, répliqua Tasget, ma tribu était puissante jusqu'au jour où des ennemis innombrables ont répandu son sang comme de l'eau, où les oiseaux aux pieds jaunes sont venus se repaître de ses cadavres… Mais elle se relèvera sur cette terre amie, et ses guerriers redeviendront nombreux comme les étoiles du ciel… Elle s'appelait, elle s'appelle encore la tribu des Parises !

— Au nom des dieux donc, dit l'archidruide d'une voix solennelle en élevant ses deux bras, au nom du collège sacré des druides, au nom du vergobret et du sénat d'Agendicum, je proclame, comme faisant partie de la confédération des Senones, la tribu des Parises et la cité qu'elle va fonder à Loutouhezi, son lieu de refuge actuel… Que la protection des dieux descende sur la tribu et sur la cité !

Une clameur d'allégresse accueillit ces paroles. Il n'était

personne qui, au point de vue politique, ne sentît l'importance de l'acte qui venait de s'accomplir. Aussi les guerriers frappèrent-ils leurs boucliers en cadence avec leurs sabres et leurs gaïs; les femmes firent retentir les airs de cris de joie; les bardes, saisissant leurs instruments, entonnèrent un chant de triomphe.

Au même instant, le soleil, qui était sur le point de se coucher, jeta un rayon de feu dans la clairière où se passait cette grande scène. Comme l'archidruide, avec son aspect imposant, sa tunique blanche, sa couronne de chêne et sa faucille d'or, levait les bras vers le ciel, un sillon d'éblouissante lumière tomba sur le vieux grand-prêtre, sur ces guerriers aux costumes variés, sur ces bardes aux chants harmonieux, sur ces bois verdoyants; on eût dit que le ciel voulait annoncer par un signe les hautes destinées qui attendaient dans l'avenir la cité des Parises.

Après que la famille de Dumorix se fut confondue avec la tribu des Parises, Loutouhezi, selon toute apparence, fut encore assez longtemps un simple lieu de refuge pour cette tribu avant de devenir une ville. On sait, en effet, que les Gaulois vivaient d'ordinaire isolés dans la campagne et que c'était seulement en temps de guerre qu'ils s'enfermaient dans les lieux fortifiés, avec leurs familles et leurs troupeaux. Quand Labiénus, lieutenant de César, vint avec plusieurs légions attaquer Loutouhezi, que défendait l'habile et vaillant Camulogène, il n'y avait pas bien longtemps que les Parises avaient obtenu des Senones la permission de s'y fixer. La tradition, *memoria patrum*, dit César, en conservait encore le souvenir. La ville et le territoire des Parises ne devaient pas non plus avoir une nombreuse population; car, lorsque les diverses nations des Gaules se coalisèrent contre César, le contingent des Parises fut seulement de deux mille hommes, tandis que les Éduens et les Arvernes envoyaient chacun trente-cinq mille combattants à l'armée gauloise.

Mais nous devons nous arrêter ici ; nous touchons à l'histoire positive, et la fiction doit céder la place à la réalité. Loutouhezi des Parises est devenue Lutèce, *Lutetia* ou *Loutecia Parisiorum*.

A partir de l'occupation des Gaules par les Romains, l'histoire se tait encore pendant quatre siècles sur Lutèce et sur les Parises. Néanmoins, nous ne pouvons nous dispenser de citer un monument, qui remonte à cette époque et qui rentre dans l'ordre d'idées dont nous nous occupons. Il s'agit de cet *autel de Jupiter*, qu'on a trouvé dans les fouilles sous le chœur de Notre-Dame de Paris, et dont nous possédons encore les pierres, bas-reliefs et inscriptions[1]. Il prouve qu'au temps de Tibère, les bateliers parisiens, qui avaient élevé cet autel, formaient une corporation puissante. La situation de Lutèce, en effet, favorisait merveilleusement la batellerie, et cette corporation se maintint longtemps sous le nom de *mercatores aquæ Parisiaci*, marchands par eau de Paris.

Ce fut peut-être à cause de cette circonstance, et non à cause de la forme de l'île de la cité (la forme d'un bateau, disait-on), que la ville de Paris prit pour armes « un vaisseau voguant à pleines voiles ».

Hélas ! ce beau et noble vaisseau qui, depuis tant de siècles, porte dans ses flancs les richesses de la civilisation, les inestimables trésors de la science et de l'art, les titres de gloire de l'humanité, a failli périr récemment dans une tempête... Mais il échappe au naufrage, il tend de nouveau « ses voiles d'argent sur champ d'azur » à la brise favorable : *fluctuat nec mergitur*.

1. Musée de Cluny.

FIN

TABLE

Préface XI

I

UN RÊVE.
(L'homme tertiaire. — L'homme sylvain).

II

LES PARISIENS A L'AGE DE LA PIERRE.
(Age de la pierre taillée).

I.	Le Paysage	23
II.	La Caverne	29
III.	L'Hôte	41
IV.	Le Rapt	49
V.	La Vengeance	60
VI.	Scènes du monde primitif	75
VII.	Une nuit dans les bois	86
VIII.	La Famille	96

III

LA CITÉ LACUSTRE.
(Age de la pierre polie).

I.	Le Retour	109
II.	Les Filles du chef	118

III. La Prêtresse.. 142
IV. Les Noces... 156
V. La Bataille.. 167
VI. L'Élection.. 179
VII. La Cité des Castors... 192
VIII. L'Assaut.. 207

IV

LA FONDATION DE PARIS.

(*Age des métaux*).

I. Un Festin gaulois.. 225
II. La Coupe... 237
III. Les Auspices... 249
IV. L'Apparition... 261
V. La Pirogue.. 275
VI. La Solitude.. 286
VII. Loutouhezi.. 295
VIII. La Visite.. 304
IX. Les Alliés... 318
X. Le Pacte... 329

1504-84. — CORBEIL. Typ. et stér. CRÉTÉ.

www.ingramcontent.com/pod-product-compliance
Lightning Source LLC
Chambersburg PA
CBHW050805170426
43202CB00013B/2567